一流大学研究文库

连接学术与政策

——一流高校智库组织研究

Bridging the Gap between Academic and Policy

——Study on First Class University Affiliated Think Tank Organization

张新培　著

上海交通大学出版社
SHANGHAI JIAO TONG UNIVERSITY PRESS

内容提要

    本书对高校智库的内涵特征与历史演进做了高度概括,结合相关访谈、调研及文本内容分析,从组织建制、组织人员和组织文化三个核心组织要素层面,结合世界知名的一流高校智库及中国特色新型高校智库典型案例,做了比较详尽的分析和阐述,使读者对高校智库的内涵、组织结构与功能、发展现状有一个清晰的认识,揭开高校智库的面纱,促进对中国特色新型高校智库建设提质增效的深度思考。

    本书适合高等院校智库工作和研究人员参考,也适合对高校智库有兴趣的读者阅读。

图书在版编目(CIP)数据

连接学术与政策:一流高校智库组织研究/张新培
著. —上海:上海交通大学出版社,2018
ISBN 978‐7‐313‐20121‐8

Ⅰ.①连… Ⅱ.①张… Ⅲ.①高等学校−咨询机构−
研究−中国 Ⅳ.①G644.6

中国版本图书馆 CIP 数据核字(2018)第 203260 号

连接学术与政策
——一流高校智库组织研究

著　　者:张新培
出版发行　上海交通大学出版社　　　　　　地　　址:上海市番禺路 951 号
邮政编码:200030　　　　　　　　　　　　电　　话:021‐64071208
出 版 人:谈　毅
印　　制:上海春秋印刷厂　　　　　　　　经　　销:全国新华书店
开　　本:710mm×1000mm　1/16　　　　印　　张:18.25
字　　数:321 千字
版　　次:2018 年 9 月第 1 版　　　　　　印　　次:2018 年 9 月第 1 次印刷
书　　号:ISBN 978‐7‐313‐20121‐8/G
定　　价:78.00 元

总 序

Preface

　　世界一流大学是高等教育的旗帜，许多国家和地区制定了世界一流大学的建设计划，出台了促进世界一流大学建设的政策和举措。我国20世纪90年代开始实施了"211工程"、"985工程"等重点建设计划，2017年开始了"双一流"建设计划。党的十九大报告强调"加快一流大学和一流学科建设，实现高等教育内涵式发展"，标志着我国的世界一流大学建设进入了新阶段。

　　紧跟世界高等教育发展潮流，把握国家高等教育发展脉搏，立足世界一流大学建设的实际需求，上海交通大学世界一流大学研究中心先后出版了世界一流大学研究方面的全球第一本中文、英文著作；以教育部科技委《专家建议》等形式先后给政府部门提供了三十余份世界一流大学相关的咨询报告，其中若干份报告得到了国家领导人的批示和肯定；以个别咨询和参加座谈等方式为发改委、财政部、教育部的相关领导提供了世界一流大学相关的咨询建议。

　　世界一流大学研究中心研制并于2003年开始发布的世界首个多指标全球性大学排名"世界大学学术排名（ARWU）"，作为全球性大学排名的中国标准，引领了全球性大学排名的发展方向，影响了世界高等教育的生态。世界一流大学研究中心2005年发起并举办了"第一届世界一流大学国际研讨会"（1st International Conference on World-Class Universities），之后隔年举办一届、至今已连续举办七届，已经成为全球范围内世界一流大学研究的交流平台。

　　世界一流大学研究中心2007年开始组编"一流大学研究文库"，至今已经出版著作三十余部，品牌效应开始显现。随着双一流建设的不断推进，世界一流大学研究将面临前所未有的机遇与挑战，"一流大学研究文库"将坚持理论研究与建设实践相结合、中国特色与国际经验相结合、定量研究与经典案例相结合，持续扩大品牌的影响力，为我国的世界一流大学研究和建设做出不可替代的贡献。

"一流大学研究文库"主要选题包括世界一流大学年度报告（蓝皮书）、世界一流大学的理论与评价、世界一流大学的改革与创新以及世界一流大学相关的经典译著，期待与国内外世界一流大学研究领域的优秀学者和实践专家携手合作。

教育部战略研究基地"上海交通大学世界一流大学研究中心"主任

刘念才

2018 年 5 月于上海

目 录

Contents

图 录

Contents

表 录
Contents

第一章 绪 论

第一节 问题的提出

柏拉图曾经提出"哲学王统治世界",学术与政治可以合二为一且学术高于政治。爱因斯坦认为"政治是暂时的,方程式是永恒的",学术比政治要高贵和长久。韦伯提出"学术作为志业"和"政治作为志业",认为这两种截然不同的职业存在难以逾越的鸿沟。学术知识与政治权力属于两个完全不同的领域,具有各自的话语体系。学术知识致力于探求普遍性的真理价值,政策制定者倾向于通过行使权力以解决现实问题。在知识经济时代,学术知识对政治权力具有重要的服务和辅助作用。智库作为人文社会科学知识生产与知识转化的重要平台,及推动学术知识与政治权力有效对话的重要桥梁,在国际和国家政治舞台上逐渐发挥重要的功能,也日益受到政府和决策者的重视。

智库产生于知识大爆炸的社会进步时代。它一般具有特定的价值取向,首要任务是正确理解现实政策问题,产生创新性的知识,并为决策者提供专业化的政策建议,最终目标是通过影响政府决策和辅助解决现实问题而产生政策影响力。因此,智库强调以学术研究为基础进行政策相关性知识的生产与转化,它有别于专注于知识探究和学术创新的学术研究机构。[1][2][3] 智库作为一种创新性的研究机构,随着国家政治和社会经济的发展需求,现在逐渐跃入研究视野。

新时代全面深化改革破解经济社会发展面临的重大理论和实践问题,迫切

[1] Abelson D E. From Policy Research to Political Advocacy: The Changing Role of Think Tanks in American Politics[J]. Canadian Review of American Studies, 1995(25): 1.

[2] McGann J G. Academics to Ideologues: A Brief History of the Public Policy Research Industry[J]. Political Science and Politics. 1992, 25(04): 733 - 740.

[3] Stone D. Introduction to the Symposium: The Changing Think Tank Landscape[J]. Global Society, 2000, 14(02): 149 - 152.

需要加强中国特色新型智库建设,为服务党和国家决策提供前瞻性、战略性和创新性的政策建议。2013年4月,习近平总书记对中国特色新型智库建设做出重要批示,这是中华人民共和国成立以来党和国家最高领导人首次提及中国智库建设,明确提出要把中国特色新型智库提升到国家战略层面,并作为国家治理能力和治理体系现代化的重要组成进行系统布局。2015年1月中共中央办公厅、国务院办公厅联合发布《关于加强中国特色新型智库建设的意见》指出,"中国特色新型智库是党和政府科学民主依法决策的重要支撑,是国家治理体系和治理能力现代化的重要内容,是国家软实力的重要组成部分。"中国特色新型智库建设迎来了发展的新机遇,中国特色新型智库的研究逐渐成为热点。近几年中国智库总体数量迅猛发展,依据宾夕法尼亚大学发布的《2017全球智库报告》,中国智库总数为512个,位居全世界第2位,其中有7个入选全球100强智库,全球百强智库数量与发达国家相比较少,这与中国作为全球第二大经济体的大国地位极不相称,与中国面临的纷繁复杂的国际环境和大变革大调整的社会转型期的发展需求都极不适应。我们应该看到中国从"智库大国"走向"智库强国"的道路上仍面临艰巨的任务,如中国特色新型智库在独立性、质量和影响力等方面有待加强,在提升智库的思想创新性和内部治理能力、完善适于智库运行的体制与机制、建立智库政策思想市场和专业化的人才队伍等方面都亟待新突破。

在社会转型的时代背景下,实现创新驱动,提升国家治理体系和治理能力现代化,更加需要创新性和专业性的思想。大学在国家创新体系中发挥基础性作用,越来越注重适应社会发展和国家战略需求,提升社会贡献,从学术研究及精英人才集聚的优势出发,为政府提供前瞻性、基础性、创新性和科学性的思想。2013年5月,国务院副总理刘延东在"繁荣发展高校哲学社会科学,推动中国特色新型智库建设座谈会"上指出,"高校作为我国哲学社会科学事业的生力军和各学科人才聚集的高地,是建设中国特色新型智库的重要力量,要以服务决策为导向,以提升能力为核心,以改革创新为动力,以哲学社会科学繁荣发展为依托,努力打造一批在国内外具有重要影响的高端智库。"高校智库作为承担思想创新和知识转化重任的关键平台,逐渐应运而生并蓬勃发展。经调查发现,当前中国研究型大学内部出现了大量以"智库"和"思想库"为发展愿景和目标定位的研究机构。除此之外,无论是在学术期刊、新闻媒体还是各种学术、政府会议及政策文件中,均可听到学者及管理者发出建设高校智库的时代强音,同时也可以看到研究型大学建设高水平智库的强有力的目标定位和操作性举措。

虽然建设高水平高校智库的呼声日益高涨,但是从学术组织发展的角度来看,高校智库的建设并不能随大流似的盲目跟风和一哄而上,它迫切需要长远的组织发展规划、战略视野和思维转型。[①] 调查发现,当前我国研究型大学内部以"智库"和"思想库"定位的研究机构依靠个别权威和明星人物生存和发展的现象还比较普遍,致力于政策倡导的专家群及研究团队较缺乏,常态化的实体性运行的高水平智库更是面临巨大的需求。从普遍意义讲,在当前的社会语境下,经常被提及的高校智库更像是一个具有象征性意义的人文社会科学服务于政策的工具性载体的"符号标签"。要真正把这个"符号标签"变成研究型大学能够及时有效发挥作用的"本能力量",需要深入地研究高校智库的内涵及其涉及的外部生态环境和内部运行机制。

高校智库依托于大学而存在,是智库范畴内的一种重要类型,这决定了高校智库在组织方式和运行机制上必然具有自身的独特性。纵观世界一流高校智库的形成和发展轨迹,要适应和满足现代社会的需求,实现其预期的功能价值,并获得社会赋予的合法性的资源和制度环境支持,无一不注重加强组织内涵建设,并且形成秉持特定文化内涵及价值实现方式的有生命力的常态化的实体性运行的正式组织。我国大学建设高水平智库,通过组织实体性运行发挥智库功能价值必然也是难以回避的重要途径。作为连接知识共同体与政策共同体的对话平台,高校智库在沟通知识与政策的过程中也形成了自身的组织建制,这不仅为开展创新性知识生产和咨政建言活动提供了良好的和系统化的运行支撑,也提升了高校智库的品牌声誉,促进了机构的可持续发展。

在政府管理的视域之下,高校智库理当发挥重要的功能价值并逐渐受到高度的重视,并被作为当前我国研究型大学人文社会科学发展的一个非常重要的使命和目标。在大学悠久的历史发展过程中,虽然许多研究机构都或多或少发挥着智库的功能,但真正把建设智库提升到国家战略和政府政策的层面尚不多见。

考虑现实中的高校智库处于发展初级阶段的现实条件及研究型大学发展的现状等因素,高校智库建设的关键问题在于在研究型大学的管理实践活动中遵循高校智库的组织特征及其发展的规律。由此,对研究型大学咨政建言和人文社会科学知识转化的重要制度载体——高校智库的组织特征加以考察,或许会为我们理解中国特色新型高校智库建设提供新的分析视角和思考维度。

基于以上分析,本研究主要聚焦以下研究问题:

研究问题一:中国特色新型高校智库的内涵与定位是什么?

高校智库已经发展成为高等教育领域的一个新兴流行词汇。然而,对于什

---

① David J F, John W M. University Expansion and the Knowledge Society[J]. Theory Social, 2007 (36): 287 – 311.

么是智库,以及什么是高校智库,尚没有明确的界定。为了避免现实中高校智库建设一哄而上,需要对智库的评价基准进行深入研究。因此,本研究首先明确一个基本的问题是,如何对智库和高校智库进行全面的概念界定和内涵理解,并对研究对象的边界进行厘定,这是本研究的重要基础和前提。

研究问题二:中国特色新型高校智库的关键组织要素有哪些特征?

结合组织学理论、制度理论、高等教育理论以及中国特色新型高校智库组织发展的实际情况,将组织建制、组织人员和组织文化作为高校智库组织发展过程中的关键组织要素,并分别对其进行相应的理论探讨。通过多个案例研究,分析世界知名的高校智库组织在这三个组织要素层面所分别具有的重要表现特征,以期为中国特色新型高校智库建设提供重要的经验借鉴。

研究问题三:建设中国特色新型高校智库的路径建议有哪些?

本研究的最终目标是回归本土研究,通过调查研究深入探索中国特色新型高校智库的发展现状、发展特色及发展短板,聚焦于现实中存在的瓶颈问题,基于对高校智库组织特征的考量,反思在中国特色新型智库建设蓬勃发展的时代背景之下,如何从组织特征的视角思考中国特色新型高校智库建设的路径,针对性地提出提升中国特色新型高校智库组织治理能力的路径及政策建议。

第二节 研究的价值

我国已进入改革发展的关键转折时期,步入经济发展的"新常态"。随着经济社会生活日益复杂,各种矛盾相互交织,新情况和新问题也不断出现。因此政府的决策和公共政策制定面临更加严峻的挑战,也迫切需要建设一批高水平和专业化的决策咨询研究机构为政府决策提供政策支持。国家系列政策文件如《国家中长期教育改革和发展规划纲要(2010—2020 年)》《高等学校哲学社会科学繁荣计划(2010—2020 年)》《国家教育事业发展"十三五"规划》《统筹推进世界一流大学和一流学科建设实施办法(暂行)》等均强调高校,尤其是一些知名研究型大学,需要主动开展政策相关的应用对策性和思想前瞻性研究,在政府咨询中发挥智库的作用。推动高校与国家部委、地方政府合作建设咨询型智库,以扎实有力的研究成果服务于党和政府决策。但是,目前的一些制度性障碍和现实问题制约着我国智库,尤其是高校智库的快速发展和影响力的发挥。为此,迫切需要开展高校智库的研究工作。

本研究通过学术研究传播正确的智库观,在高校智库建设热潮持续发展的背景下,从组织特征的视角反思中国特色新型高校智库建设,丰富高校智库的理论研究内容,为当前的高校智库建设热提供些许的冷思考。从组织学的视角,本研究致力于深入探讨促使高校智库发挥功能价值的几个关键组织要素,并对其特征表现进行典型案例分析。着重探讨了常态化具有正式组织建制且实体化运行的高水平高校智库组织适应外部制度环境的需求,加强组织管理体制与机制建设,创新科研组织模式建设,集聚高水平政策研究人才,引领大学思想创新,发挥智库的功能价值,提升政策影响力。这也在一定程度上丰富了组织研究的范围,深化了高校智库的理论研究,丰富了对高校智库的理性认识。

高校智库的发展呈现出一定的时代性和空间特殊性。在中国特殊的环境土壤的培育下,高校智库的发展具有一些本土特色。相对于政府智库,高校智库的学理性强,独立性强,政策相关性弱。但相对于民间智库,高校智库有实力全面承担思想创新、政策建议和人才培养的职责。因此,相对而言高校智库具备实现政策影响力的必要条件。学者和管理者对此研究议题的重点关注充分体现出当前建设高校智库适逢其时,加强高校智库的研究具有必要性和迫切性。通过对一流高校智库组织的调查研究,探索其取得成功且能够在国内及全球政治经济生活中发挥特定功能价值的组织要素上的特征及其原因,为当前关心中国特色新型高校智库建设的研究者和高等教育管理者提供实践操作上的思考与借鉴,同时为探索中国研究型大学高水平智库建设路径提出相应的建议。从对实践的指导价值层面上来看,本研究有助于高校智库的实践者和管理者从组织特征的视角去思考建设具有中国特色新型高校智库的新路径。特别是目前在我国高校智库建设呼声日益高涨的起步阶段,数量大幅度增加,而其发展水平和影响力与世界发达国家还有较大差距的背景下,具有十分重要的现实指导意义。

第三节　研究设计与研究方法

一、样本与数据

已有文献对高校智库组织的研究以经验分析和推理为基础,缺少系统的实证研究。学者从描述性视角界定概念,认为高校智库是依托大学的政策研究和咨询机构,学术性强但政策相关性弱,成果注重学术不直接针对政策问题。[1] 由于高校智库组织的复杂性,这些普遍性的研究结果并不一定适用于一流高校智库群体。本书具体探讨一流高影响力的高校智库的组织特征表现。

参照宾夕法尼亚大学公民与社会项目的智库排名,为提高样本的可信度和代表性,选取在 2011 年至 2017 年连续 7 年位列排行榜的高校智库为一流高校智库研究样本。研究数据的采集主要源于高校智库的机构网站、年度报告和相关的财务报表等,时间段以网站上可以获得的最新数据为依据。这些一流高校智库组织分布在美国、英国和法国的精英大学。美国的一流高校智库位于私立研究型大学如哈佛、斯坦福和哥伦比亚大学,英国和法国的一流高校智库位于专业性大学,如伦敦政治经济学院和巴黎政治大学。

本研究的主要研究内容涉及组织建制、组织人员和组织文化三个层面的特征表现,因此,数据资料的搜集也主要围绕这三个层面来展开。

组织建制层面搜集的重要数据主要包括高校智库组织的历史背景、资金来源、标志性成果、组织管理结构、科研组织模式和人员配置模式等。组织人员层面搜集的重要数据主要包括全职人员的教育背景和任职经历,领军人才的相关数据资料,以及参与智库相关政策研究和咨询工作的原因,对高校智库的认识、理解和感受等。组织文化层面搜集的重要数据主要包括高校智库组织官方网站的使命愿景、主要研究成果及其实现形式、研究人员的学科背景及其研究领域等。

本研究以国际比较研究及一流高校智库案例研究为基础,回归本土化情境,致力于探讨中国情境下的高校智库组织的发展形态、组织特征及其组织发展路径。为使得研究案例更具代表性,选择中国一流大学建设高校中众多具有智库特征的研究机构作为研究样本的总群体。为了解当前中国高校智库的发展现状,研究以问卷调查制定的评判标准(政府认可度、国际及媒体认可度、基础平台、研究成果、专职人员、人才结构、影响力传播、组织活动能力)为分析基础,以中国一流大学建设高校中的研究机构作为研究的总群体,从研究机构的官方网站及其标示的组织使命愿景、发展定位、机构介绍、研究成果、数量分布、研究领域、人员介绍及其他相关文本等方面进行数据搜集和整理。

[1] Weaver R K. The Changing World of Think Tanks[J]. Political Science and Politics, 1989, 22(03): 563 - 578.

二、研究策略

（一）评判基准调查

本研究使用问卷调查法制定高校智库的评判标准：

问卷调查法的关键在于编制问卷、选择被试和结果分析。它突破时空限制，对众多调查对象同时进行调查并对调查结果进行定量研究。在调查前期，将想要了解的众多研究问题编制成问题表格，并且通过发放电子邮件的方式开展调查，以了解专家对中国特色新型高校智库的看法。专家对事先制定的高校智库评价基准的若干指标进行打分，这为确定中国特色新型高校智库的评价基准奠定基础。参与问卷调查的专家主要来自研究型大学附属的智库、文科处或社科处、规划处及多个国家部委研究基地，以及其他相关领域的智库研究和智库管理人员。从中随机抽取约 100 位进行问卷调查。数据分析主要采取主成分分析，分析软件为 IBM SPSS Statistics 19。

设计调查问卷的目的：

通过调查问卷征询专家对高校智库的主要指标体系的看法，专家对指标体系进行打分排序，并初步遴选关键指标，为确定判断高校智库组织的基本特征。

问卷指标设计：

通过对宾夕法尼亚大学智库排行公布的智库评价指标，加拿大学者在《智库有用吗？》一书中采用的评价基准，国内外相关专业文献进行分析研究，结合专家意见的基础上，拟定高校智库基准的指标体系。专家对经过仔细推敲制定好的20 个指标评分，后边留有空格，可以根据自己的理解添加自认为其他重要的指标并进行评分。专家咨询的第二部分是开放性选答题目，请专家列出自己认为最能够反映高校智库组织基准的三个核心指标、三个中国高校智库、三个国外高校智库以及对本研究的建议。

调查对象抽样：

为保证咨询专家的代表性和权威性，在遴选咨询专家时，充分融合了智库实践专家和智库研究专家。具体而言，本研究的咨询对象主要包括我国原 985 高校文科处或规划处人员、知名智库人员、部分教育部人文社会科学重点研究基地人员以及从事智库研究的学者。

问卷发放与回收：

从 2013 年 9 月开始，使用电子邮件发放 100 份调查问卷，具体发放的对象为原 985 高校人文社科处或规划处 39 份、知名智库 16 份、部分教育部人文社会科学重点研究基地 40 份、从事智库研究的学者 5 份。由于每次问卷回收率较低，先后共连续发放了三次，三次共回收 58 份(985 高校人文社科处或规划处回收 28 份、知名智库回收 10 份、部分教育部人文社会科学重点研究基地回收 17 份，从事智库研究的学者回收 3 份)，回收率为 58%。

(二) 专家访谈

访谈是个案研究最重要的信息来源之一，它直接聚焦某几个主题，通过与个体或群体进行谈话的形式，以挖掘出仅凭数据资料难以获得的解释，并可以据此做出因果推断。访谈可以协助研究者捕捉受访人的经验和个人观点，这些经验可能只能通过口头表达才可以获得，它可以补充难以观察到和已有研究文献所缺乏的重要资料，也更有助于研究者和参与者的对话和了解，更深入地理解研究问题。对高校智库的实践者等其他相关人员进行访谈，期望获得通过文献和文本分析无法知晓的一些更深入的信息，充实研究内容，提高研究的准确性和真实性。

本研究先后共进行了 30 余次专家访谈，访谈对象主要包括高校智库负责人及其行政人员，研究型大学主管文科发展、规划、建设工作的行政管理者，政府部门负责高校智库发展规划和建设的管理人员，关心高校智库发展的研究人员等，具体名单详见附录 D。主要的访谈问题涉及对智库的相关理解、对高校建设智库的具体想法、建设智库的具体举措和思路、建设智库过程中存在的困境、自己参与智库工作的所思所想等。访谈结束后，整理访谈提纲，并进行相关的内容分析，回答已有的研究问题。

(三) 文本内容分析

文本资料是本研究的重要分析对象。本研究选择若干不同类型的高校智库进行案例研究，重点分析的对象包括斯坦福大学胡佛研究所、哈佛大学贝尔福科学与国际事务研究中心等。通过对组织的相关制度文本，网站素材的语句、符号和内容的深入细致推敲，试图在一定程度上洞悉组织各方面的事实情况。本研究的文本资料具体包括一流高校智库的官方网站呈现的研究报告、文本资料介绍、相应的管理政策文本及 547 份高校智库专家的个人简历。通过详细的资料调研，以获得高校智库组织研究相关的深入和翔实的第一手资料。

(四) 典型案例分析

案例研究并不只是一种收集资料与分析问题的做法，而是一种周延而完整的研究策略。为增强案例的代表性和说服力,本研究参照宾夕法尼亚大学智库与公民社会项目中对高校智库的排名,选择 2011 年至 2017 年历次排名中位次靠前的来自不同国家及大学的一流高校智库组织进行案例研究,重点分析的对象包括斯坦福大学胡佛研究所、哈佛大学贝尔福科学与国际事务研究中心、苏塞克斯大学发展研究中心、北京大学国家发展研究院、中国人民大学重阳金融研究院、清华-布鲁金斯公共政策研究中心。本研究通过案例高校智库的官方网站搜集每个高校智库组织发展相关的文本资料,通过专家访谈了解文本分析难以发现的一些深入的信息。通过多案例研究,期望对每个案例进行深入细致的探讨,解剖麻雀,达到以小见大的效果。与此同时,注重突出案例研究的社会背景的情境因素,探索案例高校智库的组织特征,揭示高校智库组织及其制度环境的关联。

三、创新点与不足

在研究的创新点方面:① 本研究通过专家咨询调查,制定了中国特色新型高校智库组织的评判标准。这区别于已有的关于智库组织的评判标准。② 本研究专门对高校智库组织进行更为具体的分析和探讨,更加明确了高校智库的界定,区别于已有研究多以理论思辨为主进行简单的描述性分析的研究范式。③ 本研究选取来自美国、英国和法国的一流高校智库为研究对象,以此为样本探索一流高校智库的组织特征。④ 本研究采用内容分析法、访谈分析法、问卷调查法来研究高校智库的组织特征,并结合专家访谈及理论分析对组织特征的形成原因进行了探索,深化了对高校智库组织的理性认识。⑤ 在大量信息资料搜集和访谈的基础上,对中国情境下的高校智库组织进行分类,并对其组织特征及存在的发展短板进行分析。

当前缺乏一个全面的高校智库的清单,即使是基于某些评判标准去搜集高校智库,也难免遗漏和难以穷尽所有的高校智库。另外,由于信息渠道的局限,获取高校智库即使是一流高校智库的相关资料也非常困难,这也直接限制了本书的研究内容和研究方法。在高校智库工作的研究人员主要是人文社会科学研究者,人文社会科学类研究成果大多是一种解释性、价值论证性及政策应用性研究,其研究过程带有强烈的主观色彩和个性化特点,研究内容难以进行精确的量化,研究结论难以在短期内产生直接的经济效用,也无法对其研究过程和研究结论进行重复验证,智库组织的政策研究成果和政策建议等成果通常不对外公布,这使得对高校智库及其研究人员的研究产出进行科学的评价及运用大数据开展定量研究存在数据搜集上的难度。因此,非常有必要运用现代信息技术更新信息采集方式,扩大研究样本量,建立大样本的高校智库相关资料的信息库和数据库,以便于进行范围广泛的大数据的实证研究。

第四节　研究框架与技术路线

本研究在综合借鉴政治学、管理学、教育学、社会学等学科理论研究的基础上,整合国内外已有研究可资借鉴的优点,选取关键的组织要素和研究维度——组织建制、组织人员和组织文化,重点研究一流高校智库组织中,这几个分析维度分别具有的特征表现。从高校智库运行的组织制度环境的视角,分析高校智库组织特征形成的原因,从而为中国特色高水平高校智库建设提供深层次的反思和政策参考。具体的研究框架与技术路线如下:

第一章首先阐述了选题缘由,凝练研究问题,探讨了这个研究问题在学术领域以及实践领域的研究价值,最后阐述本文的研究框架。

第二章、第三章通过 Scopus 及 CNKI 数据库初步进行智库研究文献的计量分析,在大量阅读国内外智库、高校智库及组织特征相关研究文献的基础上,进行研究评述。在此基础上对本文的主要核心概念如智库、高校智库进行必要的厘定。对智库及高校智库的形成与发展进行必要的介绍,明晰高校智库及其组织特征的内涵。对核心概念的厘定及其形成与发展进行追踪溯源,为下一步深入地开展一流高校智库组织研究提供了基础和前提。

第四章、第五章和第六章是本研究的重要组成部分,分别考察一流高校智库在组织建制、组织人员及组织文化等关键组织要素方面的特征表现,并结合相关访谈,对其形成机制进行探讨与分析。选择一流高校智库作为典型案例进行研究,力求以小见大,实现对高校智库组织的深度理解。

第七章对中国特色新型高校智库建设的系列政策进行系统梳理,挖掘国家行动框架下中国特色新型智库发展的政策脉络。通过专家咨询的方法制定中国特色新型高校智库的评价基准。通过信息资料搜集、专家访谈和相关实践调查中国一流大学建设高校智库发展的现状及其组织特征,对高校智库在中国的比较优势及其可能存在的问题进行深入分析。第八章针对以上研究发现的问题,从组织特征的视角为中国特色新型高校智库组织建设提出可资借鉴和参考的政策建议。

第二章 文献综述

第一节 研究智库的文献计量特征

一、基于 Scopus 的检索

使用 Scopus 数据库,以"Think Tank"为关键词检索,限定学科领域为"社会科学""商科、管理学与会计""人文学科""经济学、经济计量与金融"和"决策科学"五大领域,时间跨度为 1971 年至 2017 年,共检索到 1 281 篇文献。在 Scopus 数据库中检索条目显示为:TITLE-ABS-KEY("think tank") AND [LIMIT-TO(SUBJAREA,"SOCI") OR LIMIT-TO(SUBJAREA, "BUSI") OR LIMIT-TO(SUBJAREA,"ARTS") OR LIMIT-TO (SUBJAREA,"ECON") OR LIMIT-TO (SUBJAREA,"DECI")]

从文献数量的时间分布来看,如图 2 - 1 所示,可以将智库研究分为三个阶段,第一个阶段为 2000 年之前的缓慢增长期,第二个阶段为 2001 至 2010 年的飞跃发展期,第三个阶段为 2011 年之后的高速增长期。2000 年之前,智库研究的文献数量普遍较低,1971 年至 1990 年二十年间发文总量为 33 篇,1991 年至 2000 年智库研究文献数量缓慢增加,这十年间发文总量为 85 篇,相较于 1971 年至 1990 年的发文量,增长率为 157.6%。2000 年之后,尤其是 2005 年开始,智库研究文献的数量开始迅速增加,2001 年至 2010 年十年间智库研究文献总量为 437 篇,相较于 1991 年至 2000 年,增长率为 414.1%。2012 年开始每年保持近 100 篇数量增长状态,2014 年智库研究文献达到一个高峰值 124 篇。

从发文作者来看,通过 Scopus 检索,共有 159 位研究者发表智库相关研究论文。如图 2 - 2、表 2 - 1 所示,发文量在 10 篇以上有两位著名学者,分别为加

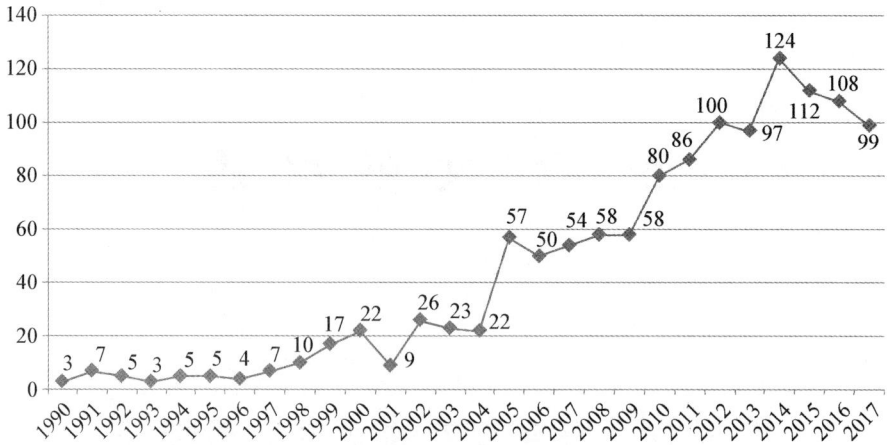

图 2-1   Scopus 检索智库文献数量历年变化趋势

数据来源：Scopus 数据库检索获得。

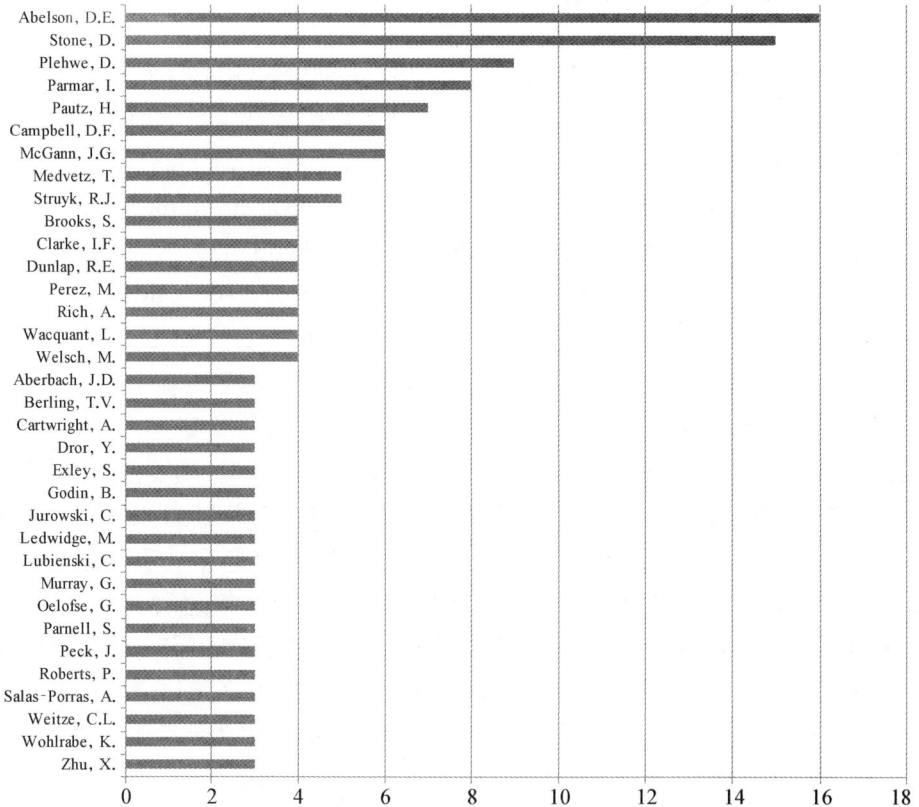

图 2-2   Scopus 检索发文量 3 篇以上的作者分布

数据来源：Scopus 数据库检索获得。

拿大韦仕敦大学(Western University)政治学系的唐纳德·艾伯森(Abelson, D. E.)和英国华威大学(The University of Warwick)政治与国际研究系的黛安·斯通(Stone, D.)。唐纳德·艾伯森教授擅长美国政治和美国的外交政策研究,尤其是对智库的角色及其对公众舆论和公共政策的影响的研究。黛安·斯通教授的研究兴趣集中于全球公共政策和跨国管理、世界银行与发展、智库、知识网络和跨国科学、慈善基金会等领域。发文量 5 篇以上的学者有 9 位,除前述两位外,还有德国柏林弗赖堡大学柏林分校的珀利伟(Plehwe, D.)、伦敦大学国际政治系的帕玛(Parmar, I.)、佛罗里达大学高等教育研究所的坎贝尔(Campbell, D. F.)、西苏格兰大学社会学系的帕特(Pautz, H.)、宾夕法尼亚大学智库与公民社会项目的麦甘(McGann, J. G.)、加州大学圣地亚哥分校社会学系的麦德斯(Medvetz, T.)、前美国住房和城市发展部副助理部长雷蒙德(Struyk. R. J.)。发表论文在 3 篇以上的学者共有 34 位,其中唯一的中国学者清华大学公共管理学院朱旭峰教授发文 3 篇。可以看出,在智库相关研究方面,主流文献集中于欧美学者的研究,中国学者在智库研究方面的国际发声及其影响力还很不足。

表 2-1 Scopus 检索代表性作者及其主要成果

作　者	介　绍	代　表　性　成　果
唐纳德·艾伯森	加拿大韦仕敦大学政治学系	《智库与它们在美国外交政策中的作用》,1996 《智库能发挥作用吗? 公共政策研究机构影响力之评估》,2002 《国会理想》,2006
黛安·斯通	英国华威大学政治与国际研究系	《俘获政治思想:智库与政策过程》,1996
里奇·安德鲁	美国纽约城市大学政治学系	《智库、公共政策和专家治策的政治学》,2004
麦甘·詹姆斯	宾夕法尼亚大学智库与公民社会项目	《各国智库:一个比较的路径》,2000 《比较智库:政治与公共政策》,2005 《全球智库报告》,2011—2017
麦德斯·托马斯	加州大学圣地亚哥分校社会学系	《美国智库》,2014
朱旭峰	清华大学公共管理学院	《中国智库的崛起》,2012 《政策变迁中的专家参与》,2012 《中国思想库:政策过程中的影响力研究》,2009

数据来源:Scopus 数据库检索获得。

在智库文献的发文机构方面,通过 Scopus 检索,1971 年至 2017 年期间,智库相关文献的发文机构共有 160 个。如图 2-3 所示,其中发文 10 篇以上的机构共 7 个,集中于欧美国家的一流大学,包含华威大学、韦仕敦大学、英属哥伦比亚大学、加州大学伯克利分校、阿尔伯塔大学、纽约大学和伦敦大学。发文数量在 5 篇至 9 篇的机构有 34 个,仍然是主要集中于欧美的一流大学,包含曼彻斯特大学、哈佛大学、佛罗里达大学、伦敦大学学院、伦敦政治经济学院、宾夕法尼亚大学、纽约市立大学、乔治梅森大学、墨尔本大学、牛津大学、新南威尔士大学、佐治亚大学、剑桥大学、北卡罗来纳大学教堂山分校、杜克大学、纽约城市大学、汉堡大学等。中国高校在智库领域的发文主要集中于清华大学和南开大学两所高校,其中检索到清华大学发文 6 篇,南开大学发文 5 篇。

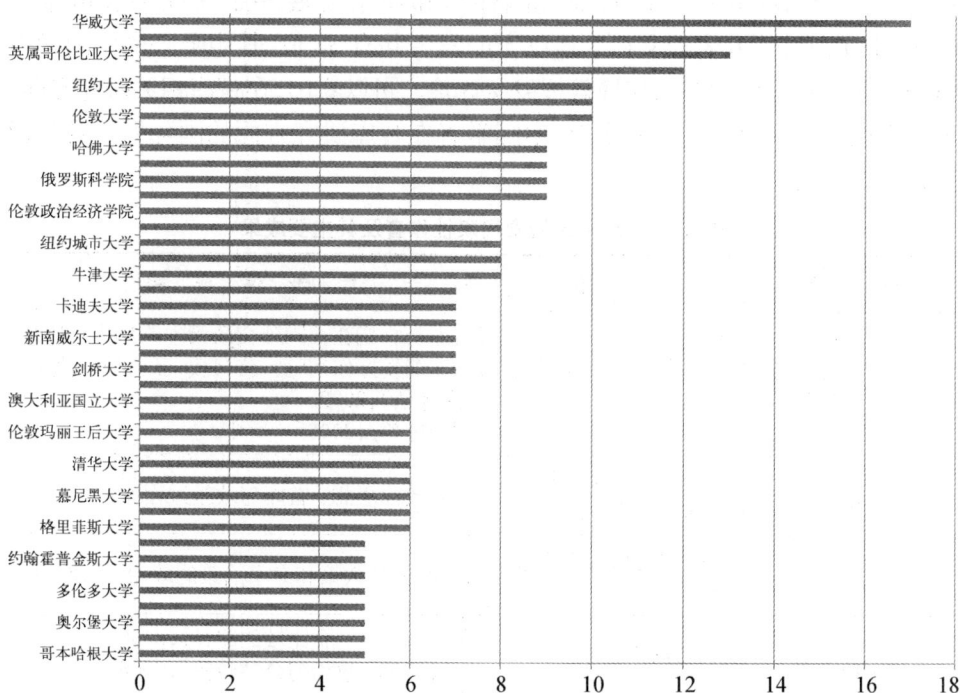

图 2-3　Scopus 检索智库文献数居于前 10 位的机构分布

数据来源:Scopus 数据库检索获得。

从智库研究文献所隶属的国家来看,如图 2-4 所示,美英两国的智库发文量占智库发文总量的比例为 48%,其中美国的智库发文量占比为 31%、英国的智库发文量占比为 17%,这与美英两个国家智库数量及其发展水平和发展程度高相关。除美国和英国之外,加拿大智库发文量占比为 7%,澳大利亚和德国智库发文量各占比 5%。除美国、英国、加拿大、澳大利亚和德国五个国家之外，其余国家智库发文总量占比均低于 3%。中国学者智库发文总量占比为 2%，这与中国作为除美国之外的拥有全球第二大智库体量的智库大国地位极不相称，因此，中国学者加强对智库的研究尤其是中国特色新型智库的研究很有必要。

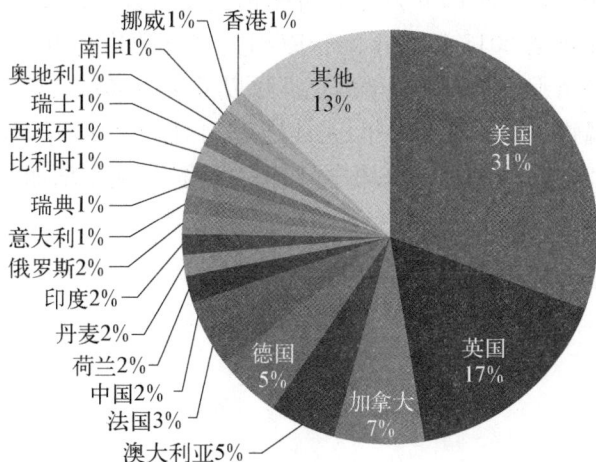

图 2-4 Scopus 检索智库文献数量的国别分布

数据来源：Scopus 数据库检索获得。

从智库研究的文献类型来看，如图 2-5 所示，学术文献占比为 58%，专著占比 13%，书籍章节占比 13%，评论占比 9%，会议论文占比 3%。可以看出，智库相关的研究文献以论文和著作等学术类研究为主。

二、基于 CNKI 的检索

通过 CNKI 高级检索，篇名为"智库"或含"思想库"，限定文献分类目录为"哲学与人文科学""社会科学Ⅰ辑""社会科学Ⅱ辑""信息科技""经济与管理科学"，时间跨

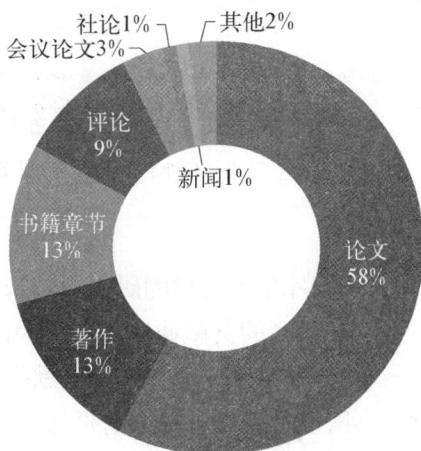

图 2-5 Scopus 检索智库文献类型分布

数据来源：Scopus 数据库检索获得。

度为 1981 年至 2017 年，共检索到 10 430 条结果。

从智库相关中文文献的时间分布来看，如图 2-6 所示，自 1981 年以来，以

"智库"或"思想库"为篇名的文献数量呈增长态势,大致分为3个阶段,第一个阶段为 2006 年之前的低迷发展期,第二个阶段为 2007 年至 2012 年的缓慢发展期,第三个阶段为 2013 年之后的井喷式发展期。2007 年之前,智库相关中文文献数量较少,1981 年至 2006 年二十六年间智库相关文献数量为 359 篇,平均每年 13.8 篇。2007 年至 2012 年六年间智库相关文献数量为 2 009 篇,平均每年 334.8 篇。2013 年至 2017 年五年间智库相关文献数量为 8 053 篇,平均每年 1 610.6 篇,2016 年达到高峰值 2 298 篇。可以发现,2007 年至 2017 年,是中国智库研究突飞猛进发展的重要十年,尤其是 2014 年至 2015 年,是中国智库研究"高歌猛进"增长最为迅速的一年,相较于上一年度,发文量增加率为 97.5%。

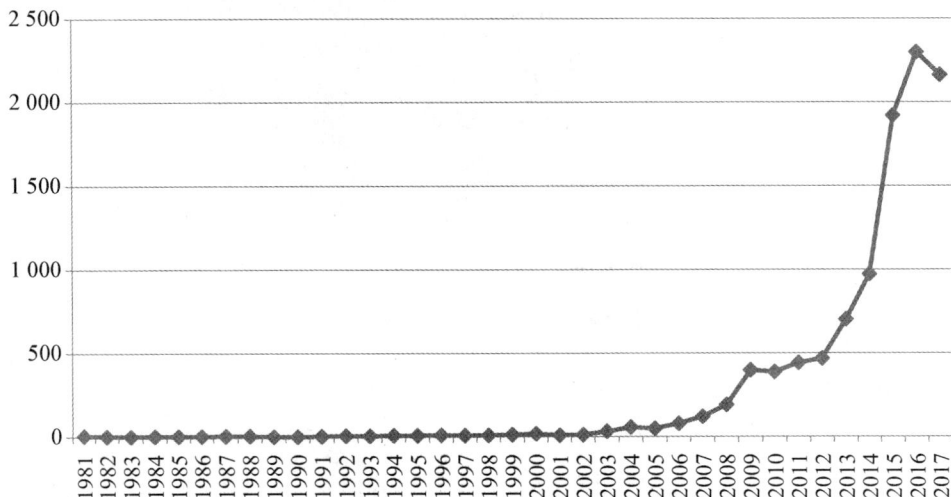

图 2-6　CNKI 检索篇名含"智库"或"思想库"文献数量历年变化趋势

数据来源:CNKI 数据库检索获得。

从智库相关文献的研究领域来看,如图 2-7 所示,36% 的文献研究集中于管理学,10% 的文献研究集中于中国政治与国际政治研究,8% 的文献研究集中于经济体制改革研究,5% 的文献研究集中于高等教育研究及科学管理研究。除此之外,工业管理和图书情报与数字图书馆相关的文献研究的比例分别为 3%。

从智库相关文献的文献类型来看,如图 2-8 所示,50% 的文献为学术期刊论文,报纸类文章占比为 46%,其余国内外会议论文、硕博士论文等占比例较低。另外,学者出版智库相关的专著,介绍国外智库的发展状况,如当前国内智库研究专著代表作有《美国重要智库》(吴天佑、傅曦,1982)、《领导者的外脑——当代西方智库》(朱峰、王丹若,1990)、《领袖的外脑——世界著名智库》(北京太

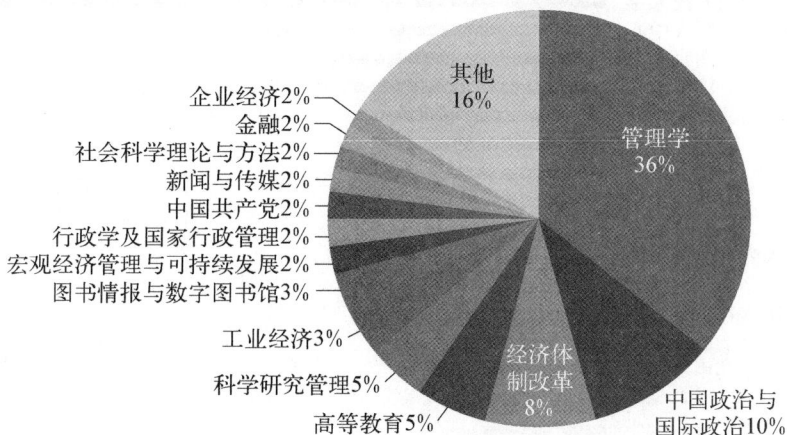

图 2-7 CNKI 检索篇名含"智库"或"思想库"文献研究领域分布

数据来源：CNKI 数据库检索获得。

平洋国际战略研究所，2000）、《美国智库及其对华倾向》（现代国际关系研究所，2003）、《中国智库：政策过程中的影响力研究》（朱旭峰，2009）及《旋转门：美国智库研究》（王莉丽，2010）等。上海社会科学院推出了《国际著名智库研究》《中国智库竞争力建设方略》《西方学者论智库》和《智库产业研究》等智库研究丛书，这些研究成果标志着中国的智库研究逐渐趋向专业化和系统化。

在智库文献的发文机构方面，通过CNKI 检索，1981 年至 2017 年期间，发文量最多的单位集中于知名研究型大学及国家和省部级研究机构，如图 2-9 所示。在发表智库相关文章的大学方面，中国人民

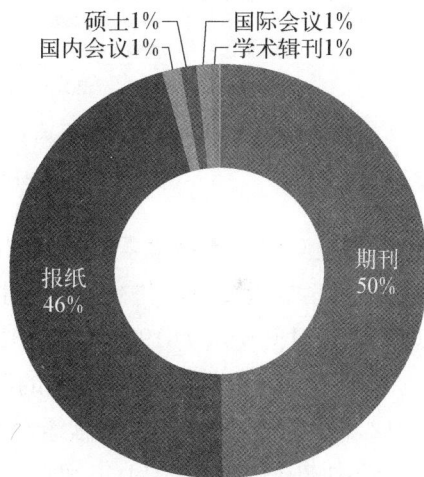

图 2-8 CNKI 检索篇名含"智库"或
"思想库"文献类型分布

数据来源：CNKI 数据库检索获得。

大学发文量为 148 篇，为发表智库相关文章最多的高校，其次为南京大学、清华大学、北京大学、武汉大学和复旦大学。在发表智库相关文章的国家和省部级研究机构方面，国务院发展研究中心发文量为 86 篇，为发表智库相关文章最多的研究机构，其次为中国国际经济交流中心、中国科学院文献情报中心、湖南省社会科学院、上海社会科学院等。

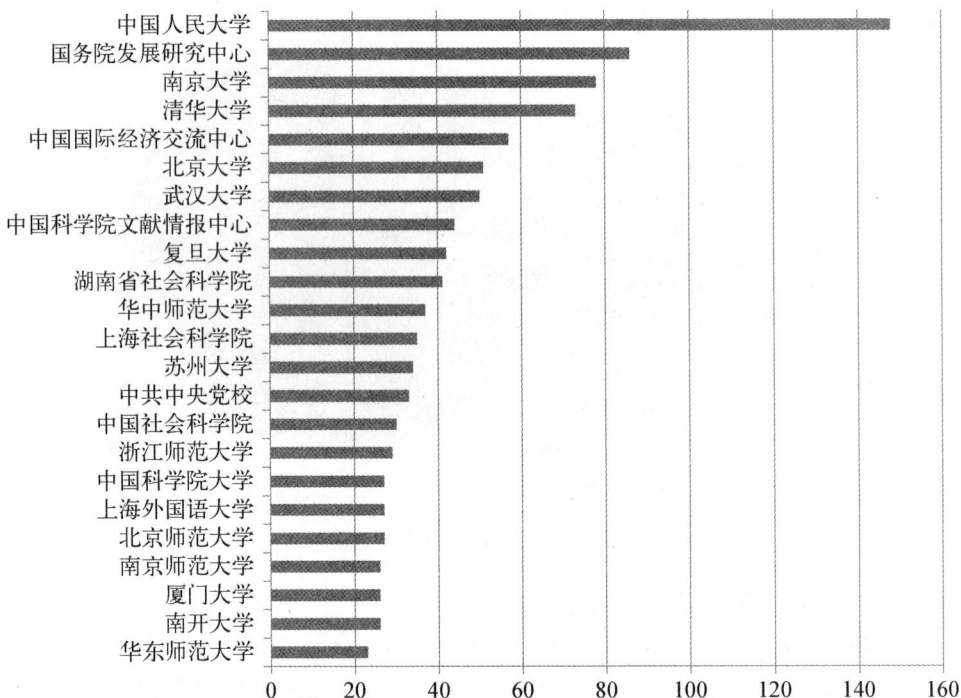

图 2 - 9　CNKI 检索发表篇名含"智库"或"思想库"文献前 20 名的机构

数据来源：CNKI 数据库检索获得。

通过 CNKI 高级检索，篇名含"高校智库"或含"大学智库"，限定文献分类目录为"哲学与人文科学""社会科学 Ⅰ 辑""社会科学 Ⅱ 辑""信息科技""经济与管理科学"，时间跨度为 1981 年至 2017 年，共检索到 488 条结果。

从高校智库相关中文文献的时间分布来看，如图 2 - 10 所示，2008 年至 2012 年间，高校智库研究文献缓慢增长，2013 年开始，高校智库研究文献迅速攀升，其中 2013 年至 2014 年间增长最为迅速，增长率为 121％。因此可以说，2014 年是中国高校智库研究开始活跃发展的一年，之后 2015 年和 2016 年保持良好的发展态势，2017 年研究文献的数量略有下降。

从高校智库相关文献的研究领域来看，如图 2 - 11 所示，研究文献数量居于第 1 位的研究领域为高等教育，占比 71.5％，其次为管理学。除此之外，图书情报、中国政治与国际政治、经济体制改革、行政学及国家行政管理、新闻与传媒也占有一定比例。于丰园等对 2010—2016 年中国高校智库研究的总体状况研究发现，相对于基础研究来说，应用研究、个案研究受重视程度不足，研究领域视野较狭窄，且问题解决研究力度不足。已有文献多以国外高校智库为应用背景分

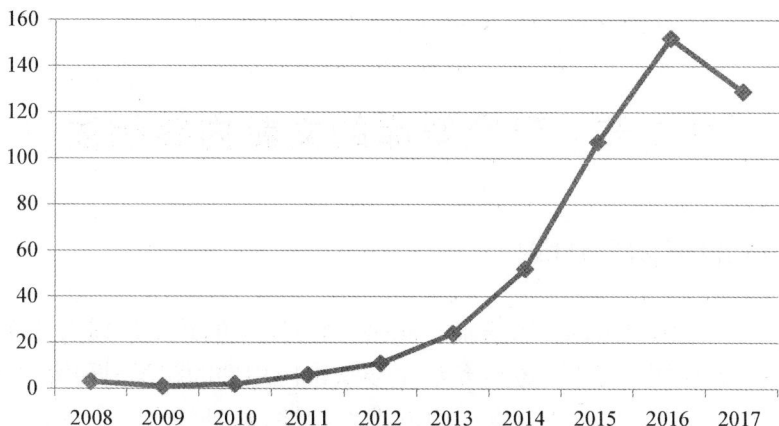

图 2 - 10　CNKI 检索篇名含"高校智库"或"大学智库"文献数量历年变化趋势

数据来源：CNKI 数据库检索获得。

析智库的内涵、结构、功能等，但美国高校智库研究一枝独秀，其他西方国家高校智库研究相对较少。虽然国内主要报纸不断地报道高校智库建设的现状、经验与发展等，但是研究者的知识惯性使得他们很少关注或引用报纸等方面的成果。虽然已有不少从跨学科的视野出发对高校智库进行研究，但研究的"同质化"与"趋同化"现象还是突出，对中国特色新型高校智库进行研究及其探索扩大影响力的途径和形式还比较单一。[①]

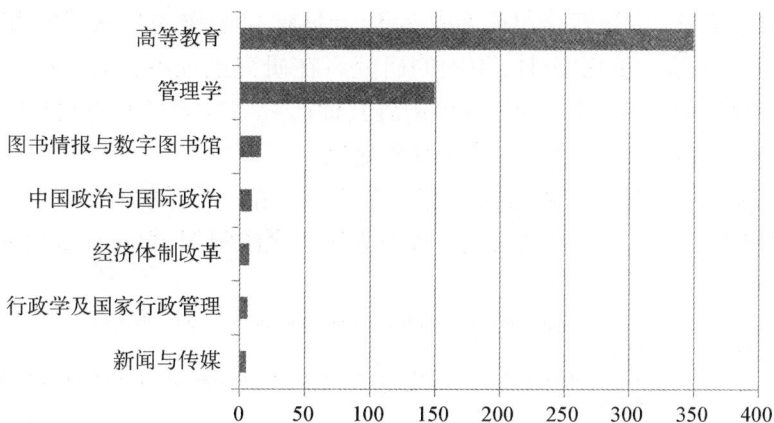

图 2 - 11　CNKI 检索篇名含"高校智库"或"高校智库"文献研究领域分布

数据来源：CNKI 数据库检索获得。

① 于丰园等. 中国高校智库研究进展及启示[J]. 情报杂志,2017(01)：72 - 76.

第二节　研究智库的文献内容综述

一、智库的概念与内涵

20世纪70年代智库在西方流行起来,协商民主的政策环境为智库开辟了发展道路。智库作为一个合法性组织主要从事应用性的跨学科研究,提供政策咨询和产生创新思想,在社会发展中占据独特性、基础性和专门化的地位。①② 智库作为一个概念框架,③有丰富的内涵。

研究者已经取得一定的共识,智库研究不得不面临一个基本的问题,即智库概念的含混不清及其存在的广泛争议。如詹姆斯·西蒙(James, S.)所言,"讨论到智库,有一个倾向,那就是人们容易陷入一个令人困扰的关于智库概念定义的问题,而这种活动往往退化成无效乃至没有定论的讨论"④。智库是一个发展中的概念,智库的存在形态多元化导致其组织含义的模糊性。如麦甘所言,"当我看到一个智库的时候,我就多了解了一个智库"⑤。薛澜和朱旭峰在对国外各种定义进行分析的基础上提出,需要从智库的本体——政策研究机构、目标——影响政策制定、地位——独立性、状态——稳定性四方面进行界定,才能将智库的内涵表达清楚,认为智库是一种相对稳定且独立运作的政策研究和咨询机构。⑥ 由于智库组织的复杂性,不同的研究者在研究过程中会尝试给出基于自己主观理解和学术背景的界定,这也遭到其他研究者或者持有不同见解学者的口诛笔伐,使得智库难以获得一个公认的定义。

对智库进行界定存在困难主要有三个原因。第一个原因是智库在维度、组成、结构和内部资产方面差别很大。拥有大量资金的组织,雇用许多训练有素的

① Hartwig P. New Labour in Government: Think Tanks and Social Policy Reform, 1997 - 2001[J]. British Politics, 2011, 06(02): 187 - 209.
② Rich A. Think Tanks, Public Policy and the Politics of Expertise[M]. Cambridge: Cambridge University Press, 2001: 11.
③ Benoit G. The Knowledge-Based Economy: Conceptual Framework or Buzzword[J]. Journal of Technology Transfer, 2006(31): 17 - 30.
④ James S. Review of Capturing the Political Imagination: Think Tanks and the Policy Process[J]. Public Administration, 1998(02): 409 - 410.
⑤ McGann J G. The Competition for Dollars, Scholars, and Influence in the Public Policy Research Industry[M]. Lanham, MD: University Press of America, 1995: 9.
⑥ 薛澜,朱旭峰. 中国思想库:涵义、分类与研究展望[J]. 科学学研究,2006 (06): 321 - 327.

研究人员,每年可以出版数百篇文章和其他出版物,可以被称为智库。拥有极少资源让学生或商人参与有限的活动的小型组织也可以成为智库。第二个原因是各种各样的组织都可以被描述为智库,如私立研究中心、政府机构或政党、咨询公司等。只要这些团体自主开展研究活动,如工业研发实验室、大学附属中心,甚至私人网络都可以被称为智库。然而,一个独立智库的定义指那些不属于学术机构、政党或利益集团的机构。① 第三个原因是智库参与各种各样的活动,如在期刊或书籍上发表论文,对外开放并组织公共活动,选定一组专家参与,其覆盖人群涉及精英群体、普通人群及民间社会组织等,持续开展活动不断形成研究品牌,甚至通过组织政策游说或公开抗议活动等提升社会影响力。由于这些原因,难以给智库确定一个明确的边界。智库概念界定面临的挑战在于既要尽可能的简化又要尽力涵盖智库必需的属性,同时也需要足够的精准以便能够划清智库和非智库组织机构的界限。② 可以看出,智库具有非常鲜明的个性化和情境化特征,关于智库概念界定,即使限制在特定国家的情境下,对智库做出详尽而宽泛的界定也是非常困难的,如果置于跨国情境下考察,将会更加复杂。面临智库概念界定的窘境,学者们逐渐意识到"讨论智库的概念界定也许不再如此重要,无论怎样界定,智库都是客观的实实在在的存在,并且有可能会继续发展。因此,研究怎样充分发挥智库的功能价值或许才是最重要的"。③ 虽然关于智库议题的学术讨论日益增多,内容也在不断深化,但是关于智库的概念界定一直都没有解决。

当前,研究者对智库的理解,主要集中在三个层面。一是视智库为创新性知识生产和转化的重要空间,并且视智库人员为公共知识分子。同时,也认为智库是知识经济时代的副产品,在智库工作逐渐成为学术职业的重要替代。二是视智库为唯利是图的政策倡导型组织或是伪装的游说公司,④即智库通常具有一定的价值取向,主要功能是为其服务对象和利益群体进行政策倡导和游说。智库专家通常被描述为政策企业家,他们生产、传播和营销知识以满足权力及决策者的需求。三是智库强调政策制定中科学知识的重要性,其独特价值在于能否

① McGann J G. Think Tanks and Policy Advice in the US[M]. Foreign Policy Research Institute, 2005 (08): 3.
② 帕瑞克·克勒纳. 智库概念界定和评价排名:亟待探求的命题[J]. 中国行政管理,2014(05): 25-28.
③ Stone D, Andrew D. Think Tank Traditions: Policy Research and the Politics of Ideas[M]. Manchester: Manchester University Press, 2004: 53-60.
④ Medvetz T. Think Tanks in America[M]. Chicago & London: The University of Chicago Press, 2012: 29.

按政治及社会需要提供思想产品,研究现实问题并提供政策建议、建构政策网络、为政府储备人才、对公共政策产生影响,被视为政府决策的"理性外脑"。通过词源分析和相关文献分析,智库的相关界定总结见表2-2。

表 2-2　智库的界定总结

来　源	界　定
词源分析 美国传统辞典(*American Heritage Dictionary*)	智库是社会或政治科学及军事领域集中研究和解决问题的一组人或机构
不列颠简明百科全书(*Britannica Concise Encyclopedia*)	智库是跨学科研究的研究所、公司或团体,客户主要是政府或商业部门。资金来源通常有捐赠基金、合同、私人捐款和销售收入
牛津美国军事词典(*Oxford Dictionary of the US Military*)	智库是针对专门的政治和经济问题提供建议和思想的专家组织,致力于政治和经济一体化研究
牛津政治词典(*Oxford Dictionary of Politics*)	智库包括两种政策研究机构。一种是致力于与政府战略合作的政策研究机构,建立自身相关优势,为政府提供新的政策选择。另一种是明确的党派利益组织,致力于提供政策建议,如美国布鲁金斯研究所等
盖尔美国历史百科全书(*Gale Encyclopedia of US History*)	智库看似没有党派,在很多情况下作为国家权力的扩展,随着国家意识形态的变化获得和失去影响力
文化素养新词典(*Dictionary of Cultural Literacy: Politics*)	智库资金主要来自捐赠基金,致力于通过出版物等提高公众对政策问题敏感的意识,影响国家重要议题的行动及政策
著名学者的界定 唐纳德·艾伯森(Abelson, Donald E)	智库是一个保护伞的概念,致力于为政策咨询服务的学者聚集在同一屋檐下,聚焦公共政策关注的某个特定问题,产生创新性思想形成政策方案以影响决策[1]

[1]　Abelson D E. Policy Experts in Presidential Campaigns: A Mode of Think Tank Recruitment[J]. Presidential Studies Quarterly, 1997: 679-697.

（续　表）

来　源	界　定
著名学者的界定 保罗·迪克森(Paul Dickson)	智库是独立于政府的相对稳定的政策研究和咨询机构。有独立性和自由度，不是政府部门，不以营利为目的，不代表任何地区、行业或者社会集团的利益，秉承科学及独立的观点，在选择研究主题和价值取向上保持足够的自由。以科学的研究方法为基础，研究现实性问题，做实用性研究，沟通知识与权力，架设科学技术和政府决策的桥梁①
安德鲁·里奇(Andrew Rich)	发布政策议题的研究，力争获得最大化的公共信任，影响决策和政策制定②
黛安·斯通(Diane Stone)	智库最初指战争期间美军讨论战略和作战计划的保密室，二战时期智库广泛服务政府战争。智库就像政治演员，面临不同的任务其角色也会变化，因而是一个不确定的概念③
托马斯·麦德佛(Thomas Medvetz)	对智库进行分析的最佳状态不是把它看成一个不成熟的或离散型组织，而是作为一个制度化建构的模糊的组织网络，可以根据学术、政治、经济和媒体产出的逻辑进行内部分类④

资料来源：根据智库相关的研究文献、研究报告与词典网站整理。

　　虽然难以给智库下一致性的定义，但学者对于智库的特征还是有很多共识。比如，大多数学者都认为智库有多个研究领域的专家，在公共政策方面为决策者服务，提供有建设性的思想建议和路径指导。智库强调政策制定中科学知识的重要性，被视为以政策为导向的知识生产者。智库具有多样化的形式和功能，已经引起学术和实践领域的广泛兴趣。⑤　智库的研究内容广泛，涉及战略、军事和国际关系等。⑥　智库的主要功能价值是沟通知识与政策，通过政策倡导为政府

---

① Paul D. Think Tanks[M]. New York：The University of Minnesota Atheneum, 1971：28.

② Rich A. Think Tanks, Public Policy and the Politics of Expertise[M]. Cambridge：Cambridge University Press, 2001：11.

③ Stone D. Introduction：Think Tanks, Policy Advice and Governance in Think Tank Traditions[R]. Manchester and New York：Manchester University Press, 2004：1-18.

④ Medvetz T. Think Tanks in America[M]. Chicago & London：The University of Chicago Press, 2012：23.

⑤ Patrick K. Think Tanks：Their Development, Global Diversity and Roles in International Affairs[J]. GIGA Focus International Edition, 2011(06)：1-7.

⑥ 金芳. 西方学者论思想库[M]. 上海：上海社会科学出版社, 2010：1-2.

决策提供建议,被认为是政府决策的"理性外脑"和"点子工厂",以独特的思维研究公共政策问题探索解决办法,促进政策制定者和学者的互动。① 智库的规模大小、资源多寡、研究质量和产出数量差异很大,其服务功能有专业分析、政策倡导、组织和技术服务三种类型。核心功能不限于政策研究、分析和倡导,也参与教育、培训、会议研讨、市场和各种形式的政府及非政府网络。②

在本研究中,基于智库的核心功能,把智库界定为有高水平研究者,做政策问题导向的研究,产生创新性思想并致力于服务公共政策,有合法化组织建制且在政策制定中能够发挥影响力的政策研究和咨询机构。

二、智库的分类

依据智库影响政策的路径和影响政策类型的不同,学者对智库的类型进行了广泛的研究。

在对中国智库分类的研究方面,依据智库附属的主体单位,薛澜和朱旭峰(2006)将中国智库分为职业单位法人型、企业型、民办非企业单位法人型和大学下属型四种类型。③ 汪廷炯(1997)将思想库分为四类:合同制研究机构、单一课题组、大学的研究机构、倡导式思想库。④《中国智库综合评价 AMI 研究报告(2017)》将中国智库划分为综合性智库、专业性智库、社会智库、企业智库四大类别,并根据 AMI 评价指标体系分别对其评价研究。⑤ 上海社会科学院智库研究中心(2014)将国内智库分为国家党政军/科研院所智库、地方党政智库、地方科研院所智库、高校智库和社会(企业)智库。⑥

对国外智库的研究中,依据不同的分类标准,可以将智库划分为多种类型。1989 年,韦弗(Weaver, K. R.)提出将智库分为三种类型:以研究为导向的机构、以接受合同(委托)研究为主的研究机构、倡导型智库。2002 年,艾伯森(Abelson, D. E.)增加了"遗产型智库"和"政策社团"两种类型。国内学者丁煌(1997)将美国的智库划分为官方咨询研究机构、半官方咨询研究机构、民间咨询

---

① Goodman J C. National Centre for Policy Analysis. What Is a Think Tank? [EB/OL]. http://www.ncpa.org/pub/what-is-a-think-tank, 2005-12-20/2012-06-21.
② Stone D. Think Tank Trans-nationalization and Non-profit Analysis, Advice and Advocacy [J]. Global Society, 2000, 14(02): 153-172.
③ 薛澜,朱旭峰. 中国思想库:涵义、分类与研究展望[J]. 科学学研究,2006 (06): 321-327.
④ 汪廷炯. 论思想库[J]. 中国软科学,1997,(2): 24-28.
⑤ 中国智库综合评价 AMI 研究报告[R]. 中国社会科学院评价研究院,2017.
⑥ 2014 中国智库报告——影响力排名与政策建议[R]. 上海社会科学院智库研究中心,2014(01).

研究机构、大学咨询研究机构四类。① 开放民主的社会环境为各种类型智库的形成及其从事独立政策分析和咨询建议活动提供了最好的温床。②③ 依据不同的分类标准,以智库最为发达的美国为例,可以划分为多种类型。按照起源,可以划分为大富豪出资建立、政府出资建立、社会人士集资建立、离任总统或为纪念政治人物而建立四类。按照政治倾向,可以划分为保守型智库、激进派智库和中间派智库。按照在国家政治体系中发挥的作用和所处的地位,可以划分为学术型智库、政治游说型智库和与政府签约合同型智库。按照服务对象,可以划分军事外交型智库、内政型智库和政党型智库。基于研究导向,智库可以划分为政策倡导、学术和任务导向智库。④⑤ 依据建立方式,智库可以划分为自上而下和自下而上的智库。依附属关系,可以划分为非盈利形式的独立智库、附属大学的政策研究机构、政府创建或资助的智库、公司创建或商业附属智库和政党智库。⑥

　　美国宾夕法尼亚大学麦甘以附属关系为标准认为智库分为独立运作型、准独立型、政府附属型、准政府型、大学附属型、政党附属型和公司型,如表2-3所示。

表 2-3　以附属关系为标准的智库分类

类　型	定　义
独立自主型(Automomous & Independent)	明显独立于任一利益群体或者捐赠者,运作和资金独立于政府
准独立型(Quasi Independent)	独立于政府,但是被某一利益群体、捐赠者或合同代理等控制,他们往往提供大多数资金,对智库的运作有显著影响
政府附属型(Government Affiliated)	政府机构的一部分
准政府型(Quasi Governmental)	完全由政府基金和合同资助,但不是政府机构的一部分

①　丁煌. 美国的思想库及其在政府决策中的作用[J]. 国际技术经济研究报,1997(3):31-37.

②　Eric H. False Equivalency: Think Tank References on Education in the News Media[J]. Peabody Journal of Education, 2007, 82(1): 63-102.

③　McGann J G. Think Tanks and Civil Societies[R]. Somerset, NJ: Transaction Publishers. 2000.

④　Weaver K R. The Changing World of Think Tanks[J]. The Science of Public Policy,1999:267-287.

⑤　Sven J. Introduction: Think Tanks in Austria, Switzerland and Germany—A Recalibration of Corporatist Policy Making? [J]. German Policy Studies, 2006,3(2):139-152.

⑥　Stone D. Think Tanks and Policy Advice in Countries in Transition[R]. Public Policy Research and Training in Vietnam, Tokyo: Asia Development Institute, 2005, 38-109.

(续　表)

类　　型	定　　义
大学附属型(University Affiliated)	位于大学的政策研究机构
政党附属型(Political Party Affiliated)	政党附属的正式智库
公司(营利性)(Corporate for profit)	营利性公共政策研究机构,附属于公司,或者完全是营利运作

资料来源:根据 2017 全球智库报告整理。

在宾夕法尼亚大学每年发布的智库与公民社会研究项目全球智库报告中,根据研究领域的不同,将智库分为国防安全类、国内经济政策类、教育政策类、能源政策类、环境政策类、外交政策和国际事务类、国内卫生政策类、全球卫生政策类、国际发展类、国际经济类、科技类、社会政策类、透明度和善治类 13 类智库。根据智库的特殊成就,将智库分为倡导型、营利型、政府附属型、机构合作型、管理型、新思想或范例型、产出最佳研究报告型、会议型、网络型、政党附属型、跨学科研究型、大学附属型、使用社会媒体和网络、外部关系和公共参与型、最显著影响等 26 种智库。这些智库在政策研究和分析、参与公共事务、促进相关行为者之间的合作、维持公众的支持和资助、提高有关国家的整体生活质量等方面表现出色。具体分类标准及其内涵如表 2 - 4 所示。[①]

表 2 - 4　智库分类的界定

分类依据	智库类别	类　别　描　述
按所在地区	撒哈拉以南非洲地区顶级智库	该类别主要指撒哈拉沙漠以南地区的智库机构,用于对比中东和北非(MENA)包含的国家。苏丹虽然地理上位于撒哈拉沙漠以南,但不被视为撒哈拉以南的国家
	中美洲和南美洲顶级智库	该类别主要指美洲大陆中部和南部地区的智库机构,不包括加拿大,墨西哥和美国这三个北美国家
	美国顶级智库	该类别主要指美国智库机构
	亚洲顶级智库	该类别主要指中亚和高加索地区的智库机构,即阿富汗、亚美尼亚、阿塞拜疆、格鲁吉亚、哈萨克斯坦、吉尔吉斯斯坦、塔吉克斯坦、土库曼斯坦和乌兹别克斯坦。俄罗斯虽然拥有中亚的领土,但不被认为是该地区的一部分

---

① McGann J G. 2016 Global Go To Think Tank Index Report[R]. Think Tanks and Civil Societies Program (TTCSP), http:// repository. upenn. edu/ think_tanks, 2017 - 1 - 26.

（续　表）

分类依据	智库类别	类　别　描　述
按所在地区	中国,印度,日本和韩国的顶级智库	将"中国、印度、日本和韩国的顶级智库"划分为一个类别
	东南亚及太平洋地区顶级智库	该类别主要指孟加拉国、不丹、文莱、柬埔寨、印度尼西亚、老挝、中国澳门、马来西亚、马尔代夫、蒙古、尼泊尔、朝鲜、巴基斯坦、菲律宾、新加坡、斯里兰卡、中国台湾地区、泰国和越南
	中欧和东欧的顶级智库	俄罗斯可能是所有国家中最棘手的一个案例,因为地理上它可能属于中欧和东欧,中亚和亚太地区。为了避免混淆,并尊重俄罗斯大多数智库位于该国西部的事实,继续将俄罗斯智库放在中东欧的范畴。中欧和东欧的范畴将包括俄罗斯智库和位于土耳其东部,瑞典、德国、奥地利和意大利之间的智库。该类别主要指白俄罗斯、波黑、保加利亚、克罗地亚、捷克、爱沙尼亚、芬兰、匈牙利、科索沃、拉脱维亚、立陶宛、马其顿、摩尔多瓦、黑山、波兰、罗马尼亚、俄罗斯、塞尔维亚、斯洛伐克、斯洛文尼亚和乌克兰
	西欧顶级智库	该类别主要指安道尔、奥地利、比利时、丹麦、法国、德国、希腊、冰岛、爱尔兰、意大利、列支敦士登、卢森堡、马耳他、摩纳哥、荷兰、挪威、葡萄牙、圣马力诺、西班牙、瑞典、瑞士、英国和梵蒂冈城
按研究领域	最佳透明度与善治智库	透明度是智库独立性的一个特征。非政府组织和智库实际上服务于政府或特定个人和公司的利益,普遍认为出资人和智库之间存在着特殊的关系,这容易导致智库与应该拥有的独立性和中立价值脱轨
	顶级防务和国家安全智库	该类别主要指国际领先的国防智库。这一类的顶尖智库为政策制定者和公众提供有关国家安全和防御问题的卓越创新研究和战略分析
	顶级经济政策智库	该类别主要指全球领先的经济政策智库。这一类顶级智库提供了优秀的国内经济政策的创新研究和战略分析,涵盖了广泛的议题,如货币供应和利率,宏观和微观经济,贸易和投资以及政府影响的其他经济领域
	顶级教育政策智库	该类别主要指全球领先的教育政策智库。这一类的顶尖智库为政策制定者和公众提供有关教育问题的卓越创新研究和战略分析

（续　表）

分类依据	智库类别	类 别 描 述
按研究领域	顶级能源和资源政策智库	该类别主要指全球领先的能源和资源政策机构。这一类顶级智囊机构针对一系列广泛的问题提供了卓越的创新研究和战略分析,如:能源开发、生产、分销以及对全球社会重要的各种资源和能源问题
	顶级环境智库	该类别主要指全球领先的环境政策机构。这一类顶级智库对全球范围内具有重要意义的各种环境问题提供了卓越的创新研究和战略分析
	国际顶尖的外交政策和国际事务智库	该类别主要指全球领先的外交政策和国际事务机构。这一类顶级智囊机构在国际和国内层面上对世界事务、安全、政治和经济政策提供了卓越的创新研究和战略分析
	国内顶级卫生政策智库机构	该类别主要指国际领先的国际卫生政策机构。这一类顶级智囊机构针对特定国家的国内卫生服务提供了卓越的创新研究和战略分析
	全球顶级卫生政策智库	该类别主要指全球领先的全球卫生政策机构。这一类顶级智囊机构针对全球社会面临的健康问题进行了卓越的创新研究和战略分析
	顶级国际发展智库	该类别主要指国际领先的国际开发机构。这一类顶尖智库对国际社会面临的挑战和问题提供了卓越的创新研究和战略分析,如农业、增长、贫困、不平等、人道主义等各种与发展相关的议题
	顶级国际经济政策智库	该类别主要指国际领先的国际经济政策机构。这一类顶尖智库对国际经济政策议题进行了卓越的创新性研究和战略分析,如:全球化、国际金融、贸易、投资、发展等与全球经济相关的其他话题
	顶级科技智库	该类别主要指全球领先的科技智库机构。这一类顶级智囊机构提供了从创新、电信到能源、气候和生命科学等领域的卓越创新研究和战略分析
	顶级社会政策智库	该类别主要指全球领先的社会政策机构。这一类顶尖智库为与社会问题和发展挑战有关的话题提供了卓越的创新研究和战略分析,例如:犯罪与正义、移民、贫困、国家福利以及与社会政策有关的其他各种话题

（续 表）

分类依据	智库类别	类 别 描 述
按特别成就	最佳倡导活动	倡导活动是将组织的想法和信仰传达给公众的活动或行动组合。倡导型智库倾向于在特定的政策问题上采取强硬立场,这可能会破坏该机构的客观性。作为一个结构和功能的连续体,倡导型智库有时反映到公共游说和利益集团
	最佳营利智库	营利智库是作为盈利业务运作的机构。在大多数情况下,他们隶属于一个以营利为基础的公司。由于大多数智库与政府组织可能表现出结构上的相似性,所以营利性智库大多与政府研究机构接近
	最佳政府附属智库	政府附属智库是那些在政府机构中,被认为是政府机构的一部分。该类别主要指杰出的政府政策研究智库
	与两个或更多智库合作实践	能够与两个或两个以上的智库进行协作,以制作一套适度但可实现的全球公共产品的机构
	最佳管理型智库	一个管理完善的智库应该在机构负责人、董事和高级研究员等关键人员中广泛传播机构层面的决策,以确保信息透明和共享。常规会议期间从工作人员到董事的向上沟通也很重要,这确保了智库内的相互理解和共同价值。能够吸引高级分析师完成组织使命,并提供培训计划和研讨会,以保持人力资本开发的连续性是反映组织控制人力资源的关键标准
	最佳新思想或范式	新思想和新范式是具有完整的框架,思维方式和方法论,专门为满足制度目标和关切而开发的思想和范式
	最佳新智库	这些智库是过去 24 个月成立的智库,也是卓越的研究机构
	2016 最佳政策研究报告	能够满足严格的政策导向研究需求的质量研究/报告,可供政策制定者,媒体和公众使用
	最佳智库会议	高质量的会议应该能够使学者、从业者和决策者们共同评估和研究全球未来的金融风险、可持续性、不平等等全球挑战
	最佳智库网络	网络是智库达成目标的关键因素。在组织紧密相连的环境中,有效扩大、动员和培育网络的能力有助于为智库创造动力
	最佳政党附属型智库	与政党和意识形态正式挂钩的智库。在美国,他们大多分为民主党人、共和党人和独立人士。根据 2014 年的汇总数据显示,39%的人是独立人士,32%是民主人士,23%是共和党人

（续　表）

分类依据	智库类别	类　别　描　述
按特别成就	最佳跨学科研究	跨学科研究是学者与利益相关者共同合作的一种方法。它旨在克服知识的生产和需求,为解决社会问题做出贡献。它将不同学科的学者结合在一起,形成新的概念、理论、方法论和创新
	值得关注的智库	这个类别的智库因其卓越的研究成果在过去 24 个月获得关注
	对公共政策影响最大的智库	公共政策是政府维持秩序或通过宪法规定的行动满足公民需求的手段。公共政策是用来描述通过政治过程建立的一系列法律、授权或规定的术语。这一类智库的研究,在公共政策中有明显的影响力
	年度运营预算低于 500 万美元顶级智库	这一类智库因卓越的研究实践和重大研究成果而知名,其预算低于 500 万美元
	最佳实践(政策和程序)	这一类智库在其研究实践中坚持并维护道德和伦理的正义,以确保其政策研究的质量,独立性和完整性
	最佳附属于大学的区域研究中心	大学附属智库是致力于公共政策分析的研究中心,在一所大学的支持下,虽然这种支持的程度可能会有波动。这些智库是大学的一部分。智库与大学之间的联系程度可以通过分析某些因素的重叠来衡量。大部分由来自大学的教授,研究人员组成,也可能包括访问学者。大多数智库决定独立进行研究。这些智库中的大多数通过个人、基金会、组织和政府的拨款筹集到专项研究资金,同时也从大学获得财政支持
	最佳独立的区域研究中心	这一类智库独立于政府或大学,是自治机构。这些机构是自主的,并产生客观和公正的高质量研究

资料来源:根据 2017 全球智库报告整理。

三、智库的功能

在知识经济时代,智库生产创新性思想和政策咨询建议,对国家公共政策形成具有重要的价值。智库有研究和分析现实政策问题并提供政策建议、对政府项目进行评估、促进政策理解、建构政策网络、为政府提供人才储备库的功能。①② 另外智库担当政府决策者的政策理念来源、政策议案的评论者、政策方案执行的评估者、政府选拔高级官员与专家的人才库、新闻媒体资料引述的权威来源五种角色。③ 美国智库在帮助政府应对复杂的国内外问题时做出正确的决策判断、在政府和公众之间建立沟通桥梁、在政策辩论中发出独立专业的声音、设置确定政策议题、帮助公众理解政策问题、为政策制定者们建立了一个交流观点的平台、为政府储备人才等方面发挥功能。④ 智库专家基于研究和理性思考提出创新性思想,在国家官僚体系分化和多个利益群体参与公共政策讨论的背景下,智库起到了推动知识与政策一体化的作用。⑤ 通过对美国对伊拉克政策及通过访谈研究证实了智库对公共政策变化有所贡献并能够对公共政策制定产生影响。⑥ 智库投入大量的时间和精力长期深入地研究某个公共政策问题,也有助于保护社会弱势群体的利益,并通过影响政策促进社会的公平和公正。⑦ 转型国家主要通过管理层面、质量控制、组织创新、强有力的团队领导、委员会治理、结构化的研究人员、财务管理、研究结果的交流、注意智库形象和声誉宣传等途径建立智库。⑧ 在外交及国际关系领域,研究"1990 研究所"这一跨国智库,发现非国家集团组织在外交政策中有愈加重要的作用,美籍华人参与中国现代化的作用显著。⑨ 智库需要与多元社会网络关联,坚持跨学科跨区域研究,注重思想创新和过程管理并独立发声,通过宣传学术产出普及知识提供政策建议和咨询。⑩ 智库作为知识革命的开端,将开启 21 世纪政策讨论的新时代。⑪

智库发展的历史溯源及其不同国家智库组织的发展状况引起了学者极大的

① Mahmood A. US Think Tanks and the Politics of Expertise: Role, Value and Impact[J]. The Political Quarterly, 2008, 79(04): 529 – 555.

② Tevi T. Devaluing the Think Tank[J]. National Affairs, 2012: 75 – 90.

③ Weaver K R. The Changing World of Think Tanks[J]. Political Science and politics, 1989, (22): 563 – 578.

④ McGann J G. Think Tanks and Policy Advice in theUS [J]. Foreign Policy Research Institute, 2005.

⑤ Howard J W. The New Powerhouses: Think Tanks and Foreign Policy[J]. American Foreign Policy Interests, 2008(30): 96 – 117.

⑥ Sandy T H. Behind the Bushes: Foreign Policy Makers Revealed[D]. University of Central Missouri, 2010.

⑦ Keving W. Free-Market Think Tanks and the Marketing of Education Policy[J]. Dissent Spring, 2011, 3(01): 39 – 43.

⑧ Stone D. Think Tanks and Policy Advice in Countries in Transition[R]. Public Policy Research and Training in Vietnam, Tokyo: Asia Development Institute, 2005: 38 – 109.

⑨ Norton W. Invited Influence: American Private Associations in the Modernization of China, 1985 – 2005[D]. University of Kansas, 2007.

⑩ Matthew T. Think Tanks, Public Policy and Academia[J]. Public Money and Management, 2011, 31(01): 10 – 11.

⑪ Goodman J C. National Centre for Policy Analysis. What Is a Think Tank? [EB/OL]. http://www.ncpa.org/pub/what – is – a – think – tank, 2005 – 12 – 20/2012 – 06 – 21.

研究兴趣,了解这样一幅生动而现实的图景,对我们更深入和全面地探索世界范围内智库的发展形态以及其为国家治理现代化发挥的功能价值具有重大的意义。不同国家在智库的建设方面存在许多差异,公民社会发展水平、政治文化、经济社会传统是不同国家智库政治地位和影响力存在差异的主要原因。① 几乎所有的研究成果都已达成共识,那就是现代意义上的智库是从二战后才开始在美国及全世界迅速发展。② 智库是美国独一无二的产物,在政策制定过程的不同时期都积极发挥作用是美国智库成功的真正原因,加拿大智库需要克服许多机构、文化和经济的障碍。③④ 麦甘研究中国、印度、巴西、中东及北非智库,阐述了智库在其所属国家内外政治语境中的优势与不足,并强调建立智库的重要性和必要性,研究认为中东及北非地区应与美国建立战略合作关系,建立全球政策分析网络,消除政策制定者、国际组织、研究机构和私人领域的鸿沟,提高政策设计和执行效率,为政策倡导建立有效的驱动力。⑤ 张骏分析日本、韩国和新加坡的智库如何调整和探索与政府的关系,发现日本智库与政府"再结合"、韩国官方智库与政府"剥离"与"统合"而民间智库与政府"补充"与"分担"、新加坡"政府布局""高官参与"的智库有效作用于"制度提升",存在这种状态的原因是日本、韩国和新加坡政府普遍保持着对智库更为积极和直接的介入,另一方面对智库本身同知识与权力的关系有着也不同于西方的理解。⑥

四、智库的评价

全球范围内智库的兴起尤其是自 2013 年以来中国特色新型智库的快速发展带动了学术研究领域及社会各界对于智库研究及智库评价的广泛关注。相对于传统的政府机构及学术研究机构,智库组织具有功能异质性、建制复杂化、机

---

① McGann J G. Academics to Ideologues: A Brief History of the Public Policy Research Industry [J]. Political Science and Politics,1992, 25: 733.
② Michael B. Teitz. Analysis for Public Policy at the State and Regional Levels The Role of Think Tanks[J]. International Regional Science Review 2009,32: 480.
③ Abelson D E. Do Think Tanks Matter? Opportunities, Constraints and Incentives for Think Tanks in Canada and the United States [J]. Global Society, 2000,14(2): 213 - 236.
④ Abelson D E. Following suit or falling behind? A Comparative Analysis of Think Tanks in Canada and the United States[J]. Canadian Journal of Political Science/Revue canadienne de science politique, 1998,31(3): 525 - 555.
⑤ McGann J G. Forging a Partnership between GCC and US Think Tanks. Published by The Emirates Center for Strategic Studies and Research. 1 - 64.
⑥ 张骏. 智库与政府关系的调整与探索:以日本、韩国和新加坡智库为例[J]. 智库理论与实践,2017, 2(3): 64 - 70.

制多元化和开放性等特征,这给研究者进行智库评价带来了巨大的挑战,也使得已有的智库评价饱受争议。

智库影响力评价是智库研究中最重要、最容易受关注并且争议性最大的议题。影响力评价成为智库领域中的热点研究问题,许多学者对影响力进行了专门性的探讨。研究者普遍认为影响力是智库的生命线和价值所在,也是智库评价的重要方面。影响力的核心是采用多种多样的传播渠道向多个外部利益相关者传播和宣传自己的主要思想观点,其外部利益相关者包括政策决策者、资金提供者、社会媒体和媒介、社会精英以及普通的公民。智库围绕着推广知识产品从而力求实现影响力的最大化而开展行为活动。① 国内许多学者尝试通过以对智库影响力进行分类为基础开展评价体系的设计。如朱旭峰从西方智库影响公共政策机理的层次结构入手,认为智库影响力可分为决策影响力、精英影响力和大众影响力三个层次。② 李安方等将智库影响力分为决策影响力、学术影响力和社会影响力,同时认为,智库内部的思想宣传和政策倡导能力是智库影响力的非常关键的因素。③ 李凌将智库影响力分为决策影响力、学术影响力和大众影响力三大类,这三种影响力分别对应于政策制定者、学术同行和普通大众,它们通过不同方式对不同社会阶层产生影响。决策影响力是最根本和起决定性作用的,学术影响力和大众影响力服务于决策影响力。④ 除此之外,有研究者对智库可以产生影响力的原因、条件和方式进行了更为深入的理论和案例分析。譬如,俞可平提出智库要对社会进步产生影响,需要产生符合社会发展的创新思想、发现现实社会中存在的影响社会发展的真实问题,对社会发展承担公共责任,进行前瞻性战略研究,组织高水平领导及研究团队,借助网络和媒介影响社会,寻求特色化发展。⑤ 王丽莉认为美国智库能够产生强大影响力的主要原因是其良好的市场环境、充足的市场需求、高质量的产品和全方位的市场营销。⑥ 朱瑞博研究发现欧美智库通过创新思想及其引领机制来提升学术影响力,通过舆论引导机制提升社会影响力,通过旋转门机制提升政策决策执行影响力。⑦ 刘昌乾以布鲁金斯学会为例,分析了布鲁金斯学会具有高影响力的原因及其特征表现,提

① [美] 唐纳德·E·艾伯森. 智库能发挥作用吗? 公共政策研究机构影响力之评估[M]. 扈喜林,译. 上海:上海社会科学院出版社,2010.
② 朱旭峰,苏钰. 西方思想库对公共政策的影响力——基于社会结构的影响力分析框架构建[J]. 世界经济与政治,2004(12):21-26.
③ 李安方. 中国智库竞争力建设方略[M]. 上海:上海社会科学出版社,2010:37.
④ 李凌. 影响力——智库的生命线[J]. 群众·决策资讯,2014(03).
⑤ 俞可平. "智库"的影响力从何而来[N]. 北京日报,2009(10).
⑥ 王莉丽. 美国智库影响形成机制及面临挑战[N]. 学习时报,2013(01).
⑦ 朱瑞博. 智库影响力的国际经验与我国智库运行机制[J]. 重庆社会科学,2012(03):111-116.

出布鲁金斯学会作为顶尖智库,聚集众多的利益相关者(包括政府部门、企业、非营利组织、媒体和学术界),设定政策讨论主题,创建一个平等宽松的研讨氛围和交流渠道,传播新观点,使得其倡导的观点能够得到政策制定者的重视。智库重点关注在政策制定过程中具有决定作用的某个高层人物,针对其政策需求提供政策建议。①

不能否认,影响力是一种非强制的和软性的权力,如斯克鲁顿(Scruton,R.)所言:"影响力是权力的一种形式,它与控制力、力量、强迫和干涉有截然不同的表现。它通过告诉他人行动的理由,这些理由或是对他人有利的,或是道义上的善意的考虑,来对其行为进行影响,但这些理由和考虑必须是对他人有分量的,有可能影响其决策。"②因此,可以看出,影响力是通过具有说服力的思想成果、语言表达技巧和潜移默化的行为来达到影响决策的目标,但其成效会受许多外部条件的限制,最终能否实现预期结果,是难以预料的。研究者也普遍认为,从政策过程的视角看,公共政策进程有延续性和时滞性的特点,也许要经过很长时间,思想才能转化为政策,政策的形成是许多因素共同作用的结果,许多个体都有参与,难以确定哪一个体在政策形成过程中有决定性影响,也难以了解智库的思想在政策过程的哪个阶段产生影响。如彼得·豪尔(Peter,H.)所言:"智库对决策虽有影响,但是影响力到底多大,谁也说不清楚。"③不难发现,基于研究方法及研究对象的局限性,数据采集的高难度,测量标准的不确定性,及智库组织及公共政策过程的复杂化和多样化,任何一种实证测量或许都难以全面和精确地衡量影响力的程度和大小。

对智库及其影响力界定的困难,使得对影响力进行全面的评价尤其是定量的研究成为亟待解决的难点问题。随着统计和数据库技术的发展,使用实证方法研究智库的影响力成为一个前瞻性的领域,许多研究者使用特定的研究方法从独特的视角对智库的影响力进行尝试性的实证探索。尼古拉斯·拉伯(Nicolas,R.)研究了12家经济政策智库及其171名学者的新闻能见度,成为智库影响力定量分析的重要先行者。④ 在此之后,有许多研究者借鉴此研究方法,对数据量进行了拓展研究。唐纳德·艾伯森(Abelson,D.E.)基于政策过程的概念,研究了主流媒体对智库观点的引用率和智库人员出席国会听证会的次数,

① 刘昌乾. 世界一流智库如何保证研究的独立性[J]. 中国高教研究,2014(09):66-70.
② Scruton R. A Dictionary of Political Thought[M]. London: The Macmillan Press, 1982:224.
③ 金芳. 西方学者论思想库[M]. 上海:上海社会科学出版社,2010:1-2.
④ Nicolas R. Who's Hot and Who's Not: An Assessment of Think Tanks' Influence on US Economic Policy Making[J]. The International Economy, 2000(09).

对美国、加拿大两国智库的政策影响力进行定量分析。[①] 比特·里森(Peter, T. L.)以回归分析方法分析美国州一级别的自由市场取向智库在税收、政府支出及私有化三个领域的八个层次的影响力。[②] 陈升选取了中国 39 家智库作为样本,对其影响力进行了测算,并实证分析智库规模与智库影响力关系,以及智库性质变量的调节效应与智库产出的中介效应。结果表明智库规模对智库影响力有显著影响,且智库产出对智库规模与智库影响力的中介效应显著,而智库性质对智库产出、智库规模与智库影响力中介效应的调节效应不显著。[③]

　　虽然对智库进行客观和全面的评价具有天然的挑战和广泛的争议,但是由于评价是促进智库科学发展的内在需求,也是社会对智库成效进行监督和检验的重要手段。智库评价具有非常重要的现实意义,"对于国家而言,有助于国家总体把握智库发展的形势、针对性地出台支持智库发展的政策;对于智库行业而言,有助于智库行业规范和行为准则的建立;对于智库个体而言,有助于智库间在竞争、学习中发现不足,找准目标;对于决策部门、基金会、媒体、学术界、社会大众而言,有助于展示智库行业、智库个体的公共形象"。[④] 鉴于智库评价也是智库研究的重要内容,全球范围内,为对现代意义上的智库组织进行评价、改善智库组织发展绩效、提升智库组织治理能力,开展对智库评价方法的研究和探讨一直都在进行中。本书从国际和国内两个层面,对近些年发展起来的智库组织评价方法进行研究探讨。

(一)国际层面的智库评价

　　现代意义上的智库最早起源于欧美国家,对于智库的评价及其研究也发端于欧美国家的知名大学及研究机构。依据张树良等的研究,按照评价方法可将智库评价体系分为定性评价体系、定量评价体系以及定性与定量相结合的综合评价体系三类。根据评价主体及评价目的,现有的智库评价体系分为媒体型、实验型、管理型、监督型和专业型。媒体型评价体系是指由新闻媒体机构作为评价体系构建方,对主流媒体采用专家观点的情况或者智库在热点问题方面通过主流媒体产生的影响进行专家评审,典型实例为英国 Prospect 智库评价。实验型评价体系是由数据管理方来主导,运用科学计量的方法进行数据管理和分析,典

① [美]唐纳德·E·艾伯森. 智库能发挥作用吗? 公共政策研究机构影响力之评估[M]. 扈喜林,译. 上海:上海社会科学院出版社,2010.
② Peter T L, Matt E R, Claudia R W. "Think Tanks"[J]. Journal of Comparative Economics, 2012 (40): 62-77.
③ 陈升等. 智库影响力及其影响机理研究[J]. 科学学研究,2015(09): 1305-1312.
④ 中国智库大数据报告[R]. 中国智库大数据评价研究课题组,2016.

型案例为英国高等教育资助理事会(HEFC)RePEc数据服务平台IDEAS智库评价。[①]

由于美国全球发展中心(CGD)智库评价体系和美国宾夕法尼亚大学"全球智库报告"评价体系是由专业从事智库研究的第三方机构、自身创建智库评价体系且智库的覆盖面及影响力较大,本研究对这两个评价体系进行详述。

CGD智库评价体系首发于2013年,其研究的主要目的是探讨评价智库绩效的新指标和新方法,实现智库绩效评价的纯定量化,但是由于数据获取等方面缺乏必要的客观性,并没有对智库排名进行持续的推进。但是其采用定量的评价方法具有较好的可借鉴性,核心在于侧重采用网络指标和新媒体指标对智库公共影响力进行考察,包含智库影响和智库效能两个一级指标。智库影响指标包括智库受社交网站用户的关注程度、智库网站流量、智库网站被链接量、智库媒体关注度和智库成果学术被引用量五个二级指标,评估数据主要来自智库网站、社交媒体、新闻媒体、网络引文数据库以及第三方机构。智库效能指标包含智库规模、智库年度运营经费和最近财年经费三个二级指标,评估数据主要来自第三方机构及智库年报。智库影响指标数据的时间点为2014年或2015年1月,智库效能指标时间点为2013年。评价结果最终以智库绩效排名形式公布,并提供基于总量特征的智库绩效排名和基于效能特征的智库绩效排名两种结果。[②]

隶属于美国宾夕法尼亚大学的智库和公民社会研究项目(TTCSP)的麦甘及其研究团队自2010年起每年都发布全球智库的排名报告,其排名因可持续性及全面性,具有较大的国际影响力,被各大学和研究机构广泛使用,并被作为判断智库建设成效的一个重要的标准和依据。[③]

该项排名具体的工作流程为在每年春季向其项目资料库中的人员以及其他感兴趣的公众发送邮件,邀请他们登录项目组网站,并推荐有资格参加"国际咨询委员会(International Advisory Committee,以下简称为IAC)"的人员名单及联系方式。然后,项目组向IAC成员发出提名邀请,请他们按照若干类别分别提名每个类别中他们认为能够排在前25名的智库。在汇总提名结果后,将所有被提名为顶级智库的候选机构的汇总资料发给专家小组(Expert Panelists),邀请他们参考项目组提供的评价指标对这些筛选后的机构进行分类排名、确认和

① 张树良等. 国际智库评价体系发展现状及其趋势分析[J]. 情报学报,2017(06):628-636.
② Julia C. "Measuring Think Tank Performance:An Index of Public Profile." [R]. CGD Policy Paper 025. Washington DC:Center for Global Development, http://www.cgdev.org/publication/metrics-think-tank-profile, 2017-12-20.
③ McGann J G. The Global Go To Think Tanks Report and Policy Advice[M]. United Nations University Edition, 2012:14-60.

调整,在每年年底确定各个类别的最终排名。

该调查采用的是整体性测度方法中的"主观整体印象评价法",由智库专家、学术同行、政府官员等分布于不同行业领域的专家组成调查组,依照指标体系,如表2-5所示,按照智库在评价者心目中的印象评价智库的影响力。[1] 这个排名的优点是简单易行,有助于迅速了解全球智库的概况。缺点是没有给各指标赋予一定的权重,排名的过程和结果难以重复检验,这个评价过程必然有来自意识形态的及个人主观性的偏见。[2]

表2-5　全球智库报告评价指标体系

一 级 指 标	二 级 指 标
资源指标	能够招聘和留住领军学者和分析师;财务支持的水平、质量及稳定性;接近决策者和其他政策精英;有能力从事精深研究和及时产出高水平分析报告的人员;机构现金流;网络的质量和可靠性;在政策学术界和媒体界的关键联系人
效用指标	被本国媒体和政策精英列为"首选"机构;媒体可见度及引用,网站点击量,被立法和执法部门作为证词的数量和质量;简报、官方约见、官方咨询;售书;分发报告;在学术和流行出版物上的被引用情况,会议及研讨会出席情况
产出指标	政策建议;书、期刊文章、政策简报等出版物;参与新闻采访、组织简讯、会议和研讨会;员工被任命为咨询或政府职位等的数量和质量
影响力指标	建议被决策者或公民社会组织考虑或采纳;问题网络中心性;对政党、候选人及过渡团队的咨询作用;被授予的奖励;在学术期刊、公共证词及媒体上发表或被引用,并且被用于影响政策讨论和决策;电子论坛和网站主导性;成功挑战传统智慧和官僚及官员选举的标准程序

资料来源: 根据2017全球智库报告整理。

(二) 国内层面的智库评价

自2000年以来尤其是2013年以来,中国智库迎来发展的黄金时代。对中国智库进行评价和排名成为智库研究的时髦范式。

2006年"首届中国智库论坛"首次推出"中国十大著名智库"和"中国十大最具影响力智业机构"。十大著名智库包括中国社会科学院、国务院发展研究中心、中国科学院、军事科学院、中国国际问题研究所、中国现代国际关系研究院、

① 孙志茹,张志强. 智库影响力测度方法综述[J]. 图书情报工作,2010(06): 78-81.
② 王继承. 不要被麦甘全球智库排名报告误导[N]. 中国经济时报,2014(01).

中国太平洋经济合作全国委员会、中国科学技术协会、中国国际战略学会和上海国际问题研究所。十大最具影响力的智业机构是北京大学中国经济研究中心、中国科学院－清华大学国情研究中心、中国兰图智业研究院、中国工商管理研究院、北京创意村营销策划公司、北京地球村环境教育中心、零点咨询研究集团、王志刚工作室、叶茂中营销策划机构和熊大寻策划机构。①

　　2014 年上海社会科学院智库研究中心首次对中国智库影响力进行排名,采用两轮问卷调查的方法,从综合影响力、系统影响力和专业影响力进行排名。国务院发展研究中心和中国社会科学院问鼎综合影响力榜首,系统影响力评价分党政军智库、地方社科院、高校智库和民间智库。党政军智库以国务院发展研究中心和中共中央党校为代表,社科院智库以北京社科院和上海社科院为代表,高校智库以北京大学和清华大学为代表,民间智库以中国经济体制改革研究会和中国(海南)改革发展研究院为代表。中国顶级智库的结构特点表现为区域分布不平衡,集聚在北京和上海,党政军和民间智库更加关注国家战略。2000 年是中国智库成长的分水岭。研究领域聚焦政治建设、经济政策和国际关系。②

　　2015 年 1 月 15 日,零点国际发展研究院与中国网联合发布《2014 中国智库影响力报告》,报告将智库的影响力指标分四类,分别为专业影响力、政府影响力、社会影响力和国际影响力,每类影响力设置 3—5 个客观指标。该报告采用主观评价与客观评价相结合的评价方法(量化指标占 70%权重),并且尝试把上海社会科学院的评价结果作为来源数据(主观评价占 30%权重)。研究报告结果显示,北大国家发展研究院、人大重阳金融研究院、清华国情研究院成为影响力居前三名的高校智库。国务院发展研究中心、中国社会科学院、上海社会科学院名列智库综合影响力前三甲。零点研究咨询集团、中国(海南)改革发展研究院、中国与全球化智库分列民间智库前三位。③

　　2016 年南京大学中国智库研究与评价中心、《光明日报》智库研究与发布中心联合研发"中国智库索引"(CTTI),并以第三方身份,运用结果导向的智库效能测评体系,对智库机构运用资源方式的能力和效益进行评价。CTTI 来源智库使用 MPRA 测评指标体系,确定 4 个一级指标和 19 个二级指标,4 个一级指标分别是 M(治理结构)、R(智库资源)、P(智库成果)、A(智库活动)。④

---

① 中国十大著名智库评选结果揭晓［EB/OL］. http://www.cprcc.com.cn/News_Final.asp? Newsid=79,2015－06－20.
② 2013 中国智库报告——影响力排名与政策建议［R］.上海社会科学院智库研究中心,2014(01).
③ 中国网.中国最新十大智库排行出炉　新型智库风头很劲［EB/OL］. http://news.china.com.cn/txt/2015－01/15/content_34568627.htm, 2015－01－15.
④ 王斯敏. 2016 中国智库年度发展报告［M］.北京:人民出版社,2017:361.

2016 年清华大学公共管理学院《中国智库大数据报告(2016)》是国内智库评价机构首次通过大数据评价方法和社交大数据资源对智库活动进行的综合性评价与排名。通过对智库及专家言论在社交媒体中的大数据分析,推出了智库微信公众号影响力指数、智库微博专家影响力指数和智库微信引用影响力指数三个分项指标,以及智库大数据指数(TTBI)的评价结果。朱旭峰构建了智库透明度评价体系,对 100 家有较大影响力的中国智库进行评价研究,社会智库总体透明度的平均水平较高,中国智库的财务透明度水平总体较低,事业单位智库和社会智库的财务透明度相对较高,前者受"三公"经费公开等政策的影响,后者则主要受资助基金会规范运作的外部机制的影响,表现出影响不同类型智库透明度的差异性机制。[①]

2017 年浙江工业大学全球智库研究中心《中国大学智库发展报告(2017)》发布,对中国大学智库发展状况进行了全方位、多维度、系统化的跟踪和扫描,提出了大学智库评价既有一般智库的共性,又有其个性,既不能单纯用传统的学术研究机构的评价方法,又不能脱离大学、学科和学者的特点。提出了中国大学智库评价"三维(FAC)模型"和评价指标体系,即契合度(Fitness)- X 维、活跃度(Activity)- Y 维、贡献度(Contribution)- Z 维。经专题调研、数据收集、实力比较和契合度甄别、活跃度搜索、贡献度分析以及分项权重的设置、指标数据的集成,最后形成了中国大学智库百强排名,前三名是中国人民大学国家发展与战略研究院、北京大学国家发展研究院、清华大学国情研究院。[②]

2017 年中国社会科学评价研究院基于"中国人文社会科学评价 AMI 指标体系",从吸引力(Attraction Power)、管理力(Management Power)、影响力(Impact Power)三个方面对国内智库进行综合分析与评价,并完成了《中国智库综合评价 AMI 研究报告(2017)》。报告由总报告和分报告两部分组成,其中分报告就综合性智库、专业性智库、企业智库和社会智库四大类分别进行了评价研究。最终选出了 166 家智库进入"中国智库综合评价核心智库榜单"。其中,高校智库属于专业性智库之中,共有 79 家入选。

该排名将高校智库分为 A、B、C 三类分别进行评价,A 类共 60 家,B 类共 13 家,C 类共 6 家。高校智库 A 类又分为 211 高校经济领域智库(16 家入选)、211 高校国际领域智库(14 家入选)、211 高校社会政法领域智库(16 家入选)、211 高校其他领域智库(14 家入选)。高校智库 B 类分为普通高校经济领域智库(5 家

① 朱旭峰等. 智库透明度评价与中国智库建设[J]. 经济社会体制比较,2016(11): 72 - 83.
② 《中国大学智库发展报告》发布会在北京举行[EB/OL]. http://www.zjut.edu.cn/newsDetail.jsp?id=17053,2018 - 01 - 22.

入选)、普通高校国际领域(4 家入选)、普通高校社会政法领域(2 家入选)、普通高校其他领域(2 家入选)。高校智库 C 类主要是高校合作类智库,共入选 6 家,分别是长江教育研究院、清华-布鲁金斯公共政策研究中心、清华-卡内基全球政策中心、武汉大学国家文化发展研究院、浙江大学公共政策研究院和中国南海研究协同创新中心。①

从高校层面来看,如图 2-12 所示,入选数量超过 3 个的高校集中分布于清华大学、厦门大学、浙江大学、武汉大学、上海交通大学、复旦大学和北京大学 7 所国内一流大学,其中清华大学入选 6 所高校智库。入选数量为 2 个的高校集中分布于中央财经大学、中山大学、云南大学、上海对外经贸大学、上海财经大学、陕西师范大学、兰州大学、暨南大学、华中师范大学、北京外国语大学和北京师范大学 11 所具有鲜明学科特色和研究积淀的高校。

依照“双一流”高校建设名单,入选名单高校属于一流大学建设高校的为 17 所,入选名单高校属于一流学科建设高校的为 39 所,入选名单高校既非一流大学建设高校也非一流学科建设高校的大学为 11 所行业特色鲜明的普通高等学校,如广东财经大学、广东外语外贸大学、广州大学、国际关系学院、南京财经大学、上海对外经贸大学、上海师范大学、天津科技大学、浙江师范大学、中南民族大学和重庆工商大学。

五、智库的组织分析

智库作为一种重要的社会组织,与政府及其他非官方组织共同影响公共政策体系。对智库进行组织分析的视角有包括从政治经济学及文化的视角解释组织运作的大环境,从历史、架构、文化、成员和资金来源等关键要素分析知名智库的存在形态,从网络的视角分析交流活动及利益团体的社会参与。研究美国保守型智库传统基金会,分析其起源和发展、资金来源、结构和运作,评估对外交流活动如出版物、市场和组织网络等。② 组织结构、资金来源、社会价值观、慈善事业及独立于官僚体系等因素等是智库成长过程的关键驱动力。③ 智库与基金会、媒体、政策委员会和特殊利益团体间产生协同增效效应的组织网络,通过接

---

① 中国社会科学院评价研究院. 中国智库综合评价核心智库榜单 [EB/OL]. http://skpj.cssn.cn/xspj/xspj_yw/201712/t20171204_3769134.shtml. [2017-11-20](2017-12-15).

② Richard B K. Beltway Power Brokers: An Examination of The Heritage Foundation[D]. University of Colorado, 2007.

③ Abelson D E. Following Suit or Falling Behind? A Comparative Analysis of Think Tanks in Canada and the United States[J]. Canadian Journal of Political Science, 1998, 31(03): 525-555.

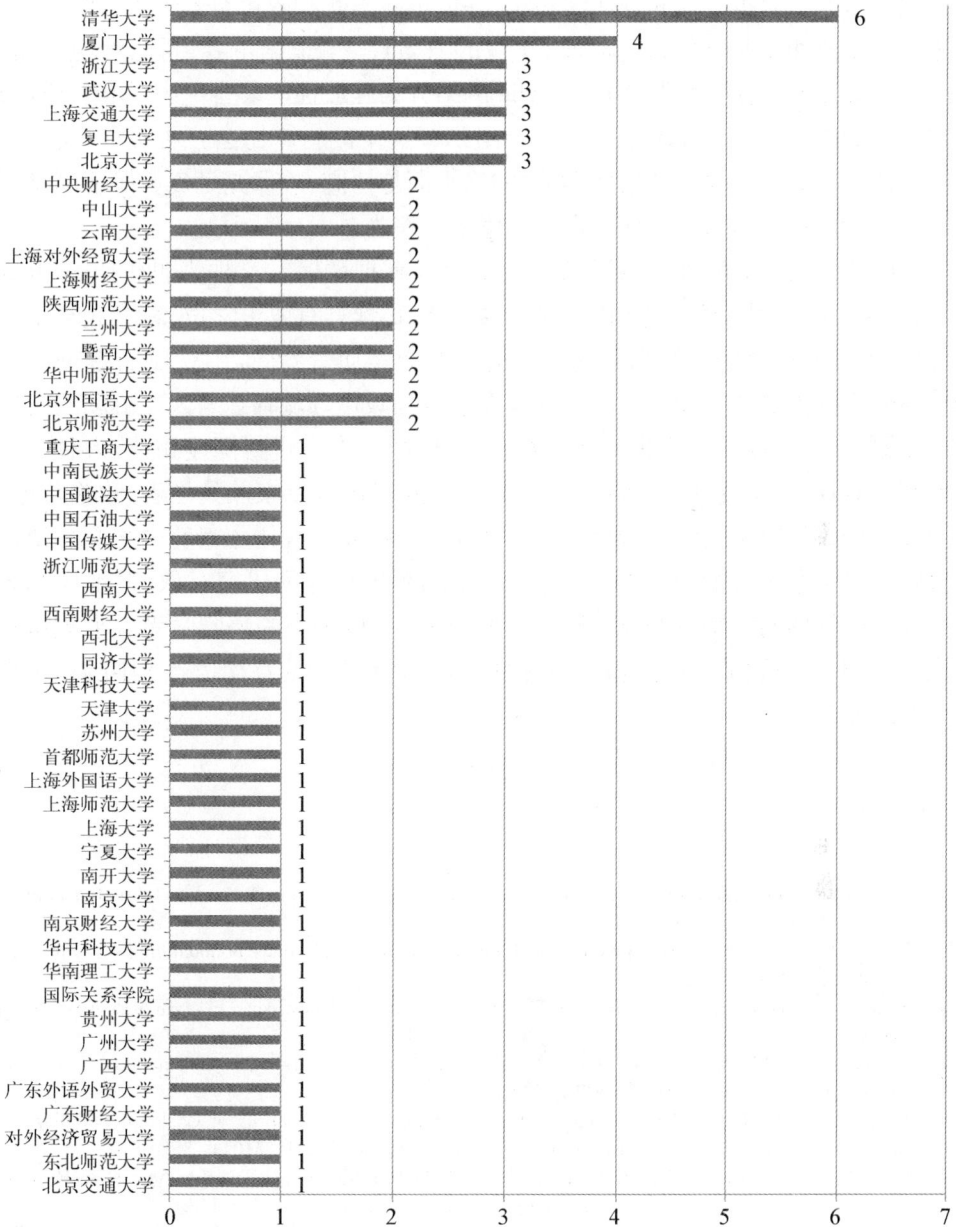

图 2 - 12 入选中国智库综合评价 AMI 核心智库之高校智库的分布

数据来源：根据中国社会科学评价研究院发布的《中国智库综合评价核心智库榜单(166 家)》绘制。

触主流媒体,使其专业化的咨询建议被转化为政策,从而实现影响力。①② 智库组织网络产生超越个人的创新性想法,并促进新思想和政策有效传播,通过广泛的知识交流和专业合作,提高项目执行的有效性。③ 依据主要目标、参与动机、成员基础和网络凝聚性四个指标,智库网络分为开放性的聚合组织,捐赠领导或官方赞助的智库协会和单个私立智库组织领导下的智库协会三种类型,其共同管理任务有提升网络运转效率、通过网络平衡与协商、确保充足资金保证网络活动开展、维持结构一致性、促进合作和增进凝聚力。④

研究人员专业性强,思维活跃,甚至有学者把智库专家称为思想掮客(Idea brokers)。⑤ 悉尼大学美国研究中心多数研究员都具有博士学位,著名大学工作经历,良好的社会活动能力和高水平的公共政策研究背景。⑥ 德国有近一半的智库的研究人员数量少于 50 个,并且在学术与政策领域存在着人才流动的旋转门现象。⑦ 麦德斯·托马斯对 43 位美国智库政策专家进行深度访谈、人种志观察和档案记录,研究其自我认同问题。研究发现这些专家兼具学者、政治幕僚、企业家和媒体专家的四重身份。政策专家身份的本质在于不断努力平衡和协调这四重身份之间可能出现的矛盾。⑧ 以中国领导群体为研究对象,发现海归者担任高层领导的比例较低,高层领导频繁地向高校智库的海归学者寻求政策建议。在国家利益和国际化视角下政治权力和学术权力的互动是当今中国一个重要的现象。⑨

① Marcus S, Peter M. Conservative Think Tanks and Public Politics[J]. Australian Journal of Political Science, 2008,43(04): 699 - 717.

② Richard B K. Beltway Power Brokers: An Examination of The Heritage Foundation[D]. University of Colorado, 2007.

③ Stone D. Think Tanks Across Nations: The New Networks of Knowledge[J]. NIRA Review, 2000: 34 - 39.

④ Raymond J S. Management of Transnational Think Tank Networks[J]. International Journal of Politics, Culture and Society, 2002(15): 4.

⑤ Jenkins S, Hank C. Explaining Change in Policy Subsystems: Analysis of Coalition Stability and Defection over Time[J]. American Journal of Political Science, 1991,35(04): 851 - 880.

⑥ Pautz H. A New Era for Think Tanks in Public Policy? International Trends, Australian Realities [J]. The Australian Journal of Public Administration, 2008,67(02): 135 - 148.

⑦ Martin W T. The Development and Significance of Think Tanks in Germany[J]. German Policy Studies, 2006,3(02): 185 - 221.

⑧ Medvetz T. Public Policy is Like Having a Vaudeville Act: Languages of Duty and Difference among Think Tank-Affiliated Policy Experts[J]. Qualitative Sociology, 2010(33): 549 - 562.

⑨ Cheng L. Foreign Educated Returnees in the People's Republic of China: Increasing Political Influence with Limited Official Power[J]. JIMI/RIMI, 2006,7(06): 493 - 516.

第三节 研究高校智库的文献内容综述

智库依附研究型大学存在,并依据是否影响政策作为衡量成功与否的重要标准。[1] 研究型大学作为国家创新体系的重要组成部分,具有建设高端智库的学科研究优势和人力资源储备,有实力为政策制定者提供基础性和前瞻性的政策建议。

一、高校智库的概念界定

高校智库作为连接知识与政策的边界组织,[2][3][4]有其存在的合法性意义。合法性就是承认一个政治制度的尊严。[5] 作为一个处于发展中的概念,既要尽可能简化又要尽力涵盖智库组织必需的属性,同时也需要精确划清智库和非智库机构的界限,使得对高校智库组织进行概念界定面临巨大的挑战。[6][7]

本书把高校智库界定为附属于研究型大学,具有明确的智库发展定位,有正式组织建制且实体化运行,以政策研究和咨询为主要职能的研究机构。它独立地从事政策问题导向的研究,提出创新性思想,担当政府外脑,从局外人的视角帮助政府和政策制定者进行自我反思与自我批判,并辅助解决现实政策问题。高校智库不仅仅是一个抽象的功能标签,不特指某个关键人物所发挥的作用,它

① Christine L. The Role of Think Tanks Internationally Background Paper[R]. Civic Exchange, Hong Kong. 2004: 1 - 4.

② Guston D H. Stabilizing the Boundary Between US Politics and Science: The Role of the Office of Technology Transfer as a Boundary Organization[J]. Social Studies of Science. 1999. 29(01): 87 - 112.

③ Star S L, Griesemer J R. Institutional Ecology, Translations, and Boundary Objects: Amateurs and Professionals in Berkeley's Museum of Vertebrate Zoology, 1907 - 1939. [J]. Social Studies of Science, 1989: 7 - 42.

④ Tuunainen J. Contesting a Hybrid Firm at a Traditional University[J]. Social Studies of Science, 2005, 35(02): 173 - 210.

⑤ [德]于尔根·哈贝马斯. 重建历史唯物主义[M]. 郭官义,译. 北京:社会科学文献出版社,2000: 262.

⑥ [德]帕瑞克·科勒纳,韩万渠译. 智库概念界定和评价排名:亟待探求的命题[J]. 中国行政管理, 2014(05): 25 - 33.

⑦ Rich A. Think Tanks, Public Policy and the Politics of Expertise[M]. Cambridge: Cambridge University Press, 2001: 11.

已成为政策研究和咨询职能的制度化载体,具有一定的组织建制以保证政策研究的系统化和机构发展的可持续。

作为附属于研究型大学的政策研究和咨询机构,高校智库的附属关系体现在两个方面,一是在物理空间上依附于大学而存在,表现在使用大学的办公地点、获得大学的一定的资金支持和接受大学的行政管理等。二是在功能上,研究型大学具有学术组织的根本属性,人才培养、科学研究和社会服务是其根本职能。智库的核心职能是政策研究和咨询,因此高校智库是研究型大学根本职能基础上的拓展和增量,是研究型大学附属性的而不是必须具备的职能。或者说,高校智库是社会经济发展到一定阶段之后,学术组织适应政府以及社会需求的时代的及制度的产物,这种职能并不是与生俱来的。

作为一种已经发展起来的组织形态,高校智库是研究型大学发挥社会服务职能,提升文化软实力,为国家和社会发展做出思想贡献的重要表现。后学院科学时代,研究型大学逐渐走出象牙塔,与社会的联系更加紧密,对社会需求的反应也更加敏锐。大学教授们也有强烈的家国情怀和经世济用的治学理想,希望用自身的专业知识和思想成果,以服务和改变社会。研究型大学的研究机构依托原有学科研究基础,进行人文社会科学知识的生产与转化,从学术研究导向到政策问题导向,在平衡学科发展、回应社会需求及服务政府决策方面有能力发挥重要功能。[1] 这也成为研究型大学顺应时代发展,服务国家战略需求,提升社会贡献力和社会服务能力的重要契机。

对高校智库内涵的理解,可以从以下几个层面来把握。

一是机构独立与研究独立。许多研究者认为研究型大学内部的政策研究和咨询机构,虽然在一定程度上发挥着智库的功能,但缺少普遍意义上的智库组织的机构独立性,因此许多研究把其排除在智库范畴之外。虽然许多大学研究机构做着智库机构正在做的工作,也发挥着其应有的实际价值和功能,但却缺少一个智库名称的合法性认可。研究者认为中国大学内部研究中心的政策研究和思想创新通常是该机构核心及明星领导的职业生涯导向的反应,研究内容受政府和资金捐助者的影响,其影响力比较小,因此不是完全意义上的智库。[2] 大学的政策分析组织应该着眼于基础理论的探讨与建构,不适合开创政策,因此不属于

---

[1] Creso M S. University-Based Research Centers: Characteristics, Organization, and Administrative Implications[J]. The Journal of Research Administration. 2008, XXXIX(01): 32-40.

[2] McGann J G. Comparative Think Tanks, Politics and Public Policy[M]. U. K.: Edward Elgar, 2006: 288.

智库。①

本研究认为,机构的独立性并不是决定一个组织能否成为智库的重要原因。每个国家的政治体制不同,智库的发展状况也差异显著。美国实行三权分立且具有发达的捐赠基金和思想市场,这决定了其可以有许多机构独立的智库。但与此同时,美国也具有许多依附于政府和政党具有意识形态导向的智库,虽然他们通常对外声称自身是独立的。譬如著名的兰德公司声称自己是独立智库,却主要依赖联邦政府合同及项目研究。著名的布鲁金斯学会也宣传是独立智库,却具有非常强烈的自由派倾向,许多重要成员是民主党人,为民主党政府出谋划策、储备人才,被称为"民主党流亡政府"。在法国、英国和中国,许多智库都依附于政府,甚至可以说,许多高影响力的智库都与政府有关联。因此,智库可以不具备机构独立性,在组织上可以依附于政府、政党和大学等。但是必须保持研究和思想观点的独立,即独立选择研究方法、独立挑选研究人员以及保证研究结论不受资金提供者的主观影响,即使接受政府的资金支持,仍然可以独立地提出批判性意见,帮助政府进行反思。由于每个高校智库所处的发展阶段不同,其研究领域和研究特色有所差异,有些历史悠久的机构可以兼顾理论研究与政策研究,有些新生代机构也会有自己特色的政策探讨。虽然高校智库呈现出多元化与特色化的发展形态,但是研究和观点的独立都是高校智库追求的目标。

二是政治制度与高校智库的定位。在西方多党制国家,具有强烈党派和意识形态倾向的研究机构必然与研究型大学的探求知识真理和无涉政治的学术理想背道而驰,以学术自由为宗旨的许多大学教授通常可能认为研究型大学不能发展智库,大学与智库不兼容,甚至对智库会具有强烈的抵触情绪或有意识地保持距离,因为他们认为政策游说和倡导必然有损于知识的价值无涉和独立性。譬如胡佛研究所被称为保守型智库,许多研究人员有强烈的保守派倾向,曾经有一段时间胡佛研究所因其党派倾向几近被驱逐出斯坦福。但是由于这些智库主要依靠捐赠资金和研究项目而不依靠大学拨款,因此会具有一定的发展空间。当然,也有许多教授热衷于智库的政策游说工作,并乐此不疲。即使高校智库及其研究人员具有政治意识形态倾向,通常也会表现得非常缓和。

然而在中国的政治背景下,智库具有与美国完全不同的发展图景。中国研究型大学由政府设立、资助和管理,政府在研究型大学建立智库组织加强政策储

---

① Carol H W. "Helping Government Think Functions and Consequences of Policy Analysis Organization." In Organization for Policy analysis-Helping government think [M]. London: Sage Publication, 1990: 1-20.

备性研究,建立智库机构以服务于党和政府决策是中国大学的重要使命和担当。在我国,研究型大学有选择地发展智库,高校智库成为推动政府决策民主化和科学化,提升研究型大学社会服务能力,并为研究型大学及其大学教师获取社会声誉和发展资源的重要途径。

目前世界范围内的很多国家具有智库职能的大学研究机构已经迅速发展起来,这已成为重要的发展趋势。譬如,美国研究型大学以政策分析为目标的研究机构数量很多,以胡佛研究所为代表。伦敦政治经济学院的欧洲研究所和慕尼黑大学应用政策研究中心等,都为欧盟国家的政策制定发挥重要影响。中国特色新型高校智库得到了政府、高校和社会各界的广泛认同,建立扎根中国实践,结合中国国情,探讨中国问题,提升决策民主化和科学化的具有国际视野的本土化高校智库已获得共识。

二、高校智库的功能价值

高校智库致力于研究经济、政治、外交、国际关系、科技、战略、发展等方面的政策相关性问题,做学术研究的同时也会关注政策问题,并对政策制定有潜在的影响。在不同的政治、经济和社会环境下,高校智库将在不同程度上承担起思想创新、政策建议、科研组织模式创新、人才培养和公共外交的职责并发挥重大的功能价值。

首先是借助研究型大学的学科研究基础,产生创新性思想。政策制定过程中存在众多的研究机构,任何单一机构不能完全主宰政策进程,因此建立多元化的政治参与体系,不同机构和人员相互合作或竞争,做适应问题和时代发展需求的研究,政策制定者从中选取最有效最科学的学术成果转化为政策语言。[1][2] 高校智库处于竞争激烈的思想市场之中,因此必须明确战略定位和发展目标。[3][4] 高校智库作为专门从事政策研究和咨询的机构,是政策制定者在研究型大学的内嵌式资本,有明确的研究方向,长期深入的研究基础,专业的研究团队,把基础

① Sheila S, Gary R. From "Endless Frontier" to "Basic Science for Use": Social Contracts between Science and Society[J]. Science, Technology, and Human Values, 2005,30(04): 536 - 572.
② Donald T C, Robert S. Brookings: The Man, the Vision and the Institution[J]. The Review of Politics, 1984,46(04): 561 - 581.
③ Murray W. Measuring the Influence of Think Tanks[J]. Social Science and Public Policy, 2010(47): 134 - 137.
④ Abelson D E. Following Suit or Falling Behind? A Comparative Analysis of Think Tanks in Canada and the United States[J]. Canadian Journal of Political Science, 1998,31(03): 525 - 555.

研究与重大战略研究相结合,面临突发事件可拿出及时有分量和现实针对性的政策建议,在政策时间压力之前已做好知识储备,有效避免从外部专家咨询获得政策建议的时效性差、机会成本高的问题。为适应大学内部政策研究的及时性需求,大学应当鼓励青年教师参与现实问题研究。[①]

其次是通过学术知识服务政策咨询,发挥研究型大学的社会服务功能。学术对一般问题提供理论回答,政策制定者对某个特定的现实应用问题寻求答案。学术的终极价值是勇于探求真理。在政策世界,知识的应用价值更加值得关注。政策制定者通常认为学术研究是抽象的理论、引用、专业术语等,学术专家与政策制定者缺少场地和机会更好地互动和交流。[②] 知识的专业化、学科的科学方法定位、制度转型等因素使得知识与政策的鸿沟加深。政策制定者需要寻求政策建议,大学学者作为国家的技术专家起到建议咨询和独立的知识分子角色,对一般的政治现象及特殊的区域、国家或实践有广泛的和深刻的理解,在方法及学术话语上经过严格培训,能够帮助政策制定者从思想探索和历史事件中寻求经验。学术研究产生好的研究方法和理论框架,帮助政策制定者定位要处理的现象和问题,形成他们所需要的政策话语。作为附属于学术象牙塔的重要研究机构,高校智库的存在具有合理性,知识分子可以客观理性有距离地反省现实世界,作为学术与政策的桥梁,为沟通学术专家与政策制定者提供了重要平台,这推动研究型大学更好地服务于国家发展和社会进步。

第三是推动人文社会科学知识转化与科研组织模式创新。知识生产机制是建设高水平智库最核心的一个环节,知识生产机制不仅包括智库研究人员如何通过科研提出咨询报告和策略建议,还包含研究人员和知识本身的互动关系、人员配置、成果转化、知识推广和科研评价机制等。[③] 高校智库作为研究型大学人文社会科学知识转化的重要机制,为更好地开展知识转化,需要进行科研组织模式的创新。[④] 大科学时代科研项目大多以目标和问题解决为导向、注重团体协作和社会需求。人文社会科学研究树立大科学观创新科研组织模式,积极参与国家重大项目,以适应复杂的现代社会经济发展的需求。高校智库作为人文社会科学科研组织模式的创新形式,面向重大现实性和战略性问题,建立多学科的

---

① Joseph S N. Bridging the Gap between Theory and Policy[J]. Political Psychology, 2008,29(04): 593-603.

② Andrew D M. Bridging the Gap with Market-driven Knowledge: The Launching of Asia Policy[J]. Asia Policy, 2006(01): 2-6.

③ 沈国麟等. 高校智库建设:构建知识生产和社会实践的良性互动[J]. 新疆师范大学学报(哲学社会科学版),2015(07): 46-50.

④ 侯定凯. 人文社会科学的知识转化机制探析[J]. 复旦教育论坛,2011(05): 33-38.

协同创新的研究机制,运用整体的系统的多样化的视角促进学科交叉融合,克服学科体制束缚应用对策研究的现状。高校智库的研究模式利于聚集多个领域的高水平专业人才,对基础性或关系国家长远发展的重大问题展开长期的、系统的、多学科的和整体性的研究,为经济社会发展提供及时的有效的和前瞻性的建议咨询。

第四,作为一种符号权力。高校智库成为研究型大学的一个流行词汇,近几年来在我国研究型大学备受关注。研究型大学内许多研究机构也以成为政府智库为荣。以此为前提,在广泛的社会传播效应及其影响之下,研究型大学内从事政策研究和咨询服务工作的研究机构都被贴上"智库"的标签。

高校智库作为一个符号标签被用来概化和指代大学中以政策研究和咨询为目标的研究机构。诚如研究符号权力最为深入和权威的法国社会学家布迪厄所言,"符号不仅仅是意义与沟通的工具,更是一种权力技术的工具"。高校智库连接知识与权力,提供一个有效的交流平台,沟通研究型大学与政府机构,使得研究型大学的知识生产可以更好地服务于政府决策,从而产生广泛的政策影响。但是我们不可以忽视高校智库作为"权力技术工具"的政治指向,那么,高校智库作为一个被广泛传播的符号是如何产生的? 布迪厄曾提出符号权力理论并阐述"符号权力是建构现实的权力,是朝向建构认知秩序的权力","符号和符号体系作为知识与沟通的工具,它是被塑造结构的,也有塑造结构的权力。"因此,符号塑造现实秩序,促进社会整合及再生产社会秩序。① 高校智库很大程度上受权力机制的影响而建构起来,自形成伊始,担负着从事政策研究与咨询服务的社会职能,并具有了咨政建言和政府外脑的特定含义。人们认为高校智库及其咨政建言的职能是一定程度上被赋予的合理行为,建设高校智库成为众多研究型大学和研究者的奋斗目标和职业选择。高校智库形成了自身的组织形态和知识生产空间,又通过政策相关知识的生产、传播和应用,产生政策影响,期望塑造新的权力秩序和制度规则。

"把一个组织称为智库绝不是一个价值中立的行为"。② 当美国大学使用"智库"去描述一些活动时,他们是在做一个政治性的陈述,传递一个信息,那就是他们生产的知识产品具有实践相关性。虽然美国智库格外注重独立性和客观性,但是美国智库与美国国家意识形态具有紧密的关联。冷战后,美国智库大多

---

① [法] 皮埃尔·布迪厄. 论符号权力[A]. 吴飞,译. 贺照田. 学术思想评论(第五辑)[C]. 沈阳:辽宁大学出版社,1999:167.

② Medvetz T. Think Tanks in America[M]. Chicago and London: The University of Chicago Press, 2012:23.

是把其意识形态倾向隐藏于或者应用到研究过程和研究成果中,通过传播研究成果,实现意识形态及国家利益。① 其中的一个重要表现是智库与政党的联系越加紧密。② 智库的历史是"一个意识形态的沉淀层,每一个都代表专家对其正确的政治角色的专门理解。"③智库研究特殊群体的利益问题,每个智库又都所不同,保守型智库可能对自由市场理论感兴趣,而自由派智库可能会聚焦多元化问题。因此,在竞争日益激烈的政策思想市场环境中,不同类型和意识形态倾向的智库及其专家的思想观点也大相径庭。

综上,高校智库在功能上,可能会作为一种政治力量,通过其特有的研究方法和研究视角,生产、转化和传播政策相关性的知识,以影响政策,并进行所代表利益群体的权力的再生产。智库在高校的形成,体现了知识与权力在高校的互动,虽然高校智库是知识分子实现经世致用理想的重要途径,但这在一定程度上可能促进了知识的工具性和政治化。

三、高校智库的组织分析

已有研究普遍提出高校智库融合科技和人文社会科学领域,是大学职能的拓展,是现代大学服务国家和社会发展的重要形式,具有一定独立性又与政府保持着良好的关系,有别于政府和民间的智库组织。依托于研究型大学,高校智库组织有学科基础深厚、研究氛围浓郁和高层次专业人才集聚的优势特色,在管理架构、组织文化、人员构成、资金来源等方面有特殊性,以此为基础,可以探讨其在政策发展和专家政策参与中扮演的角色、发展限制及发展机会。④ 高校智库是大学适应社会需求的产物,是开创跨学科研究的重要机构,应聚焦领导力和组织发展愿景,关注与母体机构的联系,确保可持续发展。⑤⑥ 同时,也可以对利益团体及市场活动和意识形态交汇形成的组织网络对智库的发展可能产生的重要

① 刘恩东. 美国智库发展新趋势[N]. 科学时报,2014(05).
② Medvetz T. Think Tanks in America[M]. Chicago & London:The University of Chicago Press, 2012:210.
③ Medvetz T. Think Tanks in America[M]. Chicago & London:The University of Chicago Press, 2012:113.
④ Martin W T. The Development and Significance of Think Tanks in Germany[J]. German Policy Studies, 2006,3(02):185-221.
⑤ Geiger R L. Organized Research Units—Their Role in the Development of University Research[J]. Journal of Higher Education, 1990(61):1-19.
⑥ Gerald J S. Centers and Institutes in the Research University:Issues, Problems, and Prospects[J]. The Journal of Higher Education, 1994,65(05):540-554.

的价值进行相应的探讨。① 高校智库要完善学术共同体,建立以学术权力为主导的治理结构、面向现实问题开展决策咨询研究、开展跨学科研究、与社会对话及开展人才培养活动等。②

美国高校智库一般有董事会或理事会、总裁(院长)、中心主任等管理和领导层,董事会或理事会成员一般由政界、商界和学界精英组成,有雄厚的政治影响力、经济实力、管理实践和人际关系网络。如赫伯特·胡佛(Herbert, H.)在一战结束后,创立胡佛战争、革命与和平研究所,由资源开发部、行政管理部、公共事务部、档案馆、图书馆、东亚图书中心和出版社等组成。最高管理机构是监督委员会,决定研究所的方针政策和资金使用情况,设委员会负责具体的管理工作。③④ 依托斯坦福大学的优势学科,采用灵活的人员聘用方式,并与其他院系保持了内部旋转门,提高了研究质量和高校智库的社会声誉。⑤ 高校智库的资金来源渠道主要包括大学拨款、基金会、捐赠资金和机构收入等。北京大学经济研究中心以福特基金会为种子基金建立。⑥ 哥伦比亚大学甘奈特媒体研究中心是大学与媒体基金的联合企业,吸引了顶尖学者从事技术和媒体研究,作为一个独特的媒体智库,被认为是国家在哥伦比亚大学的第一个媒体和技术变迁领域的高等研究中心,但由于研究项目撤离导致中心消亡。⑦ 慕尼黑大学应用政策研究中心是德国最大的高校智库之一,资金来源于政府(欧盟)和基金会。杜伊斯堡大学和平与发展中心,欧洲一体化研究中心和波恩发展研究中心都接受大量政府捐赠。⑧ 澳大利亚 G8 研究型高校智库做以合同为基础的研究,宣扬通过研究产出影响政策制定,越来越强调通过竞争性合同条款获得研究资金并注重组建研究团队。⑨

有长期性和系统性的学科研究基础,既是高校智库存在的前提条件,也体现

① Richard B K. Beltway Power Brokers: An Examination of The Heritage Foundation[D]. University of Colorado, 2007.
② 房莹. 高校智库学术共同体建设路径研究[J]. 智库理论与实践,2017(10):71-76.
③ Elizabeth K T. Think Tanks and Public Policy Research Institutes[J]. Behavioral and Social Sciences Librarian, 2007,26(02):11-27.
④ Weaver R K. The Changing World of Think Tanks[J]. Political Science and Politics, 1989,22(03): 563-578.
⑤ 陈英霞. 美国一流高校智库人员配置与管理模式研究[J]. 比较教育研究,2014(02):66-71.
⑥ 朱旭峰. 中国智库:政策过程中的影响力研究[M]. 北京:清华大学出版社,2009:73.
⑦ Everette E D, David L S. Requiem for a Think Tank: The Life and Death of the Gannett Center at Columbia, 1984-1996[J]. Press/Politics, 2003,8(02):11-35.
⑧ Martin W T. The Development and Significance of Think Tanks in Germany[J]. German Policy Studies, 2006,3(02):185-221.
⑨ Pautz H. A New Era for Think Tanks in Public Policy? International Trends, Australian Realities [J]. The Australian Journal of Public Administration, 2008,67(02):135-148.

了其长期积淀下来的学术研究品牌和研究特色。大量的调查研究都显示,高校智库的研究内容涉及政治、经济、外交、教育等多个方面,研究的地理范围涉及国际、国内及聚焦世界某些重要的政治和经济地区。如罗素基金会通过专业化的社会工作在缓解贫困中发挥核心作用。纽约市政研究委员会对市政问题进行分析且应用科学方法推进政治议程。[1][2] 政府咨询报告、专家建议、学术专著和学术论文等是重要的学术研究成果,定期召开国际会议及各种形式的专家研讨会,通过网络及各种形式进行品牌宣传。多数高校智库具有针对专门学科领域培养硕士和博士研究生的职能,坚持问题为导向的研究,培养未来的学者和政策研究者。研究者提出需要充分利用智库出版物,呼吁图书馆和数据库的提供者,重视当前社会、经济、文化和政治方面的现实问题的丰富的政策研究文本。[3]

四、中国特色新型高校智库建设

新时代建设中国特色新型高水平高校智库,服务于党和国家重大战略发展需求,已经得到了教育研究者和高等教育管理者的普遍认可。在实践活动中,高校智库建设的呼声日益高涨,与高校智库相关的学术研究也遍地开花,越来越多的学术文献集中探讨高校智库的建设。

朱旭峰提出应坚持国际比较和本土研究并重,从宏观体制、中观模式和微观行动三个方面开展智库理论研究,重点关注中国智库、决策咨询制度和中国政策决策体系的内在关联,比较不同区域和不同类型智库在发展模式上的异同,明确中国特色新型智库的组织定位,完善内部治理结构并提升研究方法和政策分析能力。[4] 姜朝晖归纳出中国特色新型高校智库具有基础性、长期性、协同性、适应性、国际性和复合性特征,提出中国特色新型高校智库要寻找比较优势,切实为国家发展提供理论支撑和政策支持。[5] 吴合文提出明确政策定位是推进中国特色新型高校智库建设的基础工作,高校智库要实现研究范式上学术性和政策性的统一、研究立场上客观性和公正性的统一及研究地位上依附性和独立性的

① David C H, Stanton W. Social Science in the Making: Essays on the Russell Sage Foundation, 1907 – 1972 [M]. New York: Russell Sage Foundation, 1994: 12.

② Jane D. The New York Bureau of Municipal Research: Pioneer in Government Administration[M]. New York: New York University Press, 1966: 16.

③ Linwood D. Do Think Tanks Matter to Libraries? [J]. The Serials Librarian, 2007(51): 3 – 4,157 – 164.

④ 朱旭峰. 构建中国特色新型智库研究的理论框架[J]. 中国行政管理,2014(05): 29 – 32.

⑤ 姜朝晖. 中国特色新型高校智库:内涵、特征及定位[J]. 高校教育管理,2016(03): 55 – 60.

统一,在政策价值、提供政策建议、开放政策进程模型及与政府的互动中,用专业知识服务于决策,运用启迪模式、人员交流、理性批判等方式促进政府科学决策,坚守公正立场服务公共利益。[①] 韦岚对国家高端智库建设试点单位中的六家一流高校智库的组织要素进行研究,发现具有服务中国发展,关注全球格局的目标要素、整合校内外专家的人员要素、依托组织基础,进行机构协同的条件要素、注重跨学科,开展协同创新的技术要素、设计中国方案,参与国际规则的客户要素。[②] 眭依凡对中国智库建设提出理性思考,认为智库建设并不适合作为所有大学的目标选择,政府将有限的资源分散开建设多个大学智库不利于提高智库建设的效果,大学智库建设是经过长期的历史积淀的产物,在当前中国智库建设呼声高涨的背景下,大学盲目建设智库而忽视大学的核心使命。[③]

在高校智库实证研究方面,张新培等运用社会网络分析法对世界知名高校智库研究人员的教育及任职经历进行量化分析,研究发现一流高校智库研究人员绝大多数获得名校博士学位,具有学术、政府、商业、媒体和其他非营利性社会组织的多元化任职经历,不同高校智库组织的人员任职经历网络存在差异和特色化发展现象。从结构主义的视角来看,这有助于高校智库增强和积累社会资本,从而有效提高政策影响力。[④] 陈国营等对高校智库的机构网站、新闻、学术和“机构＋首席专家”四个指标进行检索,分析高校智库的名称、地域分布、依托高校背景、学科与基地背景等特点,同时指出百度检索指数精确度受到网络稳定性、百度检索技术精确度和高校智库发展历史和稳定性等因素的影响。高校智库需要进一步加大对信息网络平台的利用和推广的力度,提高高校智库的活跃度和网络影响力,同时也需要充分利用依托研究型大学的相对优势,地方普通高校智库建设需要结合自身优势,走特色和错位发展之路。[⑤]

当前我国要建设高水平高校智库,将要面临的问题主要体现在高校智库的独立性、专业性、管理体制与运行机制、影响力几个方面。独立性不高,与政府部门联系紧密,社会公信力低,这是当前智库发展面临的普遍性问题。专业性有待加强,研究质量完全依赖于人员的专业能力,如何组织专业知识丰富又乐于服务

① 吴合文. 中国特色高校智库运行的政策定位[J]. 高教探索,2017(07): 12-18.
② 韦岚等. 中国一流高校智库的组织要素与运行机制[J]. 高校教育管理,2017(09): 81-87.
③ 眭依凡. 对大学智库建设热的理性思考[J]. 教育发展研究,2017(07): 1-8.
④ 张新培,赵文华. 谁在为著名高校智库工作——基于人员任职经历的结构化网络分析[J]. 清华大学教育研究,2014(12): 59-65.
⑤ 陈国营. 中国高校智库网络活跃度与影响力研究:基于百度检索指数的分析[J]. 智库理论与实践,2017(04): 15-23.

政策的学者建立高质量的专业智库尚需努力。[①] 管理体制与运行机制不规范，缺乏清晰的发展定位。大学对智库及其研究人员所从事的政策研究、形成的科研成果以及个人所做的贡献没有灵活和合理的认定制度。[②] 相对政府以及半官方智库，高校智库的学术性强，但是影响政策的渠道有限，除非是召集专家进行头脑风暴式的讨论，其他方面影响力很小。[③④] 由于思想市场竞争更加激烈、获得政策制定者及资金的支持更难、注重知识包装建立国际合作及社会网络、在很短的时间周期内满足顾客的政策需求、组织活动和文本的形式及要求越来越高，在这种社会背景之下，有效利用知识、信息和合作资源为公共利益服务是高校智库在新世纪面临的巨大挑战。[⑤] 与此同时，高校智库在文化、决策和关键政策形成等方面也面临着重要挑战。[⑥]

在未来中国特色新型高校智库的发展路径上，不少研究者进行了探索性研究。何永生提出，中国特色新型高校智库应该融学术立场与社会关切于一体，高校智库和党政军体制内智库最大的不同处体现在学术立场上，这也是智库专业性和社会价值的关键要素。学术性不仅体现在智库政策研究方向的选择上，而且体现在专业基础上的科学性，以及智库开创新的学术范式上。[⑦] 孟维晓提出高校智库应从组织架构、人才选用、资金来源、影响力拓展和管理考核等方面改革，明确研究领域，拓展资金来源，重视人员建设，突出责任意识、全球意识和品牌意识。[⑧] 汪锋提出，一流智库和一流学科的互动是建设一流大学的重要前提。一流学科孕育和支撑一流智库建设，一流智库建设促进一流学科发展，应当建设高校一流学科与智库建设的战略协同机制、制度联动机制、综合发展机制。[⑨] 从高校智库发展的利益相关者来看，政府作为智库建设的重要支持方，应着重提供制度规范和政策支持，从多元公共政策研究系统和政策分析市场出发构建科学的评价激励体系，重视培育一批代表国家研究实力的高质量高校智库以及高校

① 李安方. 中国智库竞争力建设方略[M]. 上海：上海社会科学出版社，2010：37.
② 王莉丽. 大学智库建设：提升国家软实力的基础[N]. 中国教育报，2012(05).
③ Steven F J. "Lessons From a Neighbour: China's Japan-Watching Community" in China and Japan: History, Trends, and Prospects[M]. Oxford：Oxford University Press, 1996：155 - 176.
④ Mahmood A. The Foreign Policy Think Tanks in China: Input, Access, and Opportunity[J]. Asian Affairs: An American Review, 2011,38(03)：143 - 155.
⑤ McGann J G. Academics, Advisors and Advocates: Think Tanks and Policy Advice in the US[M]. London：Routledge, 2007：10.
⑥ Ira S G. Creating a Multi-Use Building for a Research Center: A Management and Operations Case Study and Critique[J]. Journal of Research Administration, 2006,37(02)：122 - 129.
⑦ 何永生. 高校智库：学术立场与社会关切[J]. 决策与信息，2017(05)：115 - 120.
⑧ 孟维晓. 高校智库建设的体制和运行机制研究[J]. 中共银川市委党校学报，2012(05)：83 - 85.
⑨ 汪锋. 高校一流学科与新型智库建设的互动机制研究[J]. 中国高教研究，2016(09)：35 - 41.

智库战略联盟。在建设智库之外,应当建立科学规范的智库评价体系,通过规范的智库评价体系及智库数据的深度挖掘,去发现和修正智库发展面临的一些关键性问题,从而针对发展面临的短板和瓶颈问题,提出政策建议。金姗姗提出科学的智库评价应该能够明确标准、汇聚信息、改进效能,而高校智库的评价应注重结果评价和系统评价相结合、投入评价与产出评价相结合、机构评价与项目评价相结合、同行评价与社会评价相结合、定量评价与定性评价相结合。①

第四节　组织研究文献综述

有关高校智库组织特征相关的理论研究,首先需要重点陈述的是大量的有关于组织理论的研究成果。这是因为组织特征是组织的一种重要表现,而关于组织特征的研究也大量集中在组织的研究成果之中。组织是一个外延广阔的研究议题,主要表现在学者对组织开展了大量的研究,其研究议题的范围从宏观、中观到微观不断深入,研究的观点也经历不同程度的继承和创新,无论从理论观点到实证研究都经受住了长久的实践的检验。

一、组织理论研究

组织机构设置可以定义为劳动被划分为任务以及任务之间获得协调方式的总和。② 它规定任务分配方式,报告人和事务协调机制等。③ 正式的组织结构也可以理解为组织内部的职能分配和团队合作基础上形成的各种角色关系,④包括正式关系与职责的形式,布置任务和各种活动的方式,协调活动和任务的方式,处理权力、地位和等级关系的形式,指导活动的政策和程序方法。⑤

组织结构界定了对组织内部的工作任务进行分解、组合和协调的方式。依

---

① 金姗姗. 智库评价:新型高校智库建设的有效工具[J]. 教育发展研究,2016(11):78-84.
② Henry M. Structuring of Organization[M]. New Jersey:Prentice Hall Inc, 1979:2.
③ Stephen P R. Organization Theory, Structure, Design and Application[M]. New Jersey:Prentice Hall Inc, Englewood Cliffs, 1987:4.
④ 陈兆钢. 组织论——组织科学与组织管理[M]. 银川:宁夏人民出版社,1987:35.
⑤ [美]弗莱蒙特·E·卡斯特. 组织与管理——系统方法与权变方法[M]. 李柱流,译. 北京:中国社会科学出版社,2000:65.

据组织理论,组织结构设计的形式主要包括简单结构、官僚结构和矩阵结构。[①]
简单结构的部门化程度低,控制跨度宽,权力集中在一个人手中。官僚结构具有
工作专门化的特征,执行严格的规章制度,将任务根据职能部门进行组合,强调
领导的权威性。矩阵式结构融合职能部门化与专业部门化,将同类专业人员聚
集一起,最大程度降低所需人员数量,实现资源集中与共享。随着组织实践活动
的发展,也逐渐出现了一些新型的组织设计形式,如团队结构、虚拟组织和无边
界组织。团队结构指管理层使用团队作为协调组织活动的核心方式,逐步打破
部门界限,把决策权下放到团队中。大型组织使用虚拟结构时,主要是为了使用
它来进行外包,追求最大程度的灵活性。无边界组织寻求的是消减命令链,有无
限的控制跨度,取消各种职能部门,采用授权的工作团队,组织结构高度紧密且
依赖信息技术,被称为 T 型组织。

组织文化的普遍性界定是指组织人员拥有的对组织存在价值及其工作的象
征性理念,主要包括关于组织意义及其工作的信念、价值、哲学、规范和判断。其
产生的原因包括更宏大的文化,成员在先前的教育、专业和工作背景中的社会化
程度,事件的历史及其在组织中的个性特征等。组织文化研究受到组织社会学
的影响并担负着重新认识组织系统的使命。[②]"集体意识"是"一般社会成员共同
的信仰和情感的总和",并认为是"社会的精神象征,有它自己的特性、生存环境
和发展方式",这可以作为一种重要的组织文化现象。[③] 研究者也对学校组织文
化进行了专门研究,并提出学校组织文化存在权力文化、角色文化、任务文化和
人的文化四种主要的模式。[④] 在这四种理想模式中,权力文化模式组织的运作
取决于核心掌权者的意愿。角色文化模式为实现某种核心价值而建立官僚结构
式的制度规则,容易忽视个人情感和个性特征。任务文化模式注重团队合作以
解决问题完成任务为导向,体现了工具理性,追求效率及组织效用的最大化。人
的文化模式坚持以人为本,认为组织是为人的发展提供制度和环境支持。不同
类型的组织机构如大学、智库、政府机构及营利性企业等,基于组织发展愿景和
目标定位的差异,可能会有不同的组织文化模式,或者在一个组织的发展过程中
也可能会兼备几种类型的文化特征。这也在一定程度上决定了其组织功能和发
展阶段的差异性,并使得不同类型的组织机构各具特色。

---

① [美] 斯蒂芬·P·罗宾斯. 组织行为学[M]. 李原,译. 北京:中国人民大学出版社,2008:470.
② 曾昊. 组织文化研究脉络梳理与未来展望[J]. 外国经济与管理,2009,07(03):33-42.
③ [法] 埃米尔·涂尔干. 社会分工论[M]. 渠东,译. 上海:三联书店,2008:240.
④ Charles H. Higher Education Management: The Key Elements[M]. SRHE and Open university
Press, 1996:25.

　　许多学者从社会学的视野对组织现象展开了深入系统的研究。比如用结构化概念研究组织,组织通过各种行为经历着结构化历程,这种结构化是一个动态的过程而不是稳定的状态。① 这种结构化也包含着社会系统再生产过程中的规则和资源,使得组织的社会活动在时间上不断延伸,空间范围上也逐渐拓展。② 组织社会学领域的新制度主义学派强调合法性机制及其运行在组织结构内部以及组织与制度环境互动过程中产生的作用。组织必须适应环境才能够生存,因此组织制度与组织行为是基于组织追求合法性以寻求生存发展空间的需要而产生的。法律规则、社会规范、文化观念等社会事实可以看作组织的合法性机制。③ 新制度主义理论为我们看待问题提供了新的视野,让我们了解到必须考虑制度环境和政策是如何决定且在多大程度上影响了高校智库的发展,这可以用来解释高校智库发展中的组织趋同现象。

　　通过以上的主要学术研究及其观点我们可以看出,对组织的研究和探讨更多的是把组织作为一个社会化的存在的概念。组织存在于特定的社会环境中,围绕目标开展行为,组织与环境之间相互影响,组织的不同行为也在不同程度上影响着组织的社会化进程,同时也决定了组织在结构化网络中的地位。

二、学术组织的组织特征

　　学术组织的组织特征引起了学者的极大兴趣,其研究成果也是层出不穷。帕森斯强调学术组织适于使用人性化的管理方式去管理人。大学是具有双重目标的学术组织,首先大学是社会化或教育过程的一部分,其次大学有责任通过科学研究创造性地改变社会文化传统。因此,对整个社会系统来说,大学功能的重要性或许需要较长历史时期的检验才能够体现出来,大学的重大意义也在于通过实现自身的教学、科研、社会服务职能而去不断地改善社会,而并不是以提高社会的短期收益为最重要的目标。④ 彼得·布劳(Peter, M. B.)提出美国大学组织及其内部运作的整体特征。⑤ 约翰·梅耶(John, M.)提到教育组织结构呈

---

① Sewell W H. A Theory of Structure: Duality, Agency, and Transformation[J]. American Journal of Sociology, 1992,98(01),1-29.
② Giddens A. The Constitution of Society: Introduction of the Theory of Structuration[M]. Berkeley, CA: University of California Press. 1984: 25.
③ John W M, Brian R. Institutionalized Organizations: Formal Structure as Myth and Ceremony[J]. American Journal of Sociology, 1977,83(02): 340-363.
④ [美] 帕森斯. 现代社会的结构[M]. 梁向阳,译. 北京: 光明日报出版社,1988: 48-52.
⑤ Peter M B. The Organization of Academic Work[M]. New Brunswick: Transaction Publishers, 1994: 20.

现松散联结的特征,这是由教育活动的性质决定的。但是,组织结构与组织活动和行为结果之间无必然联系,因此,我们很难在教育的内容与程序之间建立起一套标准。[①] 维克多·鲍德里奇(Baldridge, J. V.)则指出,大学内部有联盟式的学者共和国和等级森严的科层组织两种并存的组织结构形式。[②] 弗莱蒙特·卡斯特(Fremont, E. K.)认为辨析学术组织的特征需要考虑组织环境、组织目标、技术、结构和社会心理等维度。[③] 克拉克·克尔(Kerr, C.)将大学组织的特征归纳为综合学术与社会服务使命、相对民主、董事会有权力、影响人的社会生活、产出不可测量、教学活动免于外界环境的干预。[④] 鲍德里奇将大学组织特征归纳为目标模糊、学生(客户)对决策过程有影响、难以进行短期效果评价、专业化、易受环境影响。[⑤] 邹晓东等研究了大学、创业型大学及非政府组织的特征,认为大学由使命、结构、文化和动力等要素构成,这些要素在一定程度上反映了大学的组织特征。[⑥] 季诚钧对大学进行了深入研究,指出异质结构是大学的特征。除此之外,从大学发展的主要影响因素、组织模式、管理体制和运行机制、人员组成等几个维度,提出现代大学具有学术属性、行政属性和产业属性这一论断。[⑦]

三、企业及社会中介机构的组织特征

研究者对企业及社会中介机构等多种形式组织的组织特征,以及组织特征可能会对组织机构及其内部成员的自我身份认同、组织绩效和职业倦怠等行为的重要影响等,开展了大量的研究。戴维斯(Davies, H. T.)和唐纳德森(Donaldson, M. S.)总结出组织特征具有领导力、开放性和学习性的文化,交流与合作的文化,管理措施和信息分享这五个方面的特征。[⑧][⑨] 台湾学者张苏超指

① 林杰. 组织理论与中国大学组织研究的实证之维读大学组织与治理[J]. 北京大学教育评论,2006(04),176 - 187.

② Baldridge J V. Power and Conflict in the University: Research in the Sociology of Complex Organizations[M]. New York: John Wiley, 1971: 238.

③ [美] 弗莱蒙特·E·卡斯特. 组织与管理——系统方法与权变方法[M]. 李柱流,译. 北京: 中国社会科学出版社,2000: 65.

④ Kerr C. Foreword[A]. James P. The University as an Organization[C]. New York: McGraw Hill, 1973: 15 - 17.

⑤ 阎凤桥. 大学组织与治理[M]. 北京: 北京同心出版社,2006: 77.

⑥ 邹晓东. 创业型大学: 概念内涵、组织特征与实践路径[J]. 高等工程教育研究,2011(03): 54 - 59.

⑦ 季诚钧. 大学组织属性与结构研究[D]. 华东师范大学,2004.

⑧ Davies H T, Nutley S M. Developing Learning Organizations in the New NHS[J]. British Medical Journal, 2000,320(7240): 998 - 1001.

⑨ Donaldson M S, Mohr J J. Exploring Innovation and Quality Improvement in Health Care Micro-Systems: A Cross Case Analysis[M]. Washington DC: National Academy Press, 2000: 125.

出组织特征包括组织决策方式、规模、文化以及外部竞争环境四个因素。[1] 特尔班(Turban, D. B.)认为组织特征由企业形象、激励和工作保障、工作的挑战性这三个方面构成。[2] 约翰(John, M. B.)使用 Q 方法研究的中介融资机构的组织特征,通过对 30 多个半结构性深入访谈的数据进行定量分析,发现组织不是被动地接受外在环境的变化,而是创造性地回应需求适应变化。IFB 组织特征体现在组织角色、管理结构、价值观和员工的承诺与献身精神。[3] 组织建立之初有组织认同,表现为如共同理念、聚集人才和募集资金引进资源等。组织身份认同嵌入组织发展中,影响个体行为并引导组织政策和行为变迁策略。使用访谈和口述史方法,结合吉登斯机构化理论研究了组织身份认同与集体记忆的关系。[4][5][6] 组织运行和知识与绩效有强相关关系,组织发展定位和财务与绩效是弱相关关系,在统计意义上显著。[7] 组织建立时间、培训、员工任职比率、员工流动率对团队合作及组织绩效有显著影响。[8] 组织结构对职业倦怠有影响,强调标准化作业环境下职业倦怠由规则、单调和缺乏控制的情感厌倦引起,强调技能和创造性环境下职业倦怠由松散的结构和任务引起,对学校的环境不满意会造成教师职业倦怠。[9][10]

　　组织特征的研究范围广泛,内容会涉及组织研究的方方面面,既包括组织概念的解读和组织特征的内涵,也包括具体的以大学为代表的学术组织及企业和

① Su C C, Hae C C. The Effect of Organizational Attributes on the Adoption of Data Mining Techniques in the Financial Service Industry: An Empirical Study in Taiwan[J]. International Journal of Management, 2003,20(04): 497.

② Turban D B. Organizational Attractiveness as an Employer on College Campuses: An Examination of the Applicant Population[J]. Journal of Vocational Behavior, 2001(58): 293－312.

③ John M B. Organizing Pathways to Peace: An Exploratory Study of Intermediary Nongovernmental Organizations Promoting Peace and Reconciliation in Northern Ireland [D]. University of Massachusetts Amherst, 2003.

④ Dutton J E, Dukerich J M. Keeping an Eye on the Mirror: Image and Identity in Organizational Adaptation[J]. Academy of Management Journal, 1991(34): 517－554.

⑤ Fiol C M, Huff A S. Maps for Managers: Where are We? Where Do We Go from Here? [J]. Journal of Management Studies, 1992,29(03): 267－285.

⑥ Kathleen C. A Qualitative Analysis of the Relationship Between Organizational Identity and Collective Memory in a Federal Agency[D]. The George Washington University, 2005.

⑦ Gregory M C. Characteristics of Learning Organizations and Multidimensional Organizational Performance Indicators: A Survey of Large, Publicly-owned Companies[D]. The Pennsylvania State University, 2007.

⑧ Yin C C. Organizations' Characteristics Influence on Teamwork and Organizational Commitment in Taiwan[D]. The Pennsylvania State University, 2009.

⑨ Katarzyna Z F. Personality, Organizational, and Individual Characteristics: Key Predictors of Burnout among Teachers[D]. Northcentral University, 2008.

⑩ Winnubst J. Organizational Structure, Social Support, and Burnout [C]. Professional Burnout: Recent Developments in Theory and Research. Philadelphia: Taylor & Francis, 1993: 151－162.

其他中介组织的组织特征研究。因此,我们对于组织的分析与评价,必须综合考虑不同的组织以及组织自身在整个社会结构中的目标定位、功能价值及其能够发挥的短期的和长期的效用,必须慎重考虑不同类型组织的组织特征。已有研究成果大多坚持结构功能主义的理论推断,即认为组织是一种结构化的系统,各要素通过相互关联而发挥组织整合的作用,从而发生合力以产生相应的功能。这些分析重点强调了组织的正向功能而忽视了可能会产生的负功能,但是却为我们研究高校智库提供了更多思考的空间。

第五节　已有研究的局限与不足

国内外为数不多的相关研究文献对我们考察高校智库的组织特征而言具有可资借鉴的重要价值,主要体现在以下两点:一是已有研究文献为本书提供了多元化和多层面的有解释力的分析视角,如从组织学、管理学和社会学的视角去分析组织和组织特征。二是为本书提供了大量的第一手的文献数据资料和相关观点,拓宽了本书的研究思路,丰富了本书的内容。

其独有的研究特点主要表现在:一是已有研究的实践性和实用性较强。由于我国当前处于高校智库蓬勃建设的初级阶段,在智库的发展实践中会面临一系列阶段性的问题和发展瓶颈,这些促使高等教育研究者和实践者来探讨和研究怎样建设高校智库,遗憾的是很多研究停留在表面的描述性的分析,对于现象背后的形成原因缺乏思考;二是国别研究较多。由于我国高校智库发展的历史相对短暂,在实践经验上和理论知识上的积累相对较少,借鉴国外高校智库的发展经验成为当前高校智库研究及实践的一大特点;三是组织研究具有重要的普遍性意义,关于组织特征的研究集中在宏大的营利性组织如企业,以及学术性组织如大学。这种带有普遍性的研究思路及其研究方法可以应用于对大学内部的基层组织的研究,这些也为我们展开高校智库研究提供了良好的理论基础。

但是已有研究也有些许局限与不足之处,大致有以下几个方面:第一,在研究内容层面,已有研究大多不是基于系统性的研究框架来分析,而是从实践需要出发,探讨高校智库建设的必要性、功能价值以及对不同国家的具有智库性质的研究机构做简要地介绍。过于注重实践需求导向和现状事实的描述,未能有效地进行深入的系统性探讨,因此其观点的理论解释力有限;第二,在研究对象层面,这些研究基本上是针对美国知名智库,对世界其他国家尤其是中国高校智库的系统分析略显不足。由于每个国家的政治制度存在差异,用概括化的研究结论去分析和解释不同政治经济背景下尤其是我国的高校智库的发展时,容易产生社会制度及文化取向上的困境;第三,在研究方法层面,主要采用案例研究及简单的分析介绍,尽管其呈现的研究成果为我们了解智库提供了大量的信息材料和研究素材,但是大多停留在现象描述的层次,充分运用调查研究和访谈分析的方法在高校智库的研究中较为缺乏。

第三章 智库组织的形成与发展

第一节 智库组织发展的历史与现状

一、智库组织发展的历史脉络

智库是近现代社会发展的产物,关于现代智库的历史生成目前主要有两种主流观点。

第一种观点认为最早的智库起源于英国,英国最早具有智库特点的机构为1884年成立的费边社。[①] 来自社会发展各个领域和行业的专家集结在一起,以所属专业的知识和经验为基础,进行问题研究,产出研究计划、咨询报告、论证方案等,为公共政策和政府决策而服务。

第二种观点认为最早的智库起源于美国。尤其是第一次世界大战之后,世界政治经济形势发生重大变化,政府面临日益复杂的社会矛盾和深层次的社会问题,这对政府管理能力提出了严峻的挑战,单独依靠政府进行重大问题的战略决策日益暴露出问题。基于解决复杂现实问题的需求,政府开始向专业化的决策咨询研究机构智库来寻求建议。在这样的背景之下,1916年美国成立了政府研究所(布鲁金斯学会的前身),专门从事决策咨询研究,为政府提供决策咨询服务。20世纪30年代的世界经济危机,更加催生了现代意义上的智库兴起。西方国家尤其是美国,先后成立了大量的智库,比如美国对外关系委员会等。在大多数研究中,学者普遍认为现代意义上的智库发端于美国,这主要是由于美国实行三权分立的政治体制,需要"智库"这样一种制度来发挥作用。

基于对智库的概念界定及其发展的客观现实,现代意义上的智库在西方国

---

① 刘宁. 智库的历史演进、基本特征及走向[J]. 重庆社会科学,2012(03):103－109.

家尤其是美国的发展主要表现以下几个阶段:一是 19 世纪之前的智库萌芽发展阶段,二是 19 世纪末 20 世纪初现代智库诞生阶段,三是 20 世纪 40 年代至 60 年代的智库蓬勃发展阶段,四是 20 世纪 60 年代之后智库爆炸式增长阶段,五是 20 世纪 90 年代之后智库的多元化发展阶段。智库的形成和发展具有一定的时代性和历史阶段性,随着时代的演进,智库的历史发展呈现出了不同的脉络特征。

在 19 世纪智库还未形成专业化的组织制度,智库这个词汇主要是一个口语化的富含幽默意味地称谓一个人的头脑及智慧,主要见于小说、广告和新闻文章中。譬如 1898 年《纽约时报》的一个犯罪报告中首次提及这个词汇,独臂流浪汉因非法入侵富有的民居被逮捕,并对警察说他的脑袋(think tank)出了问题。19 世纪末 20 世纪初,智库作为一种组织开始在美国诞生并且具有了现代雏形。恰逢美国从自由资本主义向垄断资本主义、从乡村社会走向都市社会的第一次重要变革时期。为实现经济与社会制度的转型,在进步运动影响下,通过专家决策"去政治化",慈善家建立研究机构做客观性及前瞻性研究。如罗素塞奇基金会(Russell Sage Foundation, 1907 年)、卡内基国际和平基金会(Carnegie Endowment for International Peace,1910 年)和胡佛研究所(Hoover Institution on War, Revolution and Peace,1919 年)。

20 世纪 40—60 年代,为应对美苏争霸赛,联邦政府迫切需要来自社会各界尤其是高水平技术专家和科学研究者的智力支持,召集工程师、物理学家、生物学家及社会科学家并资助建立一些私立及大学研究中心。二战给军事和民用经济领域带来政策规划的巨大需求,促进了运筹研究和系统分析的发展,兰德公司(Rand Corporation)、哈德逊研究所(Hudson Institute)和城市研究所(Urban Institute)等政策咨询组织蜂拥而至。① 智库在美国进入蓬勃发展的高峰期。1958 年牛津词典将智库作为组织的概念收录,由此,智库的概念从人脑转化为研究型组织。斯坦福大学行为科学高等研究中心(Stanford University-based Center for Advanced Study in the Behavioral Sciences, CASBS)因高度关注智能和技术熟练度而被称为智库,直到 1960 年,几乎所有的出版物都以此为例认为智库是组织。

20 世纪 60—90 年代,严峻的政治经济局势对智库需求强烈,美国智库迅猛增长。智库以政策研究和政策倡导为定位,日益盛行并且迅速发展,1970 年后智库被描述为雇佣者的马厩,并认为其理智主义仅仅是表面现象,根本目的却是为自我利益服务。20 世纪 70 年代随着保守运动的兴起,政策倡导型智库蓬勃

---

① Hartwig P. New Labour in Government: Think Tanks and Social Policy Reform, 1997 - 2001[J]. British Politics, 2011,06(02): 187 - 209.

发展，以传统基金会为杰出代表，关注思想营销以影响政策。20世纪90年代后期至今，美国政策倡导和政策游说型智库迅速发展，许多政治人物为倡导其政治观点而建立政治遗产型（Vanity or Legacy-based）智库，重新包装思想增强信任度，以卡特中心（Carter Center）和尼克松和平与自由中心（Nixon Center for Peace and Freedom）为代表。[1]

　　从时间序列上来看，20世纪至21世纪，智库呈爆炸式增长，但是近些年来，新智库增加的速度呈现出放缓的趋势。根据麦甘的观点，智库爆炸式增长的主要原因[2]包括信息技术革命的发展、政府更加注重寻求多元建议、政策问题日益复杂、政府官员面临信任危机、国内外政策活动家日益全球化且数量增加、对及时和精确信息分析的需求增多等。而近些年新智库建立的速度下降则主要是由于许多国家对智库组织政治和制度上的不信任，政策研究捐赠资金的下降，资助者倾向于资助短期项目，智库机构因适应能力弱或者说创新能力不足而面临来自政策倡导型组织、营利性咨询公司等机构的激烈竞争等。

二、智库组织发展的现状

　　随着智库的迅速发展，智库的使用更加规范，并被作为一种社会活动类别的身份和符号象征。基金会、非政府组织及其他公民社会组织发行了大量的智库研究报告和信息汇编，比如综合开发研究机构（National Institute for Research Advancement, NIRA）的智库名录（World Directory of Think Tanks）。影响最为广泛的则是宾夕法尼亚大学公民与社会研究项目（Think Tanks and Civil Societies Program, TTCSP）麦甘领导的《全球智库研究报告》（*The Global Go To Think Tank Report*），它采用同行评议的方式进行排名，但也受到国际同行的广泛批评。对于想要了解智库发展状况的研究者来说，这是一个迅速获取知识的途径。其调查结果也被想要了解智库的国际同行广泛使用。依据《2017年全球智库报告》，至2016年，全球共有7 815家智库，主要集中在北美（25.2%）、欧洲（26.2%）、亚洲（20.7%）、南美洲（12.5%），如图3-1所示，智库最多的国家依次为美国、中国、英国、印度、德国和法国。[3] 尤其是2013年以来，中国智库

①　Abelson D E. Do Think Tanks Matter? Assessing the Impact of Public Policy Institutes [M]. Montreal, McGill-Queen's University Press, 2002：23-35.

②　McGann J G. 2014Global Go To Think Tank Report[R]. Think Tanks and Civil Societies Program (TTCSP), http://repository.upenn.edu/think_tanks, 2015-01-22.

③　McGann J G. 2017Global Go To Think Tank Report[R]. Think Tanks and Civil Societies Program (TTCSP), http://repository.upenn.edu/think_tanks, 2017-02-07.

数量大幅度增加,中国成为仅次于美国的全球第二大智库国。

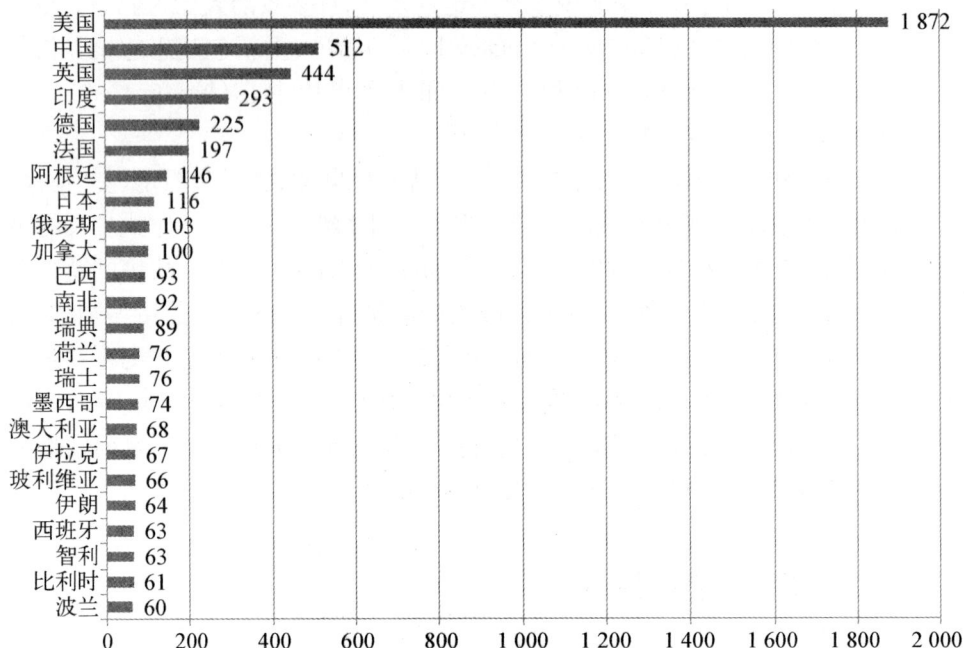

图 3-1   智库数量最多的国家分布

数据来源:依据《2017 全球智库报告》汇总整理并绘图。

  由于每个国家的政治制度存在巨大的差异,不同国家都在基于国情探索最适合本国智库发展的最佳路径,如表 3-1 所示。因此可以说,智库可能没有最好的或者普适性的发展模式。虽然美国智库发展迅速,发展水平居于全世界领先地位,但是美国智库的发展经验也许并不能够适用于其他国家。[①②] 美国独立于政府的智库发展非常繁荣,英国的智库大多依附政党,德国政府和政党组建大部分智库,法国首个智库是效仿兰德公司创立的,非政府的智库对政府的依存性也很大。中国智库的数量和影响力越来越人,[③]真正有影响力的智库大多附属于政府,[④]社会科学研究院作为政府重要的政策研究和咨询机构一直发挥着智

① Weaver R K. Think Tanks and Civil Societies in a Time of Change[M]. New Brunswick: Transaction Publishers, 2000: 1 - 35.

② Weaver R K. The Changing World of Think Tanks[J]. Political Science and Politics, 1989,22(03): 563 - 578.

③ Mahmood A. The Foreign Policy Think Tanks in China: Input, Access, and Opportunity[J]. Asian Affairs: An American Review, 2011,38(03): 143 - 155.

④ 朱旭峰. 从中外统计数据看中国智库发展路径[N]. 科学时报,2014(06).

库的作用。① 通过以上可以看出,智库是国家发展政治民主化的产物,②它与国家的政治制度和经济社会发展水平息息相关,与公共政策决策民主化和科学化的诉求一脉相承。因此,讨论智库,不能回避所在国家的政治体制和社会经济制度。

随着经济全球化进程的加速,各个国家的智库要获得更好的发展也将面临许多重要的挑战,如拓宽资金来源的渠道获取更多的发展资源、提升智库的知识生产、管理能力及其研究人员的专业化水平、应对日益激烈的全球思想市场的竞争、提高自身研究成果及其组织的影响力和独立性、提升智库发展绩效权衡产出与投入、参与全球化竞争、提升智库内部领导力和管理能力、厘清智库和媒体的界限等。然而,鉴于智库组织的属性,其面临的核心任务依然是生产及时的能够快速回应需求的知识产品和政策研究,有效吸引政策制定者、媒体和公众关注国家面临的关键问题。当前,智库的发展不再拘泥于"做研究、写出来,然后政策制定者就会发现"的传统模式,③而是致力于探索成为有倾向性和有目的性的政策生产者和主动性的信息传播者。

表 3 - 1　世界主要国家智库发展概况

国别	智库概况	发 展 阶 段	主 要 特 色	主 要 类 型	代　表
中国	全球第二大智库国	党的十八大以来,智库迅速发展壮大,成为仅次于美国的智库大国	党和政府科学民主决策的主要支撑。国家治理体系和治理能力现代化的重要内容。国家软实力的重要组成部分,中国特色新型智库在咨政建言、理论创新、舆论引导、社会服务、公共外交等方面发挥重要功能	官方智库 民间智库 高校智库	国务院发展研究中心零点研究咨询集团清华-卡内基全球政策中心

---

① Margaret S F. Regulating Intellectual Life in China: The Case of the Chinese Academy of Social Sciences[J]. The China Quarterly, 2007(189): 83 - 99.
② 张志强. 美国智库:美利坚智慧的源泉[J]. 产业与科技论坛,2013,12(07): 94 - 96.
③ McGann J G. 2014Global Go To Think Tank Report[R]. Think Tanks and Civil Societies Program (TTCSP), http:// repository. upenn. edu/ think_tanks, 2015 - 01 - 22.

（续　表）

国别	智库概况	发 展 阶 段	主 要 特 色	主 要 类 型	代　表
美国	世界上智库最发达的国家	19世纪末20世纪初，第一批智库以罗素基金会为代表。二战后承担政府合同项目以兰德公司为标志。20世纪70年代政策倡导型智库蓬勃发展。20世纪90年代，政治遗产型智库兴起	在内政外交政策的制定、影响公众舆论、引领社会思潮中发挥重要作用，为继立法、行政和司法之后的"第四部门"	依政治倾向，分保守型、激进派和中间派。按研究导向分学术型、政治游说型和与政府签约合同型。依服务对象分军事外交型、内政型和政党型	布鲁金斯学会、兰德公司、胡佛研究所等
英国	成立时间早、规模较大、行业发展较成熟。智库大多依附于政党或政府部门	一战后，第一次浪潮。查塔姆社为代表，拒绝党派和意识形态。二战后至80年代，第二次浪潮。右翼智库，如经济事务研究所。左翼智库如公共政策研究所等。第三次浪潮没有意识形态使命，与政府保持若即若离的关系	制定政策分析框架；为政策辩论提供建议；帮助政府建立公众信心；对社会问题提出"预警"；为政府提供政策建议和解决方案	依研究主题，分政治类、经济类、外交类。依隶属关系，分政府型、政党型、独立型。独立型智库包括个人、大学和企业智库。依思想倾向性，分左翼倾向、右翼倾向和中立倾向智库	亚当·斯密研究所，皇家国际事务研究所，欧洲改革中心，市民社会研究所，费边社
德国	后来居上，发展迅速，多由政府和政党支持，75％以上接受政府资助	冷战后稳定快速发展。以综合性咨询公司为代表，实现跨国经营	以研究成果的质量和影响力为基础，获得来自政府和社会的经费；成为学术、新闻、实业、民众及政府联系的纽带	主要分学术型、代言型。学术型数量最多，分政府建立，非大学政策研究机构和大学政策研究中心三类	最大的公营智库集团是德国莱布尼茨学会，最大的私营智库是贝塔斯曼基金会
法国	20世纪70年代末逐渐发展，在欧洲继英、德之后智库比较发达的国家	1945—1993是第一阶段，技术咨询、财务会计、法律合同等智库；1955年到1975年是第二阶段，大型的管理咨询公司；1974年经济危机后是第三阶段，转向战略研究，进军国际市场	独立型智库影响力大；重视退休高官和学者作用的发挥；善于推广宣传	官办国家级研究机构；官办高等院校研究机构；独立型私人智库；由大企业、大财团设立的研究机构	法国国际关系研究所

（续 表）

国别	智库概况	发展阶段	主要特色	主要类型	代表
日本	起于二战后。目前日本有108家有影响力的智库，活跃在各个领域	1970年以前是第一阶段，开创、借鉴和探索；1970—1980第二阶段，由激烈竞争转向稳定发展；1981至今第三阶段，发展高潮，进入了既具综合性又具专业化的阶段	紧盯经济发展前沿，及时调整研究重心；积极借助国外平台，传播文化；重视智库服务主体，贡献具体方案；发挥高校智库优势，服务政府重大决策	第一类由大财团、银行系统主办；第二类由政府或政党出资。第三类是事业法人智库。第四类是个人或企业创办民间咨询机构。第四类是高校智库	日本国际问题研究所、三菱研究所
俄罗斯	结构复杂，种类繁多。官方、民间、外资扶持、综合性、行业、部门和专业性智库共同发展	20世纪50年代后期成立科学院体系内的著名智库以及苏联共产党内分析机构。70年代以后，智库机构不断壮大，结构更为复杂，专业分类也更加精细。90年代新型智库发展	关注信息情报的整合、形势分析、"头脑风暴"、"跨学科研究"等	官方智库，由联邦总统和联邦政府组建，政要领导的准官方智库，以及科学院系统智库，高校智库。学术智库，与科学院机构和各种学会有关联。商业智库采取合同制方式	世界经济和国际关系研究所、苏共中央直属的社会科学院、苏共中央内部的社会科学研究所
加拿大	数量多，对政策影响力却弱，发挥讨论平台和宣传教育功能	20世纪初，少量的关注外交政策的政策研究机构；60年代创建政府合同智库，70年代政策倡导型智库	分散在全国，为政府提供决策咨询，进行政策讨论和公共教育	分经济、社会、国际和区域问题智库	加拿大亚太基金会；加拿大参议会；市场研究大西洋学会等
印度	虽然印度智库数量众多，但规模较小。本土化特色明显，关注发展问题	1947年逐步得到发展。1948年成立数据统计研究所。1956年成立国家应用经济研究委员会。此后各类智库逐步发展	通过媒体刊登文章、参与电视新闻访谈、网络访谈等，对热点问题展开深入讨论。针对当前或未来重大问题出版专著或研究报告	按研究领域分国防安全、经济、公民社会、国家安全、政治、国际关系等智库。按隶属关系分官办、独立、高校、大企业型智库	印度数据统计研究所、印度国家应用经济研究委员会。尼赫鲁大学的印度国际关系学院

资料来源：根据智库相关的研究文献、研究报告与专著整理。

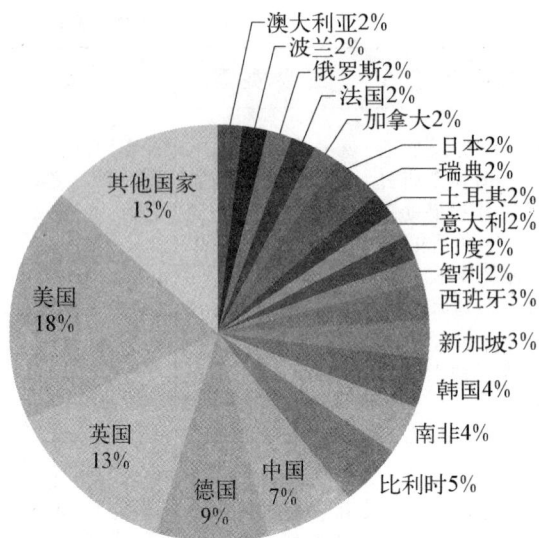

图 3-2 全球百强智库的国别分布

资料来源：根据 2017 全球智库报告整理。

根据《2017 全球智库报告》研究结果，如图 3-2 所示，全球百强智库主要分布于美国、英国、德国等发达国家，其中美国有 19 家智库居于全球百强，英国有 14 家智库居于全球百强，德国有 9 家智库居于全球百强。中国的全球百强智库数量有 7 家，排在全球第四位，如表 3-2 所示，分别为中国现代国际关系研究院、中国社会科学院、中国国际问题研究院、国务院发展研究中心、北京大学国际战略研究院、中国与全球化智库、上海国际问题研究院，其中高校智库 1 所(北京大学国际战略研究院)，社会智库 1 所(中国与全球化智库)，政府智库 5 所。

表 3-2　全球百强智库目录

	智　库　名　称	所在国家
1	布鲁金斯学会	美国
2	法国国际关系研究所(IFRI)	法国
3	卡内基国际和平基金会	美国
4	布鲁盖尔	比利时
5	战略与国际研究中心	美国
6	查塔姆研究所	英国
7	瓦加斯基金会商学院(FGV)	巴西
8	传统基金会	美国
9	兰德公司	美国
10	国际战略研究所(IISS)	英国
11	伍德罗威尔逊国际学者中心	美国

（续　表）

	智 库 名 称	所在国家
12	美国进步中心(CAP)	美国
13	对外关系委员会(CFR)	美国
14	日本国际事务研究所(JIIA)	日本
15	卡托研究所	美国
16	康拉德阿登纳基金会(卡斯)	德国
17	彼得森国际经济研究所(PIIE)	美国
18	弗里德里希艾伯特基金会	德国
19	韩国发展研究所(KDI)	韩国
20	德国国际与安全事务研究所(SWP)	德国
21	弗雷泽研究所	加拿大
22	卡内基中东中心	黎巴嫩
23	欧洲政策研究中心(CEPS)	比利时
24	斯德哥尔摩国际和平研究所(SIPRI)	瑞典
25	卡内基莫斯科中心	俄罗斯
26	亚洲开发银行协会(ADBI)	日本
27	欧洲对外关系委员会(ECFR)	英国
28	世界经济与国际关系研究所(IMEMO RAS)	俄罗斯
29	人权观察	美国
30	中国现代国际关系研究院(CICIR)	中国
31	美国企业公共政策研究所(AEI)	美国
32	韩国国际经济政策研究所(KIEP)	韩国
33	荷兰国际关系研究所	荷兰
34	丹麦国际研究学会(DIIS)	丹麦
35	国际治理创新中心	加拿大
36	经济政策研究中心(CEPR)	英国
37	巴塞罗那国际事务中心(CIDOB)	西班牙

	智　库　名　称	所在国家
38	非洲争端解决解决中心（ACCORD）	南非
39	中国社会科学院（CASS）	中国
40	国际特赦组织（AI）	英国
41	国防研究与分析研究所（IDSA）	印度
42	德国发展研究所（DIE）	德国
43	阿根廷国际关系理事会（CARI）	阿根廷
44	拉祖姆科夫中心（Razumkov）	乌克兰
45	公共政策研究中心	英国
46	国际政治研究所（ISPI）	意大利
47	皇家研究所	西班牙
48	国际问题研究所（IAI）	意大利
49	德国对外关系委员会（DGAP）	德国
50	中国国际问题研究院（CIIS）	中国
51	透明国际（TI）	德国
52	国际危机组织（ICG）	比利时
53	英国皇家联合服务研究所（RUSI）	英国
54	澳大利亚国际事务研究所（AIIA）	澳大利亚
55	城市研究所	美国
56	粮食、农业和自然资源政策分析网络（FANRPAN）	南非
57	金字塔政治与战略研究中心（ACPSS）	埃及
58	国务院发展研究中心（DRC）	中国
59	基尔世界经济研究所（IfW）	德国
60	自由意志主义（LyD）	智利
61	洛伊国际政策研究所	澳大利亚
62	挪威国际事务研究所（NUPI）	挪威
63	社会与经济研究中心（CASE）	波兰

（续　表）

	智　库　名　称	所在国家
64	经济事务研究所（IEA）	英国
65	高等教育和发展基金会（Fedesarrollo）	哥伦比亚
66	波恩国际转换中心（BICC）	德国
67	非洲经济研究联盟（AERC）	肯尼亚
68	东亚研究所（EAI）	韩国
69	新加坡国际事务研究所（SIIA）	新加坡
70	大西洋委员会	美国
71	海外发展研究所（ODI）	英国
72	贝尔弗尔科学与国际事务中心	美国
73	外交与国家安全研究所（IFANS）	韩国
74	欧洲研究中心（WMCES）	比利时
75	欧洲改革中心（CER）	英国
76	欧盟安全研究协会（EUISS）	法国
77	土耳其经济与社会研究基金会（TESEV）	土耳其
78	战略与国际研究中心（CSIS）	印度尼西亚
79	国际战略研究院（IISS）	中国
80	世界经济论坛（WEF）	瑞士
81	公民社会中心（CCS）	印度
82	发展研究所（IDS）	英国
83	南非国际事务研究所（SAIIA）	南非
84	波兰国际事务研究所（PISM）	波兰
85	冲突解决中心（CCR）	南非
86	研究分析和社会基金会（FAES）	西班牙
87	海因里希·鲍尔基金会（HBS）	德国
88	自由思想协会（ALT）	土耳其
89	德莫斯	英国

（续　表）

	智　库　名　称	所在国家
90	欧洲国际政治经济中心（ECIPE）	比利时
91	迪博	瑞典
92	中国与全球化智库(CCG)	中国
93	公共研究中心（CEP）	智利
94	上海国际问题研究院(SIIS)	中国
95	东南亚研究所(ISEAS)	新加坡
96	西维塔斯：英国公民社会研究所	英国
97	知识经济自由外联中心（CEDICE）	委内瑞拉
98	国防与战略研究所(IDSS)	新加坡
99	政策研究中心(CPS)	英国
100	公共政策研究中心(CPPS)	马来西亚

资料来源：根据 2017 全球智库报告整理。

第二节　高校智库组织的形成与发展

一、高校智库组织形成与发展的原因

　　智库因政策制定者解决复杂的现实政策问题以及已有的政策知识储备难以满足现实需求而产生。解决现实政策问题的需要和政策决策者的需求决定了对现代智库的合法性地位的认可。如果政策制定或者决策者需要智库，那么智库便会具有发展的空间和与之相适应的制度支持，也会通过加强组织制度建设提供更多高质量的研究成果以影响决策。如果没有政策制定或者决策者的需求，那么智库将没有发展的空间，缺少发展的内生动力。

（一）实用主义哲学思想的驱动

　　实用主义(pragmatism)源于行为、行动(prama)，约翰·杜威(John, D)指

出:"把科学的考验知识的方法,应用到社会和人的事务上去。这种运动,常被称为实用主义。"①"各种理论是工具,它们的价值不在于它们本身,而在于它们所造就的结果中显示出来的功效。"②实用主义认为人们对现实、信仰和信念的理解,完全取决于现实、信仰和信念是否能够为其利益带来效果,并认为理论的价值取决于能否产生行动,强调科学探索,重视实际经验。实用主义是在美国土生土长的,美国多元移民大熔炉的社会环境和拓荒者强调个人奋斗的开拓进取精神都为实用主义落地生根提供了文化土壤,这是其他任何国家都难以比拟的。实用主义反映了美国的民族特性,③尤其是在各种社会问题层出不穷之时,实用主义被大力宣扬并成为主流社会思潮,同时也对高等教育产生了重要的影响。

二战之后,联邦政府大力加强对大学的资助并推动了美国高等教育迅速发展,譬如联邦政府以合同和拨款方式提供的研发经费占研发总经费的比重由1940年的20%提高到1970年的51%。④ 20世纪60年代美国处于社会变革的时代,促使人们普遍认识到知识的社会价值,这也潜移默化改变着大学的性质、发展定位及其社会功能。受实用主义哲学家威廉·詹姆斯(William, J.)的多元论思想的启发,克拉克·科尔(Clark, K.)作为美国当代高等教育改革的设计师,率先提出了"多元巨型大学"的发展理念,认为大学有多个发展目标,多个权力中心,并且为多种顾客和市场服务,大学承载着许多真善美的幻想以及多条发展道路,因此可以将其比作联邦共和制。⑤ 但与此同时,他又坚定地认为,大学又是一个矛盾的混合体,它奴役地服务社会,同时又批判社会,虽然经受社会变革的影响但仍然相对稳定地追求自由。⑥ 因此,大学根据社会需求、客观现实和发展目标所做的变化都是明智的行为,但是善于变革并不代表大学会盲目地随波逐流。

政府及政党以实用主义为思想指导,注重发挥科学研究的知识价值和社会效用,建立政策研究和咨询机构,为政府政策分析和解决现实问题服务,以改变现实世界中单独依靠政府智慧不能够很好地解决的问题。科学研究者以实用主义为思想指导,为政府献智献策,履行服务职能的同时也实现了自身价值,获得政府和社会的合法性认可。研究型大学以实用主义为思想指导,内部设立众多服务于国家战略需求的各种实验室、研究中心、研究院及智库。实用主义哲学思

---

① [美]杜威. 人的问题[M]. 傅统先,译. 上海:上海人民出版社,1986:6.
② [美]杜威. 哲学的改造[M]. 许崇清,译. 北京:商务印书馆,1958:78.
③ 张斌贤. 社会转型与教育改革——美国进步主义运动研究[M]. 长沙:湖南教育出版社,1998:23.
④ Bruce L S. The State of Academic Science[M]. New York, Change Magazine Press, 1977:4.
⑤ [美]克拉克·科尔. 大学的功用[M]. 陈学飞,译. 南昌:江西教育出版社,1993:96-97.
⑥ [美]克拉克·科尔. 大学的功用[M]. 陈学飞,译. 南昌:江西教育出版社,1993:12.

想为高校智库在研究型大学的落地生根提供了思想基石。

　　智库主要指为某些特定问题聚集起来提供战略建议的专家群体。[①] 罗斯福总统曾经招募来自哈佛大学和哥伦比亚大学的专家学者为他提供非正式咨询，这促进了智库的制度化建设。[②] 当交流不如现在便利时，智库提供了一个场所，把不同类别的专家集聚在一起。当交流变得越来越频繁，智库也变得更加专业化。自里根政府以来，有大量的保守思想倡导型智库，许多智库公开党派倾向。[③] 公司及基金会的捐赠，推动保守型智库数量迅速发展。[④] 高校智库在形成之初便深受外部政治性力量的驱动和影响，带有强烈的追求实际效用的工具主义取向。

　　如果把大学内部具有政策研究和咨询职能的研究机构统统划入高校智库的范畴，对其成立的历史背景分析可以发现，大多数智库定位的政策研究机构是在二战之后才形成与发展的，这在智库发达的美国表现得最为突出。冷战时期美国迫切需要科学技术和人文社会科学的支持，一大批以服务联邦政府科技政策为目标的智库如兰德公司，以及各种以实用性政策为旨要的附属于研究型大学的研究中心也迅猛发展。胡佛研究所最初为收集一战历史档案而建立，60 年代政府资助若干大学研究中心才开始从事大规模研究并逐渐发展成颇有影响的智库。贝尔福中心在冷战时代形成，冷战之后国际形势变化对国际安全知识的需求剧增，这带来新的发展机遇，研究扩展到科技与公共政策、环境与自然资源等。国际安全与合作中心始于越南战争及冷战时期，校内大规模讲座聚焦美苏中关系、武力控制及国家安全技术问题。这些研究机构通过应用型对策研究大大提高了美国科技政策的影响力并促进整个国家科技水平的提升。

　　充分发挥研究型大学学科基础深厚和高水平人才集聚的优势，加强中国特色高校智库建设成为当前高等教育发展的重要战略使命。高校哲学社会科学界发挥服务决策和咨政育人作用，在高校特别是一流大学建设中国特色新型智库，迎来崭新的历史发展机遇。建设中国特色新型智库是服务政府科学民主决策、破解发展难题的迫切需要，对提升国家软实力也具有重要意义。[⑤] 我国政府把

① Medvetz T. Think Tanks in America[M]. Chicago & London: The University of Chicago Press, 2012: 25 – 29.
② Zhu, Xufeng. The Rise of Think Tanks in China[M]. London & New York: Routledge, 2013: 25.
③ McGann J G. Global Think Tanks: Policy Networks and Governance[M]. London & New York: Routledge, 2011: 73.
④ Rich, A. Think Tanks, Public Policy, and the Politics of Expertise[M]. Cambridge: Cambridge University Press, 2004: 72.
⑤ 胡鞍钢. 建设中国特色新型智库[J]. 清华大学教育研究,2013,10(5): 1 – 4.

智库建设提升到了国家战略的高度。2013 年至今,我国出现了一股"智库热",除了官方智库加快建设外,在教育界和学术界,中国人民大学、北京大学、清华大学、北京外国语大学等高校都纷纷成立智库。然而不能忽视的现实是,当前中国仍处于智库建设的初期阶段,无论从理论还是实践维度,中国特色新型智库的发展还存在着很大的拓展空间。

(二) 政府决策科学化与民主化的需求

知识经济时代,社会迅猛发展。政府治理面临更多复杂性和紧迫性,这无疑增加了政府决策的风险和难度。许多问题单单依靠政府官员难以完成,在解决一些现实问题时政府失灵状态是客观存在的。因此迫切需要社会各个领域的专家协同合作开展研究,依靠专家的智慧,搜集事实数据和理论素材,给决策者更多的知识了解这个领域的发展状况,参与辅助决策,从而帮助政府科学理性地解决现实问题。这可以在一定程度上弥补政府决策的不足,提高了政府决策的科学化水平,以辅助解决政府面临的合法性危机。

政策制定者借助智库生产的创新性知识为政策的合法性进行论证和注解,并将其作为决策和政策制定的重要理论和实践依据,以提高决策的理性化和科学化水平。"行政权高度集中,遍布于社会各处,相应的政策制定也会有很强的行政导向。"①随着国家治理体系和治理能力现代化的逐步推进,政府对政策民主化和科学化的诉求日益高涨,因此,具有一定社会影响的知名人士参与到政策过程中将成为普遍现象。这不可避免地面临决策者根据现实需要和政治正确性取舍知识,在这个过程中知识处于被动的地位,知识分子几乎没有权力参与决策和政策应用过程,只是提供知识参考以辅助决策。将相关领域专家的知识纳入到决策咨询,这在一定程度上体现了专家尤其是学术精英人物所代表的学术话语权,通过独立发声对政策制定产生一定影响,同时增强了政策的民主化决策水平。

研究型大学与社会和市场的联系日益密切,逐渐走出象牙之塔成为社会的轴心机构。高校智库是附属于研究型大学的重要研究机构,在形成与发展的过程中,作为桥梁媒介使研究型大学为代表的知识共同体与政府为代表的政策共同体进行有效的对话。其他社会机构如独立性智库、基金会和 NGO 等在高校智库的行程中也扮演着重要的角色,这主要表现为许多高校智库是在其他社会

---

① 王锡锌,章永乐. 专家、大众与知识的运用——行政规则制定过程中的一个分析框架[J]. 中国社会科学,2003(03): 113 - 127.

机构的资金资助和项目合作之下得以建立的。如中国清华大学重要智库清华-布鲁金斯公共政策研究中心是由美国布鲁金斯学会支持清华大学建立的,清华-卡内基全球政策中心是由卡内基和平基金会出资建立。高校智库获得其他社会机构赋予的合法性,为其获得可以发展的资金支持提供保证。从本质上来讲,高校智库代表的是学术权力在公共政策决策中的权力参与。以学科研究为依托,以专业化的研究团队为发展支撑,其观点代表的是专业的、理性的和客观的,以解决现实问题为导向的知识。高校智库在适应决策民主化和科学化的公共政策需求的制度前提下产生,其履行社会职能发挥决策咨询作用也在一定程度上推动了一个国家公共决策的民主化和科学化进程。

(三)专家治国论思想的影响

20世纪30年代政治技术化及行政专门化趋势的需求越来越大,专家治国论思潮在美国兴起。专家治国理论的核心是指通过推崇知识分子和技术专家参政议政,从而实现政府管理的科学化和技术化。专家治国论是个较为完整的理论体系,强调技术专家及知识分子对于社会发展尤其是对于政府管理具有重大的指导和影响作用,甚至有时专家们的意见和建议对于政府政策具有决定性作用。

学者们普遍认为专家治国可使政府运行科学化、合理化,被作为一种必要的原则为社会所认可。有学者称由技术政治统治的美国社会为"技术化时代"、"科学时期"、"后工业时代",或者是"专家的政治",以描述专家在政府部门所担任的角色及其在公共组织中发挥的重要影响。丹尼尔·贝尔(Daniel, B.)提出在后工业社会知识分子和技术专家将凭借知识和技术占据社会的统治地位。[①]后工业社会,知识扮演的角色发生了变化,理论知识在形成决策和指导变化时居重要地位。随着社会的分工更加细化,政府治理能力也逐渐专业化。各个领域的专家及其组成的高校智库,也将成为政府治理不可或缺的一个重要的依赖对象。

具有企业家精神的政策科学研究者参与公共政策制定,所谓政策企业家,是指"那些通过组织、运用集体力量改变现有公共资源分配方式的人"。[②] 无论身处政府内部还是社会之中,政策研究专家都以善于创新著称,愿意投入时间、精力甚至是金钱和声誉,致力于打破现有政策平衡,向其他人兜售自己中意的政策

① 刘大为. 中国思想库政策参与:问题与对策[D]. 广西师范大学,2011.
② Eugene L. Public Entrepreneurship: Toward a Theory of Bureaucratic Political Power [M]. Bloomington: Indiana University Press, 1980: 9.

理念并试图使其成为决策方案。他们广泛分布于国会、政府、利益集团和研究机构中且积极参与政策过程,可能是获得选举的政治人物,可能是行政官员,可能是特定政策利益集团或某研究机构的专业人员,可能是一个社区的普通公民,也可能是具有多重身份的公共人物。① 政策研究专家频繁参与政策实践是智库在全球及研究型大学迅猛发展的重要原因。②

(四) 人文社会科学知识生产与转化的需要

近些年,人文社会科学的发展逐渐受到各国政府和社会各界的重视。1950年福特基金会资助以心理学、社会学和人类学为核心的科学,6年内建立若干研究中心。1958年美国副总统尼克松组织专家小组提出《国家支持行为科学》的报告并要求大量资助社会科学研究。1962年,总统科学顾问委员会推动出台《加强行为科学》报告,指出一切重大的政府项目都应由社科研究先行。60年代政府资助应用研究增加,许多学术研究机构强调应用型研究,各种关注政策问题的大学研究机构产生,如政府机构经济机会办公室与威斯康星大学合作成立贫穷研究所,以解决与贫穷相关的政策问题。

研究型大学聚集了主要的人文社会科学研究者和优质学科。建立有效的人文社会科学知识生产与转化机制,为服务政府决策和提升综合国力贡献智慧,是人文社会科学发展的重要时代命题。人文社会科学通过培养学科专业人才、承担政府科研项目、发表论文和专著等方式进行知识生产,通过思想引导和文化启迪为国家贡献智慧。而知识转化及其对社会实践的影响主要通过知识传播、实践者对研究成果的认知、实践者对研究成果的引用、决策者对研究成果的选择和实践者采用研究成果等方式体现。③ 高校智库是人文社会科学知识生产和转化的重要类型,它象征专业知识权威,进行政策研究和咨询,辅助解决现实问题。④ 建设高校智库也成为加强人文社会科学知识生产与转化平台建设的重要渠道。

---

① Roriel S. Taking on Tobacco: Policy Entrepreneurship and the Tobacco Litigation [J]. Political Research Quarterly, 2001(01): 605 - 622.
② Kochetkov G B. Think Tanks in the USA: Science as an Instrument of Public Policy[J]. Studies on Russian Economic Development, 2010,21(5): 493 - 501.
③ Landry R. Utilization of Social Science Research Knowledge in Canada[J]. Research Policy, 2001 (02): 333 - 349.
④ Stone D. Introduction: Think Tanks, Policy Advice and Governance in Think Tank Traditions[R]. Manchester and New York: Manchester University Press, 2004: 1 - 18.

二、高校智库组织的发展现状

高校智库是指附属于大学的致力于公共政策分析的研究机构,它主要由一所大学支持,尽管这种支持的程度可能是不稳定的和非持续的。智库通常是大学的某专业学院的一部分或者是独立设置的专业化研究机构。在政策制定共同体中,校友网络通常是关键的联络渠道。智库与其所在大学的关联度可以通过分析一些关键因素来衡量。智库内的教授、研究人员、工作人员和访问学者来自大学,他们带领本科生和研究生参与项目研究,这些智库中有一些依托于大学的设施和工作人员,其中大部分都有自主权独立开展研究。大部分智库通过个人资助、基金会、组织和政府获取资助,同时他们可能也会得到大学的财政支持。智库通常设立在大学之中,有权利使用大学的图书馆和实验室等基础研究设施,许多智库在其他地方也有场地。

高校智库属于智库的一个特殊范畴,宾夕法尼亚大学"智库与公民社会"项目自在 2011 年至 2017 年连续 7 年的《全球智库报告》中对全球范围内的高校智库进行了排名。依据研究报告,2011 年共排出 30 名,2012 年共排出 40 名,2013 年共排出 40 名,2014 年共排出 45 名,2015 年共排出 88 名,2016 年共排出 90 名,2017 年共排出 90 名。总计,连续 7 年共排出 420 名次,其中美国高校智库占比为 30%,英国高校智库占比为 9%,中国高校智库位列第三,占比 7%,如图 3-3 所示。

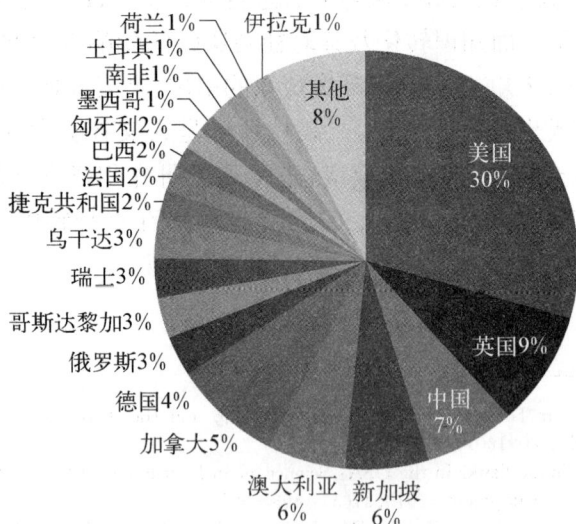

图 3-3　2011—2017 年全球高校智库国别分布

数据来源:根据 2011—2017 年全球智库报告整理绘制。

从所隶属的大学来看,2011—2017 年全球高校智库隶属于 69 所大学,这 69 所大学附属智库数量最多的高校为哈佛大学、斯坦福大学、新加坡国立大学等。其中哈佛大学排第一名,占比 6%。斯坦福大学和新加坡国立大学占比均为 5%。哥伦比亚大学、清华大学和马凯雷雷大学占比均为 3%,如图 3-4 所示。

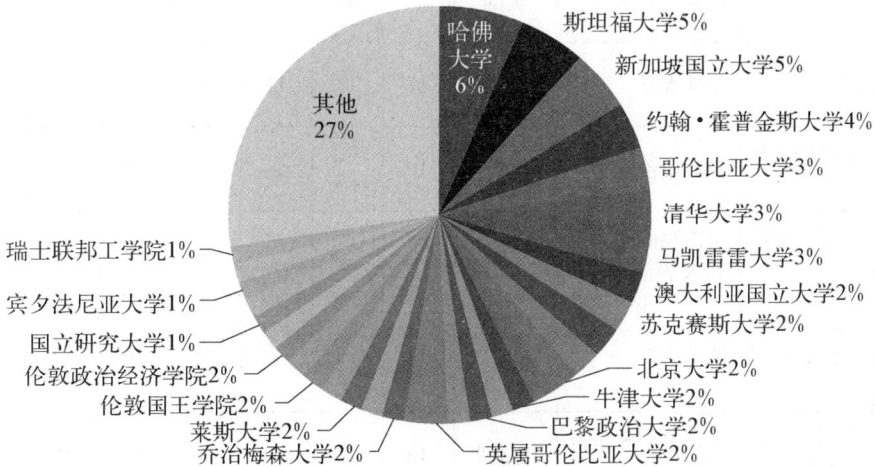

图 3-4 2011—2017 年全球高校智库所隶属的大学

数据来源:根据 2011—2017 年全球智库报告整理绘制。

2011—2017 年的全球高校智库排名中,共涉及 99 家高校智库,其中 25 家高校智库连续 7 年位列榜单,如表 3-3 所示。其中最为知名的有哈佛大学贝尔弗科学与国际事务研究中心、伦敦政治经济学院公共政策研究中心和斯坦福大学的胡佛研究所等,中国最知名的是清华-布鲁金斯公共政策研究中心。

表 3-3 2011—2017 年全球顶尖高校智库

智库名称	所在大学	国家	2011	2012	2013	2014	2015	2016	2017
贝尔弗科学与国际事务研究中心	哈佛大学	美国	1	2	1	1	1	1	1
公共政策研究中心	伦敦政治经济学院	英国	4	7	2	2	3	3	2
胡佛研究所	斯坦福大学	美国	2		4	7	7	7	8
国际发展研究中心	哈佛大学	美国	3	4	14	3	2	2	6
发展研究中心	苏塞克斯大学	英国	9	3	12	11	5	5	4

（续　表）

智库名称	所在大学	国家	2011	2012	2013	2014	2015	2016	2017
国防研究中心	伦敦国王学院	英国	13	10	6	7	6	6	5
国际安全与合作中心	斯坦福大学	美国	7	9	8	6	8	8	11
詹姆斯·贝克公共政策研究所	莱斯大学	美国	17	13	11	9	4	4	3
国际问题研究中心	巴黎政治大学	法国	10	5	3	15	15	15	7
金砖四国政策中心	里约热内卢天主教大学	巴西	20	20	9	8	9	9	9
清华-布鲁金斯公共政策研究中心	清华大学	中国	14	12	7	16	16	16	17
莫斯科国立国际关系研究院	莫斯科国际关系学院	俄罗斯	18	24	10	12	12	12	13
莫卡斯特中心	乔治梅森大学	美国	8	21	16	19	17	17	18
韦瑟国际事务研究中心	哈佛大学	美国	12	14	15	18	20	21	22
发展研究中心	波恩大学	德国	15	16	17	20	21	22	19
弗里曼·斯伯格里国际问题研究所	斯坦福大学	美国	24	19	18	22	19	19	20
政策研究中心	中欧大学	匈牙利	16	23	19	23	24	25	25
拉丁美洲社会科学学院	拉丁美洲社会科学学院	哥斯达黎加	11	29	21	25	26	27	27
国防战略研究中心	澳大利亚国立大学	澳大利亚	27	26	23	26	27	28	28
东南亚研究所	新加坡国立大学	新加坡	29	18	24	27	30	31	30
战略研究中心	惠灵顿维多利亚大学	加拿大	28	30	31	35	38	39	39
人类安全报告项目	西蒙·弗雷泽大学	加拿大	26	22	33	37	41	42	42

（续　表）

智库名称	所在大学	国家	2011	2012	2013	2014	2015	2016	2017
经济政策研究中心	马凯雷雷大学	乌干达	23	28	36	40	44	45	45
安全、经济与技术研究中心	圣加伦大学	瑞士	30	37	35	39	43	44	44
全球问题研究所	英属哥伦比亚大学	加拿大	21	32	39	44	48	49	49

资料来源：依据 2011—2017 全球智库报告整理绘制。

三、高校智库的组织模式特征

组织在社会中广泛存在，各级政府部门、各个党派、各个层次的经济实体和政治团体等都可以是组织，不同学科的研究者和不同职业的人员都是依附于组织才可以存在，并依据组织获得个人存在的归属感。因此，组织的研究内容和研究方法适用于社会中的各个领域。

关于组织的内涵，一般会想到两层含义：一是把组织作为动词，那么它就是一种重要的管理职能(预测、决策、计划、组织、领导、协调和控制)，即有目的、有计划的集合与安排一类人或者一项活动；二是把组织作为名词，它是一种重要的社会存在，即按照一定理念建立起来的集合体。它包括许多要素按照一定方式联系起来的系统，如生物学的有机体组织、动物的群体组织以及人的社会性组织等。除此之外，还可以把组织看成理性、自然和开放的系统。从理性系统来讲，组织是寻求目标达成的集合体，参与者之间的协作是谨慎的。从自然系统来讲，组织参与者发展起来的非正式结构为我们理解组织行动提供了依据。从开放系统来讲，组织植根于环境，依赖于环境，由环境建构。组织是参与者之间关联的体系。① 而从狭义层面上来讲，组织是一个社会性的概念，它是指为实现一定的目标而形成的人的集合体，如政府组织、商业组织、学术组织和军事组织等，这个层次的组织可视为社会的细胞和基本单元。

关于组织的重要的论述及其观点，也主要是与组织的社会性概念密切相连的，而本文所要研究的高校智库组织及其组织特征，即是在这个社会性概念的维

---

① ［美］W·理查得·斯格特. 组织理论［M］. 黄洋，译. 北京：华夏出版社，2002：23.

度之下展开论述。具体而言,组织表现为具有明确的发展定位,以实现一定的目标和任务为前提,进行适当的组织与协调活动,形成一定形式的集合体,并且具有可以辨别的组织边界的社会实体。

组织特征的概念表现为组织特有的、区别于其他组织的性质和形态,体现组织内部要素所独具的状态,任何组织都是围绕中心任务和发展目标形成组织特征。[①] 聚焦于研究组织特征的主要目的是增进对高校智库组织的深度理解,了解在外部资源驱动的背景下,高校智库组织变迁的方式和途径。[②③] 组织特征是组织内涵的抽象概括,是增进对组织外延和内涵深入理解的重要方式,也是为提升研究型大学附属智库组织的社会影响力所必须认真思考的重要内容。组织特征由组织要素决定,同时它在一定程度上也可以反映组织的构成要素。组织的构成要素包括组织环境、组织目的、管理主体和管理客体等,它们相互结合共同构成一个完整的组织。对于组织特征的分析可以综合借鉴组织要素及其社会系统的普遍性要素的分析框架,这为我们分析高校智库的组织特征提供了一定的基础。

由于任何组织都是围绕中心任务和发展目标而形成组织特征,因此要探讨高校智库的组织特征,首先必须明确一个关键性的问题,即高校智库组织发展的目标定位。高校智库是附属于研究型大学的基层组织,有必要结合研究型大学和智库的发展定位对高校智库进行分析。

研究型大学居于高等教育系统的最高层次,是国家高等教育综合实力的重要标志,对科技创新、知识创造、文化引领、经济发展和社会进步具有推动作用。人才培养、科学研究和社会服务是现代研究型大学的核心职能,是研究型大学区别于其他社会组织的根本特征,也是研究型大学实现自我发展并推动现代社会文明与进步的不竭动力。研究型大学发挥职能的成与败,优与劣,直接决定了对国家发展的贡献力和影响力。

智库的发展定位与智库嵌入其中的宏观社会环境及现实需求紧密相关。首先,智库是政策导向的知识密集型的思想生产者和处理者,是具有政策研究职能的正式组织,位于应用知识生产的最前沿。创新驱动与转型发展,智库作为提升国家文化软实力和思想创新能力的动力源泉实至名归。其次,智库强调政策制

①　迟景明. 大学组织特征及其对学术组织创新的价值导向[J]. 现代教育管理,2012(06): 1 - 5.
②　White J. Public Relations and Management Decision Making[M]. New Jersey: Lawrence Erlbaum Associates, 1992: 31 - 64.
③　Tschannen M M. Collaboration and the Need for Trust[J]. Journal of Educational Administration, 2001(39): 308 - 331.

定中科学知识的重要性,是政府决策的"理性外脑"和"点子工厂"。① 在现代政府决策民主化与科学化的政策诉求与时代背景下,智库是"循证决策"理念的重要载体,是提升公共政策决策能力和国家科学治理水平的必由之路。第三,智库功能包括专业分析、政策倡导、组织和技术服务等,②当前需要着力发展的是具有高水平政策研究能力和思想创新能力、为公共政策决策贡献智慧和有效提升政策影响力的高端智库。

高校智库的发展定位应当是以学术研究为基础,以影响政策制定为目标,致力于成为研究型大学提升社会声誉和社会贡献的重要着力点。当前,研究型大学与高水平智库以资源获得为动力实现协同发展,其职能逐渐融合,组织边界越来越模糊。因此,划分智库和其他组织的界限,既不可能,也不可取,这些机构正在越来越频繁地重叠,③智库也渐渐地融入利益团体和大学。④ 研究型大学越来越呈现出发展智库的积极性,许多智库都附属研究型大学而存在,并依据是否影响政策作为衡量成功与否的标准。⑤ 研究型大学为附属智库提供物理空间、资金支持、组织依托、人力储备和知识基础,也凭借高水平智库的政策影响力推动人文社会科学知识转化,提升服务国家重大战略需求解决实际问题的能力。

组织特征是高校智库在形成、发展和运行过程中表现出来的特征,它通过组织要素的相互作用得以呈现。以影响政策为目标,高校智库形成了一系列组织制度设计,从而也具有了独特的组织特征和发展形态。高校智库作为一种重要的专业性组织,与研究型大学的院系等其他基层学术组织相比较,不再以人才培养和科学研究为核心职能和根本任务,而具有了许多鲜明的特征。具体而言,高校智库的特殊性主要表现为以下几个方面。

(1) 学术品性。学术品性是高校智库区别于其他类型智库的本质特征,它界定了高校智库的基本属性,构成了高校智库区别于其他类型智库的边界。坚持学术性和研究型大学的知识品性,遵守学术发展的规律和科学的学术研究方法,进行学术思想和观点的创新,是高校智库产生有价值的思想观点的前提。

---

① Goodman J C. National Centre for Policy Analysis. What Is a Think Tank? [EB/OL]. http://www.ncpa.org/pub/what-is-a-think-tank, 2012-06-21.

② Stone D. Think Tank Trans-nationalization and Non-profit Analysis, Advice and Advocacy[J]. Global Society, 2000,14(02): 153-172.

③ Rich A. Think Tanks, Public Policy and the Politics of Expertise[M]. Cambridge: Cambridge University Press, 2001: 11.

④ Stone D. Capturing the Political Imagination: Think Tanks and the Policy Process[M]. London: Frank Cass, 1966: 17.

⑤ Christine L. The Role of Think Tanks Internationally Background Paper[R]. Civic Exchange, Hong Kong. 2004: 1-4.

(2) 思想创新。高校智库关注思想和观点的创新性和前瞻性,并以创新性知识生产作为影响决策及产生政策影响力的重要基础。高校智库依托于研究型大学,有集聚高水平人才的优势,多学科合作的研究传统,以及相对独立、宽松和自由的科学研究氛围,这为创新性知识的生产提供了巨大的空间。因此,理想中的高校智库应当具有独特的知识创新优势,并发展成为思想创新的重要组织载体。

(3) 问题导向。高校智库的研究内容不局限于学理性研究,更加关注现实政策问题,并且以解决现实问题为导向,进行问题导向研究的相关制度设计,组建多学科的研究队伍,提出创新性和前瞻性的解决方案。问题导向的研究具有较强的针对性,聚焦于某个具体的问题,具有一定的时效性。

(4) 团队合作。召集大学内外的多个学科领域的专家组建高水平研究团队,借助于研究团队中众多成员的合力和智慧,产生创新性的想法及研究方案,从而给决策者提供有分量的可资借鉴的思想建议,是高校智库重要的科研运作形式。这也是高校智库有效地解决研究问题、推动知识创新及知识转化的重要途径。

(5) 开放多元。高校智库的知识生产不再仅仅限于努力做研究和发表高水平成果,而是更加注重将其研究成果向大学以外的范围进行有效输出和辐射,使其产生广泛的政策影响力更大的社会效用和社会价值。这决定了高校智库具有开放和多元的文化特征,集聚不同领域的人员,产生多种类型的研究成果,通过多种渠道进行知识生产,并有效地将知识传播与输出。

(6) 多种权力的混合空间。高校智库组织在运行过程中,主要涉及三种权力,分别是政治权力、行政权力和学术权力。政治权力表现为政府机构和党派与高校智库开展合作并对其施加的显性或隐性的权力影响,譬如一个党派倾向的高校智库必然会为其代表的党派利益服务。高校智库作为研究型大学的基层组织,必然在一定程度上也会接受研究型大学的行政管理,因此,行政权力在高校智库也具备运行的空间。而学术权力表现为大学教授为核心的研究人员通过问题导向的研究,将知识成果用于政策实践,通过知识的社会服务价值对政策产生影响。

高校智库组织之所以具有以上的重要特征,主要源于其组织发展定位及其扮演的特殊的社会角色。作为一个系统化的社会组织,高校智库组织依托于所在的大学,在发展的过程中形成了组织建制、组织人员和组织文化三个关键的组织要素,这三个组织要素在高校智库的集聚资源、塑造品牌及产生政策影响力过程中发挥至关重要的作用。本研究以这三个组织要素作为重要的分析点,详细地探索一流高校智库组织在这三个关键组织要素方面所分别具有的特征,并结合相关的案例对其进行深入分析。

第四章 组织建制：高校智库的制度载体

从组织的视角来讲，组织建制是指组织内部各组成要素及其相互联系的方式或框架，具体表现为组织机构设置及组织结构之间的关系形式，主要涉及组织内部的层次划分及其隶属关系，组织内部机构的设立与组织职能的确定，组织内部岗位的设置等。大量调查和数据分析发现，组织内设立有组织建制的机构对企业和社会工作都有有效的辅助作用。组织建制并不是仪式化符号，它是在具体的实践管理中可以发挥巨大作用的组织结构。正式的常态化运行的组织建制对组织的运行方式具有更加实质性和有效性的影响。① 这些研究结论，为我们从组织建制视角分析高校智库的组织特征提供了合理性。

作为沟通知识与政策共同体的桥梁，高校智库聚焦特定的政策问题，为对政策问题感兴趣的大学教师、政策实践者和管理者提供有效对话和沟通交流的平台，以解决现实政策问题辅助决策为最终目标。因此，高校智库的组织建制必须围绕有效地解决现实政策问题辅助决策者决策而展开，以此为基础，可以把高校智库组织建制解释为：高校智库为有效解决政策问题和进行咨政建言活动，其内部结构设置及其组织结构的关系形式。高校智库是隶属于研究型大学的基层组织，在其组织建制方面，必须首先符合研究型大学的基本特征以获得存在的合法性，同时，智库的属性也决定了高校智库必然具备异于传统院系组织的基本特点而具有智库组织的政策研究取向。

---

① Kalev A. "Best Practices or Best Guesses? Assessing the Efficacy of Corporate Affirmative Action and Diversity Policies."[J]. America Sociological Review, 2006(71): 589 – 617.

第一节　高校智库组织建制的特征表现

组织建制是机构运行的制度化载体,是一个研究机构可以发展成为高水平智库的必要条件。研究一流高校智库的组织建制特征,对于建设中国特色新型高校智库具有重要的借鉴价值。为提高样本的可信度和代表性,以宾夕法尼亚大学公民与社会项目智库排名为基础,选取连续在 2011—2017 年智库排名中上榜的十大高校智库为研究样本,如表 4-1 所示。之所以选择这十大高校智库,主要是由于这些高校智库在相关研究领域做出具有世界知名度和影响力的重要贡献,分布在美国、英国和法国的世界知名大学,其高校智库的运作模式具有被其他高校智库广泛借鉴和学习的特色。为提高研究的客观性和可信度,本研究采用文本内容分析法,研究数据的采集源于各智库的官方网站、已发布的年度报告、相关的财务报表和新闻报道等,时间段以网站上可以获得的最新数据为依据。

表 4-1　研究样本

智 库 名 称	时间	隶属大学	标 志 性 成 果
贝尔福科学与国际事务中心 (Belfer)	1973	哈佛大学	防止核恐怖的系列行动议程;推动 Nunn-Lugar legislation 国会法案等;及其他减轻因气候变迁带来的破坏等项目
胡佛研究所(Hoover)	1919	斯坦福大学	世界最全的搜集中国档案及战争材料的图书馆;在里根时期提出美国对亚洲政策"平衡战略"等
国际事务及外交战略研究中心(IDEAS)	2008	伦敦政治经济学院	2006 年经济研究报告将伦敦政经学院列为全球第三的大学经济研究系
公共政策研究中心 (PPG)	1998	伦敦政治经济学院	美国政治与政策博客、政治和国际安全研究的回应式模式研究基金项目等
地球研究所 (Earth Institute)	1995	哥伦比亚大学	《全球幸福指数》,关注非洲、中国等发展中国家和地区经济及环境可持续发展
国际安全与合作中心 (CISAC)	1983	斯坦福大学	对大规模杀伤性武器特别是核武器进行技术、组织、政治、历史、社会和对外政策等多维度研究,出版《核武器的扩散》等名著

（续 表）

智 库 名 称	时间	隶属大学	标 志 性 成 果
国际问题研究中心 (CERI)	1952	巴黎政治大学	发布《1970—1980 年代的欧洲安全》《危机中的欧洲对外政策》等重要报告
发展研究中心(IDS)	1966	苏塞克斯大学	针对埃博拉疫情帮助拯救成千上万的生命；为孟加拉国等国的长期发展做出贡献。通过长期合作，帮助建立一些开创性的发展项目，包括 BRAC 的"超级贫困项目"，该项目在 2015 年帮助 75 000 名毕业生摆脱了极度贫困
詹姆斯·贝克公共政策研究所（Baker Institute)	1993	莱斯大学	四名前美国总统包含里根和乔治·布什参加成立奠基仪式，成立时由美国国务院前副部长约翰罗杰斯管理。在能源、中东、健康、墨西哥研究、创新和创业等领域提供杰出的政策研究
莫卡斯特中心 (Mercatus)	1980	乔治梅森大学	世界上最重要的聚焦于市场导向的研究机构，填补了学术思想和现实问题之间的鸿沟

资料来源：根据高校智库官方网站及相关研究报告整理。

一、成立及其贡献

在成立的历史背景方面，一流高校智库多是在顺应国际及国家政治经济重大变革的时代背景之下形成和发展起来。譬如，胡佛研究所最初是为收集一战历史档案而建立，60 年代联邦政府资助若干大学研究中心，胡佛研究所才开始从事大规模的研究并逐渐发展成为颇有影响的智库。贝尔福中心在冷战时代形成，冷战之后，国际政治形势变化对国际安全知识的需求剧增，这为之带来新的发展机遇，其研究领域通常扩展到科技与公共政策、核安全、环境与自然资源等。国际安全与合作中心始于越南战争及冷战时期，校内大规模讲座聚焦美苏中关系，武力控制及国家安全技术问题。地球研究所建于关注可持续发展及世界贫困问题的 90 年代，强调地球及其居民面临的复杂问题。国际问题研究中心建于 20 世纪 60 年代，主攻欧洲及国际政治，是致力于国际事务、外交团体和跨国挑战方面的杰出的社会科学研究机构。

这些机构之所以能够在全球智库排名中稳居前列，主要得益于其具有世界影响力和高水平的标志性成果。贝尔福科学与国际事务研究中心以推动防止核恐怖的系列行动议程、纳恩-卢格国会法案及其他减轻因气候变迁带来的破坏等研究项目而声名鹊起。胡佛研究所是世界最全的收藏中国档案及战争材料的图书馆,并且在里根时期提出美国对亚洲政策"平衡战略"等,这使得胡佛研究所朝向智库目标不断发展。公共政策研究中心发布美国政治与政策博客、政治和国际安全研究的回应式模式研究基金项目等,若干博客项目为其发挥影响力提供了重要的传播渠道。地球研究所发布《全球幸福指数》,主要关注非洲、中国等欠发达地区经济及环境可持续发展,为解决全球贫困及发展中国家的发展问题做出了重要的贡献。国际安全与合作中心关注对大规模杀伤性武器特别是核武器进行技术、组织、政治、历史、社会和对外政策等多维度研究,发布《核武器的扩散》等多部名著,在国际安全与合作领域具有重要的学术及政策影响。国际问题研究中心发布《1970—1980 年代的欧洲安全》《危机中的欧洲对外政策》等关于欧洲的政策研究报告,在欧洲国际问题研究方面具有举足轻重的影响。苏塞克斯大学发展研究中心致力于解决全球发展的相关问题。比如应对全球发展危机方面,迅速调动现有知识和能力召集专家,针对埃博拉疫情开展研究,帮助拯救成千上万的生命,提供人道主义努力,促使国家、慈善机构和社区更好地应对流行疾病。在促进全球经济长期发展方面,苏塞克斯大学发展研究中心为孟加拉国等国的长期发展做出贡献,孟加拉国被视为由国家驱动技术进步支持穷人发展的典范,通过长期合作关系,帮助孟加拉国建立一些开创性的发展项目,包括孟加拉农村发展委员会(BRAC)的"超级贫困项目",该项目在 2015 年帮助75 000 名毕业生摆脱了生活方面的极度贫困状态。

二、组织管理结构

高校智库以产生高水平研究成果,为政策制定者服务和产生政策影响力为重要目标,组织内部责权明确,并且形成了制度化的以任务需求和问题导向为特色的管理结构和管理部门,实体性运行增强了组织发展的稳定性和可持续性。

高校智库隶属于研究型大学,作为大学的基层组织,接受大学的行政管理是高校智库区别于其他独立性智库的重要特征。在机构的性质上,高校智库可能是研究型大学内部设立的独立的或直属性研究机构,也可能是依托于某学科隶属于某个学院或研究所而设立的研究中心,如表 4-2 所示。譬如,胡佛研究所、地球研究所(涵盖 30 多个研究中心)、国际事务及外交战略研究中心是所在大学的独立研究机构,贝尔福科学与国际事务研究中心、国际政策研究中心、国际安全与合作中心和公共政策研究中心是隶属于所在大学的某个学院或研究所的研究中心。国际问题研究中心由巴黎大学与国家科学政策研究中心联合建立和管理。

表 4-2　高校智库的组织机构设置

智库名称	机构性质	领导体制	机　构　设　置
贝尔福科学与国际事务中心 (Belfer)	隶属肯尼迪政治学院	国际委员会领导下的主任负责制	国际委员会负责咨询与监督，若干管理辅助部门做服务和辅助工作
胡佛研究所(Hoover)	独立研究所	监管委员会领导下的主任负责制	最高管理机构是监督委员会，为高层领导的管理提供建议咨询。并设分委员会负责执行和任命、财务、交流和图书馆等具体管理
国际事务及外交战略研究中心(IDEAS)	独立研究所	顾问委员会和学术管理委员会领导下的主任制	设有顾问委员会和学术管理委员会，主任，并有项目助理辅助性工作
公共政策研究中心(PPG)	隶属政府学院	主席负责制	辅助性服务部门。主席、高级研究员、总编辑、项目经理及研究人员、研究助理
地球研究所 (Earth Institute)	独立研究所	外部咨询和管理咨询委员会领导下的主任负责制	核心领导部门由主任、执行主任及两位副主任组成，设有外部咨询委员会、管理咨询委员会、领导力委员会
国际安全与合作中心 (CISAC)	隶属弗里曼·斯波格利学院	执行委员会指导下的联合主任负责制	核心领导层是两位主任，负责研究的副主任及主责管理和财务的副主任。设执行委员会进行咨询和监督
国际问题研究中心 (CERI)	由巴黎大学与国家科学政策研究中心联合建立	咨询委员会指导下的主任负责制	内部治理结构包括咨询委员会，负责机构发展定位、研究优势和财政咨询。主任由巴黎大学校长任命
发展研究中心(IDS)	独立研究机构	理事会领导下的主任负责制	作为一个独立的慈善机构，IDS 由理事会管理，负责整体战略、制定政策、监督绩效和促进协会的利益。战略领导小组是研究所的执行决策机构

智库名称	机构性质	领导体制	机　构　设　置
詹姆斯·贝克公共政策研究所（Baker Institute）	独立研究机构	咨询委员会领导下的主任负责制	内部治理结构包括咨询委员会，负责机构发展战略的把握
莫卡斯特中心（Mercatus）	独立研究机构	理事会领导下的主任负责制	内部治理结构包括理事会，进行战略咨询。乔治梅森大学教务长任命机构主任

资料来源：根据高校智库的官方网站及相关报告整理。

　　高校智库组织的内部领导体制多实行委员会领导下的主任负责制。委员会由校内外知名专家学者担任成员，主要负责对机构的发展目标提供建议和咨询，对领导权力的运作和机构的运行进行监督和管理，使得高校智库的发展维持一个良好的方向和动态。高校智库组织的中心主任通常由具有较高社会声望和影响力的知名学者及政策研究者担任，并通常设立若干个执行及副主任辅助管理。主任和副主任是高校智库的核心领导层和管理层，他们对组织的发展和日常管理进行重大战略规划和思想引领，为高校智库开展研究活动提供资源和人力支持。依据组织隶属关系的差别，高校智库的主任需要向不同的领导层汇报工作。胡佛研究所的主任直接向斯坦福大学校长汇报，许多高校智库主任如贝尔福科学与国际事务研究中心主任需要向肯尼迪政府学院的院长汇报工作。

　　基于问题导向的科研任务的需求以及机构管理的需要，高校智库组织设立若干个负责管理、咨询和辅助性的服务性机构，为科学研究活动的顺利开展提供各种服务性工作。如胡佛研究所设立各种委员会负责咨询、管理、学术、国际和监督事务，图书馆、财务处、秘书处等若干办公室等负责具体的管理和辅助性服务工作，以确保政策研究工作的顺利开展。

三、资金来源结构

　　研究型大学为高校智库提供部分的发展性资金，高校智库其他的资金渠道也非常多元化，主要包括捐赠资金、政府拨款、项目资助以及各种机构收入等。多元的渠道和充足的经费确保研究顺利开展，在最大程度上使得研究观点不受资金提供者及项目委托人影响，自由地进行独立性、客观性和可信赖的研究。机构性质不同其资金渠道和比重也有差异，如表4-3所示。贝尔福科学与国际事务研究中心、国际安全与合作中心由福特基金会资助建立。胡佛研究所捐款和赠款占总收入 90％以上,斯坦福大学资助约占其总收入的 2％。地球研究所经费主要来自联邦政府及大学拨款。

表 4 - 3　高校智库的资金来源结构

智库名称	隶属大学	资金来源
贝尔福科学与国际事务中心 (Belfer)	哈佛大学	捐款、学费、项目资助；赠款及其他
胡佛研究所(Hoover)	斯坦福大学	赠款 45％；捐款 52％；出版物销售 1％；大学拨款 2％
国际事务及外交战略研究中心(IDEAS)	伦敦政治经济学院	————————
公共政策研究中心(PPG)	伦敦政治经济学院	咨询及研究、博客与社会媒体、为 LSE 服务的内部工作
地球研究所 (Earth Institute)	哥伦比亚大学	大多数是联邦政府科研拨款,大学拨款
国际安全与合作中心 (CISAC)	斯坦福大学	赠款、捐款、资助及合同、大学一般资助及临时资助、附加性收入
国际问题研究中心 (CERI)	巴黎政治大学	————————
发展研究中心(IDS)	苏塞克斯大学	资金多元,包含研究经费和来自咨询工作、教学、出版销售以及一些捐赠和遗产的费用。英国国际发展部(DFID)是最大的资助者。IDS 还从欧盟、各种联合国机构以及广泛的援助机构、信托基金和基金会获得资金
詹姆斯·贝克公共政策研究所(Baker Institute)	莱斯大学	捐赠收入、研究项目、大学拨款
莫卡斯特中心(Mercatus)	乔治梅森大学	由基金会(63％)、个人(36％)和来自全国各地的企业(1％)支持。中心没有得到乔治梅森大学或任何联邦、州或地方政府的财政支持

资料来源：根据高校智库的官方网站及相关报告整理。

四、科研组织模式

高校智库依托研究型大学的学科研究基础,进行专门的政策相关问题的应用对策性研究。一流高校智库的研究内容一般紧紧围绕特定时代国家发展的战略需求,重点关注国际、国内及聚焦世界某些特殊地区面临的重大现实和热点问题。具体的研究领域通常会涉及政治、经济、外交、科技、能源和环境等,选择某些具体的研究问题进行专业性、系统性以及有些进行长期性的追踪性研究,以期树立研究品牌,形成研究声誉和影响力,如表4-4所示。贝尔福科学与国际事务研究中心围绕国际安全领域面临的重大挑战、科学技术与国际事务的关系等重大研究课题,特别重视强调科技因素和科技政策,并综合研究相关的政治、外交、军事和经济问题。地球研究所主要聚焦于水资源、气候与社会、能源、城市化、全球卫生、贫穷、食品营养、生态健康与监管等研究领域,创造性地运用多学科的方法去解决地球面临的可持续发展和贫困问题。通过以上分析看出,这些研究领域通常具有较强的政治导向性和现实应用性,这与一个国家在特定历史时期的科技政策紧密相连,也充分反映出大学越来越融入和参与政治需求的研究。

表4-4　高校智库的科研组织模式

智库名称	研究领域	科研组织模式
贝尔福科学与国际事务中心(Belfer)	核问题、国际安全、科学技术和公共政策、环境和自然资源等	项目组为载体
胡佛研究所(Hoover)	经济、能源、外交、卫生、教育、国家安全、军事、知识产权、道德	任务导向的项目工作组为载体
国际事务及外交战略研究中心(IDEAS)	非洲、冷战、东亚、拉丁美洲和美国等相关的国际关系	研究项目组为载体,依据研究领域设有非洲研究、冷战研究、东亚研究、拉丁美洲研究和美国研究项目
公共政策研究中心(PPG)	公共政策评估和研究;公共部门创新和工作效率;分析新公共管理趋势	与伦敦政治经济学院内部其他机构及牛津互联网学院合作研究,项目团队合作研究为主要方式。当前的研究主题为人文社会科学影响的最大化等
地球研究所(Earth Institute)	水资源、气候与社会、能源、城市化、全球卫生、贫穷、食品生态营养、生态健康与监管	依据研究领域和研究主题,设立研究项目组和研究中心。以约30个研究机构和项目为载体,以Cross-Cutting Initiative为形式

（续　表）

智库名称	研究领域	科研组织模式
国际安全与合作中心（CISAC）	网络安全；治理、组织和安全；健康和环境；跨国流动；核安全与风险；恐怖主义、叛乱和国土安全	以研究项目及个人合作为基本形式，跨学科研究团队是核心
国际问题研究中心（CERI）	欧洲地区安全与风险分析、国际政治、资本主义和全球化，政治体制，身份和政治	研究组是基本单位，强调田野调查和比较方法
发展研究中心（IDS）	研究解决全球贫困和不公正的复杂问题，涉及：商业，市场和国家、城市、冲突和暴力、数字技术、性别和性取向、治理等多个议题	研究中心和小组是基本单位，强调合作和跨界研究解决问题
詹姆斯·贝克公共政策研究所（Baker Institute）	能源、中东、健康、墨西哥研究、创新和创业	与学术界、政府、媒体、商业、非政府组织和私人组织的专家进行广泛合作。通过研究项目和研究中心开展
莫卡斯特中心（Mercatus）	研究重点是如何解决市场经济及政策问题	研究项目组为载体，设有美国资本主义研究、技术政策、国家和地方政策、支出和预算计划等8个组

资料来源：根据高校智库的官方网站及相关报告整理。

为更好地开展科学研究，解决面临的现实政策问题，服务于政策制定者的需求，高校智库形成了以问题为导向的研究项目组集聚人才的研究模式。依托于研究型大学的人力资源优势，基于研究领域、研究基础和研究问题的需要，高校智库以任务导向的项目工作组为依托，召集校内多学科研究团队开展研究。研究项目组聚焦特定问题，依据项目研究的具体需求，遴选多个学科领域的校内外专家参与研究。国际合作与安全中心每个项目团队都涵盖人文社会科学、理工类和工程类专家。地球研究所采用横切（cross-cutting initiative）方式召集校内外不同部门学科专家。每个项目工作小组包括多样化的研究队伍，如国内外及校内外的知名教授、访问人员、学生及政府机构人员，不同层次及不同年龄段人员互动合作。建立利于提高成果质量和解决问题的跨学科团队，发挥研究型大学多学科研究人才集聚的优势，融合人文社会科学、自然科学和工程，召集大学多个层级、部门和年龄阶段人员包括相关领域的研究生组建研究团队，融合基础研究与应用型研究,以有效解决问题为最终目标。以胡佛研究所为例,工作小组是针对特定的研究目标,召集各个学科领域的专家组成,来自胡佛研究所的高级研究者负责领导和协调工作。胡佛研究所以项目工作小组为媒介,把来自多个领域的研究人员和外部聘用的知名研究人员充分召集起来,组建一支卓越的以问题为导向的科研团队。使用这种方式可以将专家组织起来共同研究一些综合性和现实性问题,为政策制定者提供决策服务。胡佛研究所的工作小组多为常设性研究项目小组,每 5 年对项目工作组进行研究效果评估,以评估效果为依据,决定以后是否会继续资助和支持项目小组的运行。

五、人员配置模式

高校智库建设的关键是要有一支高水平的人才队伍。与高校智库发展需求相匹配,需要召集多学科背景、思维先进、有独立观点并且乐于从事咨政建言工作的关注现实问题且具有务实精神的研究人才。因此,如表 4-5 所示,在人员配置模式上,高校智库依据研究需要,以任务需求为导向,解决现实政策问题为目标进行人员配置,鼓励不同背景、不同经历的人员广泛地参与,如引进大量的访问学者、博士后科研人员、兼职人员和来自其他领域如政府、媒体的人员,以建设思维活跃的高水平的专业研究队伍。

表 4-5 高校智库人员配置模式

智 库 名 称	人 员 配 置
贝尔福科学与国际事务中心(Belfer)	教师、研究者、实践者共 156 位;常驻人员 79 位
胡佛研究所(Hoover)	常驻研究员 145 位;杰出访问人员 21 位;媒体人员若干
国际事务及外交战略研究中心(IDEAS)	高级研究员 11 位;访问人员 13 位;另含博士后、博士生和助理若干
公共政策研究中心(PPG)	全职研究人员 8 位,包括高级研究员和编辑等
地球研究所(Earth Institute)	召集大学内外的 850 多位科学家、学生、博士后和员工开展研究
国际安全与合作中心(CISAC)	教师与研究者 39 位;访问研究者 76 位;管理人员及研究助理 13 位
国际问题研究中心(CERI)	全职研究者 62 位;兼职访问研究者 22 位;另有博士生、外交政策实践者若干

（续 表）

智 库 名 称	人 员 配 置
发展研究中心(IDS)	不详
詹姆斯·贝克公共政策研究所 (Baker Institute)	聘用知名研究人员 43 位、管理人员 26 位
莫卡斯特中心(Mercatus)	全职研究人员 52 位、兼职研究人员 31 位，管理人员若干

数据来源：从每个机构官方网站提供的数据统计整理。

以胡佛研究所为例，如图 4-1 所示，其人员配置模式具有鲜明的特色，人员配置分为各类常驻研究员、访问研究员和管理辅助人员三类。研究人员通常都是某些领域的高水平专家，是胡佛研究所的研究主力，这些学者基本上都在各个领域有很高的知名度，也得到广泛的社会认可。许多学者获得多个国际及国内重要奖项。在常驻人员的聘任及管理上，胡佛研究所可以自行任命高级学者、高级研究员和研究员。高级研究人员类似终身教职，可以一直在胡佛研究所工作。

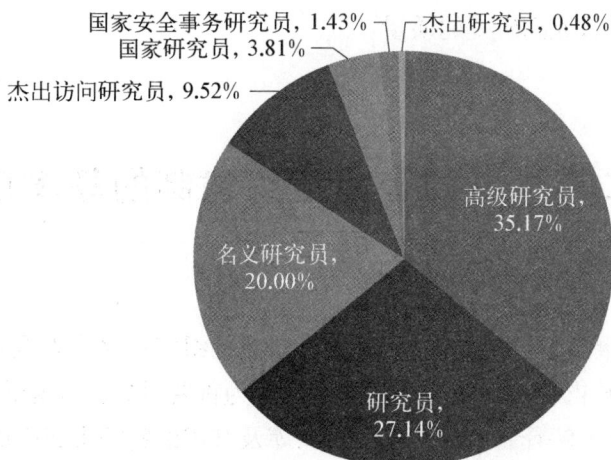

国家安全事务研究员，1.43% —— 杰出研究员，0.48%
国家研究员，3.81% ——
杰出访问研究员，9.52% ——
高级研究员，35.17%
名义研究员，20.00%
研究员，27.14%

图 4-1 胡佛研究所人员配置模式

数据来源：从官方网站提供的数据统计整理。

胡佛研究所根据研究项目和研究问题的需要，以及所拥有的资金和资源，去聘用高级研究者，与此同时，斯坦福大学的学术咨询委员会以及教务长都有权力对胡佛研究所的人员发表各自的意见。高级研究员既是斯坦福大学教授会的成员,也是学术委员会的高级学者。高级研究员完成合同聘期后,经过再次任命,可以进行续签合同。① 高级研究员和研究员是胡佛研究所自己聘用的学者,通常是胡佛研究所根据具体的研究项目需求而确定,由研究所的主任和大多数的高级学者开会讨论和商议后确定。也可以是胡佛研究所与其他院系联合聘用。高级研究员和研究员每次合同期满后必须经过正式的考核手续决定是否续签合同。杰出访问学者不属于正式教职工,他们大多数以提供讲座的形式出现,主要在斯坦福大学访问、参与讲座和合作研究。国家研究员访问学者需要拥有博士学位,在法律、经济、政治学、国际关系、社会学等重要的公共政策领域有丰富的实证研究及实践经验。国家安全事务研究员专门为美国军方和政府机构人员开展研究,候选研究人员由军方和各政府部门推荐,主要从事专门性的独立性的研究。②

依据解决具体问题的需求,胡佛研究所采用独特的人员配置模式,每类研究人员都有不同的灵活的人才选拔和管理方式,同时也非常注重最大程度上发挥不同类别研究人员的作用。在对不同类型人员的工作评价上,形式也极其灵活,由于招募的都是各个领域高水平的研究人员,因此胡佛研究所给予研究人员最大的独立性和自主性,鼓励研究人员做出创新性和高水平的研究成果,注重发挥同行评价的作用,提高研究的质量。

第二节　高校智库组织建制的基本模式
及其发展逻辑

对处于发展初级阶段的高校智库而言,建构组织秩序成为重点关注的问题,通过组织建制获得合法性实现功能价值也成为首要目标。制度逻辑作为分析工具,可以更有效地解释制度理论在高校智库及其组织特征形成中的作用,也可以表明高校智库的组织建制如结构设置等,都是为了增加组织存在的合法性而适应外部制度环境的产物。

---

① 陈英霞. 美国一流高校智库人员配置与管理模式研究[J]. 比较教育研究,2014(02): 66 - 71.
② Explore Fellows[EB/OL]. http://www.hoover.org/fellows, 2014 - 09 - 08.

一、高校智库组织建制的基市模式

通过以上分析可以发现，矩阵式组织结构成为当前一流高校智库组织建制的基本形态。作为一种重要的组织结构形态，矩阵式组织结构将学科系统与问题导向的项目系统进行有机结合，它适合于以解决现实政策问题为重要目标的智库的发展定位需求。矩阵式结构纵向依托一定的学科研究，遵循学科发展和研究的基本规律，横向以政策相关问题为导向，以解决现实问题产生政策影响为目标。这种组织结构设置及其开展研究的方式充分适应高校智库组织问题导向的研究方式，在研究型大学也具有充分的人事和资源条件储备。

作为 20 世纪 50 年代兴起的一种组织结构，矩阵式结构既纵向联系职能部门，又横向跨各个职能部门，既重视分工又重视合作。弹性较强，根据具体的工作的需要，集中人员、知识和技能，不受行政及体制的困扰。同时，矩阵式组织结构的优势在于当各种活动比较复杂又相互依存时，有助于各种活动之间的协调和对专业人员进行高效配置。[①] 研究型大学的科研活动许多并不是单单依托某一个学科可以单独解决的问题，需要多个学科或专业，多个知识领域的专家合作才能够解决。虽然许多机构会临时从其他院系和科研组织抽调相关的科研人员组建研究团队，成立暂时的项目小组来解决。但是，这种组织形成也会耗费大量的精力和成本。对于需要长期性合作或短时间内不能完成的项目来说，需要专门设立组织形式来保证组织和研究活动的实施。作为具有正式组织建制的实体化运行、区别于传统院系组织的组织机构，高校智库逐渐发展起来。

作为研究型大学的基层组织，高校智库以"基于项目负责人制的矩阵式科研组织管理"为基本形式开展研究，如图 4-2 所示。项目体现了工作的一种组织方式，它是面向预先制定的目标而做的有组织的工作，又是具有一定预算和时间进度的独特的有风险的事业。[②] 美国项目管理学会(PMI)给项目的定义是：项目是组织中有头有尾而非持续性的工作，是为达到一个特定目的而将人力资源和其他资源结合成一个短期的组织。[③] 区别于其他类型的按部门和专业的分工活动，项目管理活动更加注重全面综合管理，格外注重目标、效率和团队建设。为实现项目管理的目标，通常使用项目负责人制，即把时间有限和预算有限的事

---

① ［美］斯蒂芬·P·罗宾斯. 组织行为学[M]. 李原，译. 北京：中国人民大学出版社，2008：470.
② ［英］迈克·菲尔德. 项目管理[M]. 严勇，译. 大连：东北财经大学出版社，2000：3.
③ 美国项目管理协会. 项目管理知识体系指南[M]. 北京：电子工业出版社，2005：10-15.

业委托给项目负责人,项目负责人有权独立进行计划、资源分配、协调和控制。①作为一种项目管理制度,以强制性和约束性的方式确定了从事研发项目管理人员的权利和义务,统筹项目的组织、协调和项目实施方案的落实,对项目的策划、资金使用、项目实施和项目成果管理实行全过程负责。项目负责人制的管理模式适应了大科学时代科研项目的特征及其项目管理的要求,它强调科研项目的相对独立性,注重团队管理过程中的柔性原则。

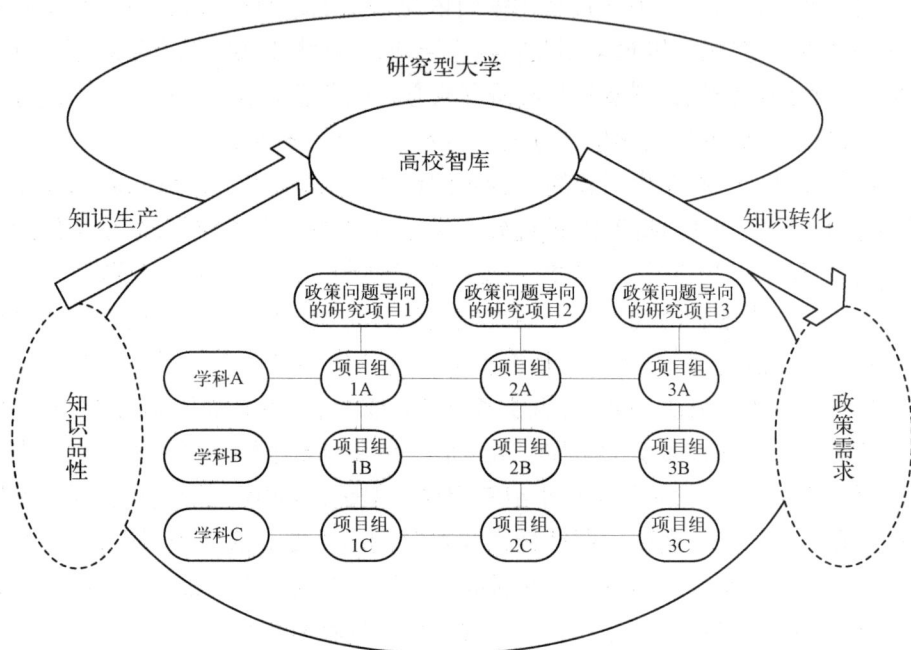

图4-2　高校智库组织基本模式

　　基于项目负责人制的矩阵式科研管理形式可以充分发挥项目和职能部门各自的优点。职能部门掌控资源,负责具体的管理事务。项目负责人依据具体的研究任务,组建科研团队。② 科研项目关系到组织的长期竞争优势,在智库的发展中具有战略意义。职能部门负责服务并配合项目的实施,对研究型大学范畴之内的学科和人力资源进行优化配置和协调,以更好地服务于智库的知识生产与转化活动,高校智库的组织运行形态使得研究型大学内部的人文社会科学知识生产与转化活动更加高效、系统化、规范化和专业化。

---

① 焦慧. 项目管理模式在科研课题管理中的应用探索[J]. 科研管理,2004,25(05):30.
② 曹兴. 基于项目负责人制的科研项目管理研究[J]. 科学学与科学技术管理,2006(10):17-22.

高校智库以解决现实问题为导向,而现实政策问题具有复杂性,仅凭一个学科难以有效地解决问题,因此,需要多个学科专家的参与和合作。高校智库组织作为沟通知识与政策的重要平台,具有一定的组织开放性,可以吸引和集聚多学科专家的共同参与。多学科交叉以实现协同创新作为一种重要的研究方式,适宜于在具有开放性的智库组织中开展,它可以辅助高校智库及其研究人员生产、传播和应用标准化和专业化的政策研究成果,并有效地解决现实政策问题。

二、高校智库组织建制的发展逻辑

虽然每个高校智库的研究领域、服务对象和组织隶属关系存在很大差异,但是在内部组织建制及其特征表现方面却呈现出一定的制度性同形和普遍性特征。高校智库处于发展的阶段,研究型大学内部具有智库职能的研究机构数量众多,必须用发展的眼光去看待高校智库这一现象。

依据组织分析的新制度主义观点,制度性同形"更有可能在那些寻求政治权力和制度合法性的组织,如学校或政府机构之间出现"。[1] 即高校智库组织建制的形成及其制度趋同,很大程度上可以由高校智库组织获得合法性来解释。斯科特在制度理论分析框架中提出制度包含强制性、规范性及文化认知性的要素。[2] 以此为基础,外部制度环境通过政府、高校、市场、社会和个体等行为主体,采用强制性、规范性和认知性的逻辑,使得高校智库形成相应的组织建制特征。在制度环境中,政府和市场处于强制性逻辑的核心地位,社会及同行处于规范性逻辑的核心地位,高校智库及行为个体则处于认知逻辑的核心地位。

(一)国家政策需求导向的强制性制度逻辑

强制性制度逻辑指制约、规制和调节社会组织结构或行为的逻辑,以享有正当权力的国家和优胜劣汰的市场为代表。[3] 它源于组织所依赖的外部系统对其施加的正式与非正式的压力,这种压力可能被组织感知为一种强制性的力量。在许多情况下,组织的强制性变迁是对国家政策导向和政府行为的有力回应。国家政策导向为高校智库的建设提供了一种政策性和项目性的引导。

全球大部分智库多是政府或政党需求和倡导的产物,研究型大学也结合自

---

① [美]沃尔特·W·鲍威尔. 组织分析的新制度主义[M]. 上海:上海人民出版社,2008:386.

② [美]斯科特. 制度与组织:思想观念与物质利益[M]. 北京:中国人民大学出版社,2010:59.

③ DiMaggio P J. "The Iron Cage Revisited: Institutional Isomorphism and Collective Rationality in Organizational Fields."[J]. American Sociological Review 1983,48(02):147-160.

身特色和优势,建立高校智库机构,而且高校智库机构的组织结构设计及其科研组织形式上也呈现出相似的状态。高校智库的迅速发展,主要源于政府、党派或其他群体对研究型大学高水平咨政建言的迫切需求,并通过相关的政府政策传递给研究型大学。在传导性的社会影响力之下,研究型大学纷纷建立智库咨政建议职能的研究机构,为政府决策提供建议咨询。

在二战结束之后,美苏竞争激烈,特别是60年代以来,贫困、民主、种族歧视以及城市环境恶化等社会问题十分严重,这给美国政府造成巨大的压力,政府迫切需要借助于科学技术和人文社会科学的支持以解决现实问题。一大批以服务联邦政府科技政策为目标的智库如兰德公司,以及各种以实用性政策为旨要的单一学科或者多学科的政策研究机构开始崛起,具有智库性质的研究机构也在大学迅速发展起来。如1947年,哈佛大学接受卡内基基金会捐赠,建立了哈佛大学第一个独立的研究机构——俄国研究中心,主要为联邦政府的对俄政策提供服务。其他大学国际问题研究机构如耶鲁大学的东南亚研究中心、乔治城大学的战略和国际问题研究中心等相继涌现。一些私立研究型大学了建立许多倡导私有化的智库,致力于产生自由市场政策定位的智库数量也开始增加,[①]如乔治梅森大学的莫卡特斯中心和公共选择研究中心。除新建立了大量的政策倡导型智库以外,大学也给一些已有的研究机构或者组织活动贴上智库的标签。比如伯克利加州大学商学院称内部的商业创新中心为智库,洛杉矶加州大学称内部的一些研讨会如黑人男性研究所年度会议为智库。

随着政府和党派团体对研究型大学咨政建言的需求越来越多,高校智库的组织建制形式在大学内部逐渐扩散起来,许多研究机构采用了相似的组织建制,通常以研究中心、研究所或研究院命名,并采取了相似的组织结构设计和科研组织形式。政府、党派或其他部门需要高校智库发挥作用提供高水平研究成果,同时也拨付研究资金以供高校智库加强组织建设和研究工作。智库类研究机构声称保持研究的客观性和专业性,帮助政府或决策者解决现实问题而出谋划策,以此获得发展资金和其他资源。[②]在国家政策的倡导以及研究型大学的智库实践的合力之下,具有智库定位的研究机构在研究型大学内部迅猛地发展起来,这构成了高校智库及其组织建制特征形成的重要原因。

---

① Chafuen A. The Rise of University-Based Free Market Think Tanks Will Greatly Enhance the Liberty Discussion[N]. Forbes, 2013(03).

② John J H. The Constructive Role of Think Tanks in the Twenty First Century[J]. Asia-Pacific Review, 2008,15(02): 2-5.

（二）规范性制度逻辑

规范性制度逻辑强调社会规则和基本规范对组织发展的影响，它超越了单个的行为主体的意愿和发展需求，特别注重以社会道德和第三部门的基本规范为代表和制度约束。规范性制度逻辑主要源于专业化进程及其对组织发展的影响，具体表现为从科学认知的层面上对高校智库组织建制的形式、内容及其合法化建设提供理论和实践上的支持。[①] 与此同时，在规范性制度逻辑的作用下，高校智库组织也在一定程度上实现专业化和独立性的发展。

在规范性制度逻辑的发展及其形成机制中，学术同行评价及其他社会机构的第三方评价如大学研究机构或其他社会组织机构进行的智库排名，可以在一定程度上对高校智库的规范化和专业化发展起到推动作用。为提高政策研究成果的质量，许多高校智库也采用类似学术同行评议的方式邀请学术同行及政府相关人员对其政策研究成果进行专业性的评价和论证。同行评价可以吸引不同学术背景的专家参与研究成果的讨论，针对某个具体的政策研究问题开展头脑风暴和相关研讨，从不同的研究视角来提出专业化的和可操作性的建议，从而在很大程度上提高研究成果的学术认可度和政策认可度。

智库排名作为一种可以迅速了解全球智库发展概况的媒介，也变得越来越流行。当前已有的代表性的智库排名主要是由大学研究机构(比如宾夕法尼亚智库与公民社会研究项目，同行评议)及第三方机构(比如零点咨询公司，定量评价)开发的。这两个排名都有明确和详细的评价指标。宾夕法尼亚大学智库排名的评价指标有资源指标(一流学者、财政来源、与政策制定者及媒体的关系等)、效用指标(在媒体及政策精英中的声誉、网站点击量、观点被引用量等)、产出指标(政策建议、出版物、学术会议、被任命为咨询顾问的人员)和影响力指标(建议被政策制定者考虑的数量、文章被引用数量、网络影响率等)。主要采取同行评议的方法进行数据资料搜集，关注智库组织建设及其影响力。

零点研究咨询集团下属的零点国际发展研究院和中国互联网新闻中心联合发布的《2014 中国智库影响力报告》，以客观的量化的方法评估中国智库机构在专业影响力、政府影响力、社会影响力和国际影响力方面的特征表现。该报告分析了智库的界定，设计了智库的评价体系。进行大量的数据搜集，以评价指标为基础，对中国活跃智库进行排名。研究以客观指标和主观指标相结合计算智库

---

① [美] 保罗·J·迪马吉奥. 关于铁笼的再思考：组织场域中的制度性同形与集体理性[M]. 上海：上海人民出版社，2008：72.

得分。国际影响力就是根据与国际机构合作频次和数量、研究人员在国际会议发言次数等数据综合计算得出。

智库排名逐渐发展起来,然而,当前却没有专门针对高校智库组织的科学的定量评价体系。虽然不能盲目相信智库排名的结果,但是对处于发展初级阶段的高校智库而言,可以较迅捷地发现自身在智库排名中所处的位置,并依据自身的发展条件和智库排名的指标设置,在某些指标上进行适当的改进,这在一定程度上也使得高校智库朝着规范化和科学化的方向发展。

高校智库组织的专业化有别于一般意义上的学科组织,其根本特质是为更好地实现咨政建言的目标职能而进行的一系列相关的组织制度设计,主要包括为产生高质量的研究成果而组织科学研究的方式,为更好地传播思想采用的信息传播渠道,以及为产生较高的政策影响力而雇佣专业化的人才团队等。虽然当前还没有针对高校智库组织的公认的评判标准,但是学术同行评价和其他机构的智库排名,却潜移默化地促进了高校智库组织的专业化。

(三)个体的认知性制度逻辑

认知性制度逻辑强调在某些具体的行为方式具有不确定性的情况下,为了规避风险,而主观认同已经存在的得到公认的组织行为方式,从而采取模仿性的行为。① 这也是高校智库组织建制特征形成的一种重要的制度逻辑,它对处于发展初级阶段,逐渐摸索高校智库建设的行为举措具有很大的解释力。

研究型大学中有政策企业家精神的研究人员越来越多,许多大学教师不再以学术研究为主要任务,而是更多地参与到政治和经济活动中,这影响了大学的学术生态环境,也使得智库在研究型大学迅猛发展。在高校智库发展的初级阶段,许多实践者会存在由于对智库概念的不清晰,以及对智库组织的不了解,而简单模仿已经存在的高校智库的行为。表现为在具体的高校智库的组织制度设计中,借鉴著名智库组织的有益经验,这成为处于发展初级阶段的高校智库的普遍性做法。这在一定程度上使得高校智库组织具有类似的组织建制特征,比如,许多具有智库职能的大学研究机构一哄而上,成立若干研究中心并组建研究团队以顺利开展问题导向的跨学科研究。在管理制度上,许多也借鉴知名智库的做法,成立国际顾问委员会,对组织机构的设置和运行提供相关的建议和咨询。

强制性制度逻辑或认知性制度逻辑主要发生在组织建设的初级阶段,对科

---

① [美]保罗·J·迪马吉奥. 关于铁笼的再思考:组织场域中的制度性同形与集体理性[M]. 上海:上海人民出版社,2008:72.

学的行业规范不是特别清楚的情况下，这可以使得组织迅速发展，并与高水平智库进行有效的对话，获得生存的空间和合法性。但是，在经过长时间的发展以及组织的运行呈现常态化之后，以专业化为核心的规范性制度逻辑也将决定高校智库组织的发展方向和发展水平。

第三节　案例分析：苏塞克斯大学发展研究中心

苏塞克斯大学是位于英格兰南部布赖顿市的世界知名大学，1961 年获得皇家特许成立，也是英国第一个新式大学。苏塞克斯大学以培养创新精神而闻名，吸引了全球顶尖的学者，全校有 2 100 多名员工，其中教研人员约 1 000 名。创造性思维、教学多样性、智力提升和学科交叉一直都是苏塞克斯大学最鲜明的特征，创设丰富多样的教学科研项目，为来自全球不同社会经济地位和文化背景的学生提供生活技能和知识储备。国际化是学校的办学特色，教师和学生来自100 多个国家和地区，整个校园外籍人员约占三分之一。[1] 在建校之初，首任副校长约翰·弗顿(John, F.)精准地描述了苏塞克斯大学的发展目标，将其使命定位为创造未来(Making the future)。2009—2015 年战略规划将创造未来作为规划文本的名称。现任副校长麦克·法斯(Michael, F.)认为，高等教育正进入一个推崇专业化和竞争力的新时代。坚信这个战略将使学校在追求学术卓越、社会影响和财政稳定方面占据领导地位。苏塞克斯大学的价值观是"创新性批判思维、跨学科科研与教学、质量为本"，2018 学校的愿景是提高质量、对全球学术和知识做出卓越贡献、努力维持学校学术地位。[2] 苏塞克斯大学在自然科学、社会科学、艺术和人文科学领域享有极高的国际声誉，其优势学科主要集中在人类学、传媒、国际关系、社会学、地理学、生物学、化学、心理学、法学等。苏塞克斯大学有悠久的产教融合的传统，建立的苏塞克斯创新中心(The Sussex Innovation Centre)，为科技创新公司发展提供支持，帮助企业组织培训提高员工技能水平，与其他机构合作来促进创新。苏塞克斯创新中心自成立以来，帮助

---

[1] Facts and figures[EB/OL]. http://www.sussex.ac.uk/about/facts/facts-figures, 2017-12-08.

[2] Making the Future 2013-18[EB/OL]. https://www.sussex.ac.uk/webteam/gateway/file.php? name=our-strategy-making-the-future-2013-18.pdf&site=271, 2017-12-08.

160 多家公司获得广泛的支持,累计税收超过 2.5 亿英镑,雇佣当地百余人。①
2014 年,政府委托的研究卓越框架(REF)的调查结果显示,从研究的创造性、有
意义和严谨性方面,苏塞克斯大学 75% 的研究活动被归类为"世界领先""国际
优秀"。② 在 2017QS 全球大学学科排名中,发展学(Development Studies)超越
牛津、剑桥等校位列全球第一。③

　　发展研究中心(IDS)成立于 1966 年,是隶属于苏塞克斯大学的一个独立研
究机构,同时也是一个全球领先的集发展研究、教学和对外交流于一体的机构。
虽然发展研究中心与苏塞克斯大学联系密切,但是在经济上独立运行。④ 苏塞
克斯大学发展研究中心因其研究实力强和课程质量好,在发展研究领域具有良
好的社会声誉,也是目前世界发展研究领域最知名的机构。在宾夕法尼亚大学
的智库排名中,连续多年蝉联智库排名前列。

一、强化战略引领优化治理结构

　　发展研究中心的战略愿景是通过发展研究,在当地和全球范围内建构平等
和可持续的社会,从而使得每个人都可以摆脱贫困和不公正,过上安全的、有意
义的生活。严谨的研究、知识和证据对于达成战略愿景至关重要,发展研究中心
通过合作研究以支持人类、社会和机构来应对未来的挑战,从研究与知识、教学
与学习、沟通和影响等相互关联的若干个领域,在本地和全球范围内相互学习,
减少不平等、促进可持续性,建立更包容和更安全的社会。为促进合作应对全球
性挑战,发展研究中心 2015—2020 战略⑤包含三个重要部分。一是消除不平
等、包括经济、社会和政治上的不平等,这些不平等将会影响未来全球在减少贫
困问题方面的进展,并确保全球经济增长带来的利益可以更加均衡地促进世界
福祉的提升。二是促进可持续发展,通过重组经济和社会结构,应对环境和气候
变化所面临的紧迫挑战,找到解决全球问题和优化资源需求的发展途径,在竞争
压力日益加剧和城市化的世界确保当地人们生活质量提升以及享受更加公平的

---

① Business and the community[EB/OL]. http://www.sussex.ac.uk/about/facts/facts-figures, 2017 - 12 - 08.
② Research Excellence Framework (REF) 2014[EB/OL]. http://www.sussex.ac.uk/about/facts/ rankings, 2017 - 12 - 08.
③ World rankings[EB/OL]. http://www.sussex.ac.uk/about/facts/rankings, 2017 - 12 - 08.
④ About us[EB/OL]. http://www.ids.ac.uk/about-us, 2017 - 12 - 08.
⑤ Engaged Excellence for Global: DevelopmentInstitute of Development Studies (IDS) Strategy 2015 - 2020. https://opendocs.ids.ac.uk/opendocs/bitstream/handle/123456789/7083/IDSStrategy_ 2015 - 20_Long.pdf? sequence=1, 2017 - 12 - 08.

环境。三是建立包容和安全的社会,使公民免受来自冲突的威胁,以及环境、经济、政治和社会冲击的威胁,并在所居住的社区的治理中有获得感。发展研究所将加强全球伙伴关系,以确保在应对这些挑战方面做出重大贡献。

作为一个独立的研究机构,发展研究中心实行董事会领导下的主任负责制,如图4-3所示。董事会作为最高权力机构,主要负责发展研究中心的整体战略、制定具体政策、监督机构绩效和促进协调发展。董事会由来自英国和海外机构的著名人士组成,他们大多具有国际发展、研究和政策方面的专业知识。包含两名工作人员和一名由发展研究中心校友提名的受托人,委员会广泛讨论董事

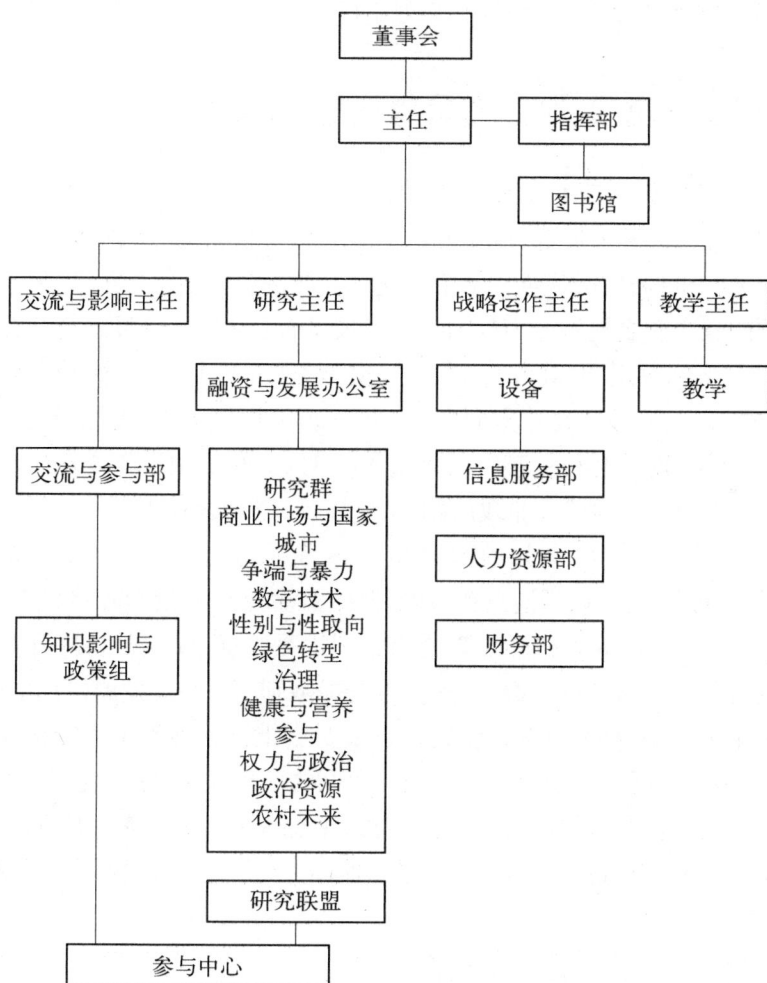

图4-3 发展研究中心治理结构

资料来源：根据官方网站相关内容绘制。

会会员资格,并根据学院工作专长和特点来任命具体的工作人员。发展研究中心董事会每年 3 月、7 月和 12 月召开三次董事会会议,董事会成员来源于多个行业领域,譬如董事会主席乔纳森教授来自布罗德斯通经济有限公司,另外有多个成员来自公共部门、审计部门、律师事务所、联合国非洲经济委员会、国际发展研究中心等机构的负责人。战略领导小组(SLG)是发展研究中心的决策执行机构,其主要职能是进行战略决策。战略领导小组下设多个委员会,这些委员会负责风险管理、战略研究、信息通信技术、资源和空间等领域的问题研究与解决。战略领导小组实行主任领导制,根据工作任务的不同配备研究主任、沟通和影响主任、金融和战略业务主管、教学和学习主任。

二、筹措多元资金,制定资金募集伦理制度

资金来源于多种渠道,主要包含科学研究经费、咨询收入、教学、出版销售及捐赠费用。英国国际发展部(DFID)是主要的资金提供方,另外也从欧盟、联合国及其他慈善机构、信托基金和基金会获得发展资金。据官方统计,发展研究中心最主要的五个资金提供方为英国国际发展部(占 36.7%)、经济与社会研究委员会(占 9.1%)、海沃国际(占 6.1%)、社交网络(占 5.1%)、国际粮食政策研究所(占 3.3%)。① 在收入结构方面,以 2015—2016 财年为例,委托研究及科研经费收入占 92%,教学收入占 7%,贸易收入占 1%。科研项目的委托研究机构种类多样,其中,政府占 34%,非政府组织占 15%,咨询公司占 10%,研究委员会占 10%,学术机构占 8%,其他政府机构占 6%,基金会占 4%,多边组织占 3%。② 为规范资金收入,规避财务风险,制定资金募集的伦理政策(Fundraising Ethics Policy)。③ 对募集和接收资金的原则进行了详细的规定,提升资金募集和使用的透明度和规范性,为社会有效监督提供制度保障。发展研究中心承诺,不接受完全匿名的资助,只有在资助伦理委员会批准的前提下才能接受第二方资助,充分披露委托人和研究所工作人员之间的任何联系,保留发布资助者信息的权利等。提升资金来源的可持续性,为实现战略目标提供资金保障,未来将继续提高资金水平和促进资金来源多样化、增加收入并且增加科研方面的投资、增

① Governance and funding[EB/OL]. http://www.ids.ac.uk/about-us/who-we-are/governance-and-funding, 2017-12-08.
② Annual Review 2016[R]. Institute of Development Studies, 2017-12-08.
③ IDS Fundraising Ethics Policy[EB/OL]. http://www.ids.ac.uk/files/dmfile/fundraising_ethics_policy_September2015.pdf, 2017-12-08.

加长期科研项目的比例、维护长期合作者、提升财务管理和支持系统的工作效率。

三、集聚多领域人才队伍，重视研究生培养与职业发展

将研究生培养作为重要的战略使命，目前设立发展研究、食品和发展、性别与发展、全球化商业和发展、治理发展和公共政策、参与权力和社会变革、贫困和发展等 7 个硕士课程项目，及国际发展研究博士课程项目。重视博士研究生的培养，50 多名博士生在亚洲、非洲、巴尔干半岛、拉丁美洲和中东地区探索各种发展相关的研究议题，每位研究生配 2 名研究导师，能够广泛接触到研究中心、知识项目、课程、培训、讲座和研讨会等各类学习和培训机会。[①] 发展研究所也为在国际发展领域工作的人员提供专业发展短期课程和培训，其培训的对象包括政策顾问、规划官员和经理、捐助者、人道主义工作者、通信和知识专业人员和政府官员等。组织世界一流的专家提供大量的培训课程，包括营养、社会保障、税收、政策参与和发展影响等多个研究领域。另外，为个人和组织提供一系列高质量的定制课程。

重视教学卓越，致力于通过课程教学对全球经济社会变革做出贡献，譬如提供的欧洲发展研究与培训（EADI）认证课程旨在将前沿研究与政策实践联系起来，促进全球转型、减少不平等、提升可持续性，并建立包容和安全的社会。注重增加学生的学习体验，如不同规模的课程（15—30 人或 40—60 人）、各种研讨会和学习讲座等，另外，学生有多种机会参加各种各样的午餐会和讲座，通过批判性阅读和写作、多元文化团队、参与式方法、研究交流和政策参与、研究技巧和演讲技巧的研讨会来发展和提升自己的专业技能。访问英国发展研究图书馆（BLDS）获取学习资料，这是欧洲最全的关于发展中国家经济和社会变革的研究档案。学生从苏塞克斯大学图书馆、体育设施、住宿、网络设施、学生会、社会活动、职业中心和学生支持服务等受益。提供全球化网络和学习社区，任课教师将知识和工作经验带到课堂中提高学生的课程体验和学习体验，并提供了专业学习和关系网络，通过相互学习、培养批判性思维、激发创新来帮助提高学生解决复杂的发展问题的能力。

培养的学生掌握了大量的发展研究方面的理论知识和实践技能，处在一个高平台和动态的学习环境中，有机会成为全球发展研究网络的重要参与者，许多

---

① Teaching and Learning[EB/OL]. http://www.ids.ac.uk/team/teaching, 2017-12-08.

毕业生已经在各国政府、联合国开发计划署、世界银行、世界各地大学等组织任高层官员、公务员和高级学者等,努力解决世界上一些最紧迫的全球性发展问题。

四、制定科研伦理政策,规避科研风险

制定科学研究的伦理政策,承诺在科学研究中维护最高伦理道德标准,其科研伦理政策的基本原则包含避免伤害、寻求知情和自愿同意、尊重保密和匿名性、研究成果公开可用、将风险降到最低等。[①] 实践活动中,创造一种科研伦理环境,研究人员以谨慎的方式开展研究,并在明确的伦理原则基础上主动进行负责任的伦理思考。尊重研究人员自主性的情况下,支持研究人员个体的负责任行为。将科研伦理落到实处,对所有研究人员进行培训,提高科研伦理认识,分享困境和问题,探索突发事件,对学术资源和使用程序详细讲解。为科研人员提供充足的研究资源,包含研究清单和格式、不同的学科专业机构指南、案例研究、项目截止时间等。与顾问委员会对重要问题进行讨论,以引起关注并提出可能的支持政策,制定了强制性程序,对发现的问题进行即时的预警。[②]

五、以学科交叉为载体,创新知识生产模式

与苏塞克斯大学的优势研究领域和交叉学科研究特色相一致,研究领域主要集中于解决促进可持续发展、问责、人道主义救援和发展、创新与价值链、环境、食品安全、性别、暴力、社会保障、税收、人权、贫困、气候变迁、减少不平等、生物科技、贸易等 42 个关键问题。依据研究问题的具体需要,将研究领域分为 13 个多学科研究和知识集群,分别为商业市场与政府、绿色转型、健康有营养、城市、暴力争端、参与、数字技术、政治权利、性别和性取向、农村发展、资源政治、治理。为便于更好地组织和开展研究,发展研究所以研究项目中心和联盟的形式开展研究,主要设置人道主义学习中心、权力增长和全球发展中心、社会保障中心、未来农业联盟、未来健康研究联盟、税收发展国际中心、加速减少饥饿和营养

① Research Ethics[EB/OL]. http://www.ids.ac.uk/about-us/who-we-are/governance-and-funding/research-ethics.
② Research Ethics Policy[EB/OL]. http://www.ids.ac.uk/files/dmfile/Research_Ethics_Policy.pdf, 2017-12-08.

不良、商业发展研究等 22 个研究项目中心和联盟。[①] 成立以来，注重以人为本，帮助塑造全球发展问题的思维和实践。采取多学科研究、学习和交流方式，致力于研究社会、政治和经济发展和变化的过程，以了解地方、国家和全球范围内的贫困和发展相关问题，研究全球贫困和不公正问题及其所面临的复杂挑战，注重与各国政府、国际非政府组织、地方公民社会、公民、国内研究人员、捐助者、企业和其他人合作，并通过高质量研究，应用于全球发展政策和发展实践，实现发展战略的变革。

六、构建全球合作网络，为增进全球福祉贡献智慧

与来自全球各地的大学与研究机构、行业协会、政府机构、慈善机构、非政府组织、咨询公司等不同行业领域的利益相关者合作，构建全球合作网络，促进学科交叉和跨国知识流动和国际对话。面对动态的国际环境及不断变化的服务对象，坚持"尊重""包容""资源""卓越"的工作理念，不断完善全球合作。[②] 尊重合作对象，对服务对象的文化及政治环境保持高度敏感和理解，承认服务对象的专业性和能力，尊重其信仰和价值观，不损害任何合作伙伴的声誉。包容多元声音和另类观点，跨越学科、文化和语言边界，促进意见发表和决策平等，建立共享理念，促进知识重构，通过合作发表改善合作关系。优化资源配置，以确保资源最大化地服务于战略目标，遵守政策程序确保资金使用完全透明，避免资金使用不规范，增加投入与合作伙伴建立持久关系，提高研究工作的质量和包容性，不断反思实践，拓展工作边界。追求研究卓越，做高质量的严谨研究，倾听合作者意见以改善研究和实践，建立支持制度和政策，以符合有关尊重、文化敏感性、知情同意及保护儿童及弱势成年人的道德标准为前提使用研究资料，根据现行的数据保护政策收集和使用个人资料，致力于将研究知识免费提供给那些能够推动社会、政治和经济发展的人。

参与全球发展卓越性研究，引领政策与实践变革、帮助政策制定者转变对问题的认识和行动、连接学者和政策制定者、建立全球知识网络，与国际合作者在解决全球最紧迫的发展问题如埃博拉病毒、饥饿、暴力争端等方面做出了重要贡

---

① Research and Knowledge Clusters[EB/OL]. http://www.ids.ac.uk/about-us/who-we-are/research-clusters, 2017-12-08.

② Working in partnership-Our values in practice[EB/OL]. http://www.ids.ac.uk/about-us/partnerships, 2017-12-09.

献。① 在应对危机方面,对突发的埃博拉病毒疫情(Ebola outbreak)迅速响应,发扬人道主义精神,充分运用已积累了几十年的知识储备和专家网络,帮助拯救成千上万的西非人民的生命。针对埃博拉疫情,撰写研究报告,建议国家政府、慈善机构和社区提前做好预案及更好地准备应对未来可能发生的流行病危机。② 对贫穷落后国家的长期发展做出重要贡献。通过与孟加拉乡村进步委员会(BRAC)长期的战略合作,帮助孟加拉乡村进步委员会制定开创性的发展规划项目"聚焦极端贫困项目",在 2015 年帮助 75 000 人摆脱极端贫穷状态。③ 由于在重大发展研究主题上,来自全球不同领域的研究者在信息的可获性上存在不平等及信息不对称。发展研究所作为知识发展领域的全球领袖,利用新兴技术,与世界各地的合作伙伴通力合作,支持开放、高效和创新的全球知识共享,成立全球开放知识中心(Global Open Knowledge Hub, GOKH),主动帮助提高知识的可获性,为政策制定者和实践者提供知识资源,促进基层组织及高层决策。④ 全球开放知识中心由英国国际发展部提供资助,为提高影响力,参与基于证据的政策制定和发展实践,推动社会平等,全球开放知识中心致力于将研究内容公开化,对此问题感兴趣的公众通过开放知识中心网络可以获取,为政策制定者和实践者提供有价值的知识信息。全球开放知识中心的知识共享产生了巨大的影响,提高了知识检索的效率,减少了知识检索的重复。公开的知识信息作为研究证据被用于政策及创新实践,提升了发展研究中心的社会知名度。⑤

---

① Impact[EB/OL]. http://www.ids.ac.uk/about-us/impact, 2017-12-09.

② A "real-time" and anthropological response to the Ebola crisis[EB/OL]. http://www.ids.ac.uk/essay/a-real-time-and-anthropological-response-to-the-ebola-crisis, 2017-12-09.

③ IDS and Bangladeshi organizations reaffirm partnerships to tackle global poverty[EB/OL]. http://www.ids.ac.uk/news/ids-and-bangladeshi-organisations-reaffirm-partnerships-to-tackle-global-poverty, 2017-12-09.

④ About GOKH[EB/OL]. http://www.ids.ac.uk/essay/using-open-knowledge-to-improve-development-outcomes#AboutGOKH, 2017-12-09.

⑤ Using Open Knowledge to improve development outcomes[EB/OL]. http://www.ids.ac.uk/essay/using-open-knowledge-to-improve-development-outcomes, 2017-12-09.

第五章 组织人员：高校智库的行为主体

第一节 高校智库组织人员的角色特征

高校智库人员具有大学教师的普遍性特征,也具有智库组织人员的独特性特征。他们不仅是精英人才的培养者,学术真理的发现者,还担负着知识分子的社会责任与使命,即通过社会批判促进社会文化的进步。

一、教育者

为社会各行各业培养专业人才是研究型大学的核心职能,也是大学教师最重要的学术职责和社会使命。高校智库与研究型大学有天然的组织隶属关系,许多具有智库定位的研究机构也具有人才培养的职能,这决定了高校智库人员一般会具有大学教师作为教育者的普遍性特征,即具备良好的知识功底和优异的教育教学能力,具备成为教育者应当具有的基本素质。教育者的个性特征包括"好学、乐教、执着、懂得同情、爱憎分明、从善如流、严于律己、虚心谦让和循循善诱"。教育者是人类灵魂的工程师。①基于教育者应该具备的专业素养和个性品质,教育者也通常被社会赋予重要的责任以及维护或塑造社会良知的厚望。他们像黑夜中执掌明灯的人,被默认为"暗"和"亮"之间的中介。② 高校智库组织人员作为培养专业人才的教育者,需要挖掘学生的个性特征,并通过专业的教学活动以传授知识,通过广博的通识教育去塑造学生合理的知识结构、能力结构

---

① 刘庆昌. 论教育者的个性[J]. 教育理论与实践,2000(11): 7-10.
② 吴松. 教育者与受教育者[J]. 高等教育研究,2000(02): 11-14.

和素质结构,使学生成为有创造性的个体。

　　作为高水平学科研究人才的储备库,高校智库依托基础理论研究与政策咨询实践相结合的方式培养适应时代需求的未来的公共政策研究者和接班人。以大学人才培养职能为基础,将人才培养与资政建言相结合,将资政建言实践融入学生培养的过程和实践,培养学生参与公共政策实践研究活动的责任意识,提升学生的公共政策咨询知识方法素养,促进高校智库公共政策分析实践可持续发展。高校智库将人才培养与资政建言相结合是有别于其他类型智库的重要特征。

　　高校智库主要通过三种形式培养人才:一是设立学位项目,二是招聘相关学科研究生参与研究,三是研究人员在其他学术部门培养学生。其中学位项目包括本科、硕士及博士阶段的专业教育和联合培养,学科知识与政策研究项目相结合,理论素养与实践能力相互促进。譬如,国际安全与合作中心有全美极高声誉的国际安全博士后和博士生项目,也有美国唯一的国际安全本科生荣誉项目,入学竞争极其激烈。国际问题研究中心招募许多相关领域的博士生参与研究。依托肯尼迪政府学院人才培养的优势,贝尔福中心许多教授在学院指导学生并将其培养成未来的公共政策分析专家。胡佛研究所支持斯坦福大学的人才培养活动,并有效融入大学具体的人才培养实践中去。虽然胡佛研究所没有直接的研究生培养项目,但其高级研究人员中80％以上在斯坦福大学的其他院系担任教师,给不同院系的学生讲授课程,指导研究生。同时,胡佛研究所的每一个研究项目都设有研究实习生的职位,特别是在辅助人员系列中特设实习生项目,招纳斯坦福大学的学生担任实习生,为项目研究提供最为基础的研究资料和数据。另外,胡佛研究所还通过开发一系列类似于公开课的讲解研究内容和成果的课件向校内和社会公开。通过这些途径,胡佛研究所成功地将研究项目的成果和大学的人才培养融在一起,从而为大学的人才培养做出了自己的贡献。[①]

　　除此之外,高校智库专家做政策问题研究且以资政建言为最终目标,把政策研究成果告知于政策决策者,这也在一定程度上也担当着"教育者"的角色。即高校智库专家将自己的研究成果以简明扼要的方式告知决策者,使得作为专业外行的决策者可以理解并接纳研究建议,从而将研究成果向外部辐射,并且应用到复杂的公共政策决策和政策制定过程中去。如果高校智库专家在已有的高质量的研究成果基础上,可以更好地担当教育者角色,发挥告知政策的职能,那么其研究成果的政策影响力可能会更大。

---

① 　陈英霞. 美国一流高校智库人员配置与管理模式研究[J]. 比较教育研究,2014(02): 66－71.

二、研究者

大学是知识探究的场所,这决定了大学教师必然具备研究者的特质。只有研究,才可以探求未知,实现创新。雅斯贝尔斯说:"最好的研究者才是最优良的教师。只有这样的研究者才能带领人们接触真正的求知过程,乃至于科学的精神。"①大学教师的研究不限于理论研究为主的基础性研究,也参与政策实践问题相关的政策研究及其他应用性问题的研究。高校智库依托研究型大学,发挥人才蓄水池和储备库的作用,可以吸引大学内部其他院系教授和社会各个领域的精英人才,从事高水平政策研究工作。

高校智库研究人员认可作为研究者的身份,并认为在研究型大学从事研究工作具有很大的职业吸引力。如曾经在美国知名智库工作,后来又在美国知名高校智库工作的 C 研究员说,"在大学里工作,具有较优越的工作环境和良好的研究氛围,这是独立智库没有的。大学给予我们一个非常优越的办公条件,几栋很漂亮的建筑,周围的环境非常优美,非常安静,很适合做研究。这所大学非常著名,或许许多人不知道我们智库的名称,但是当他们来到这所大学的时候,就会看到我们的办公楼,也会有兴趣了解我们的研究。我们这个机构有很悠久的历史,在世界上具有很大的影响和知名度,许多机构、政策制定者、研究者及媒体等都非常认可我们的研究。我们也很乐于将研究成果告知政策。"因此可以看出,对高校智库的研究人员而言,可能会中意于研究型大学提供的良好的科研氛围和研究平台,以更大程度满足自己的精神追求,充分发挥和提升自己的知识素养和专业研究能力,从而具有很大的职业吸引力。

高校智库及其研究人员聚焦政策研究和政策咨询,不仅使自己的研究问题同国家战略和社会需要相适应,也通过政策研究将学术知识转化为政策制定者可以直接应用的知识,从而有效地为决策者服务。其研究逐渐从个人兴趣导向变为以解决政策问题为导向,从事的研究不再是纯粹的学术研究,往往受到政策需求的影响,因此其科学研究的工具属性日益彰显。

在此背景之下,为了更好地完成研究尤其是政策相关问题的研究工作,高校智库研究人员不仅需要涉及学科性的专业知识,还应当了解其他多个学科的知识,尤其是政策科学相关的知识,以便于更好地了解政策制定者的需求,产生可以解决现实政策问题的研究成果。具体而言,高校智库专家要具有理解政府及

---

① ［德］卡尔·雅斯贝尔斯. 什么是教育［M］. 邹进,译. 上海:三联书店,1991:152.

项目资助者的需求和政策走向的知识,建立科学的智库专家队伍建设的知识,与政策制定者合作的知识等。这些多元性知识的需求对高校智库人员的研究能力和研究素质提出了越来越高的要求。

大学是具有人文传统的组织,这使得高校智库不仅以独立自主地从事科学研究为重要使命,也逐渐发展成为具有人文情怀和社会批判精神的学院知识分子成长的重要摇篮。受访者认为,参与智库工作,从事咨政建言的活动,是其作为知识分子所必须承担的重要社会责任。

P:"知识分子具有社会使命感,有一种期待,使用自身的知识与研究成果,去改变社会,改变这个时代。"

B1:"做政策研究也是学者的个人的使命和责任。我希望能够把自己的知识用于社会实践,增加个人对社会的贡献。这是每个学者都愿意去做的。学者有这样一种知识分子的理想,都会努力去研究。但是最后是否为政策所用,我并不介意。"

现实中,高校智库人员大多也具备成为学院知识分子的基础,他们接受过高等教育,能够运用自己的专业知识进行理性地思考,具有强烈的社会使命感和责任感,并且对社会现实具有强烈的人文关怀精神,希望通过自己的专业知识以改变社会现状。这与高校智库的独立研究和自由批判的精神理想一脉相承。因此,高校智库的人员在具备研究者的基本素质的基础上,也具备学院知识分子的自由、独立及批判精神等核心要素,这决定了高校智库人员具备学院知识分子的精神特质。高校智库人员接受过正规的专业性的学术训练,在大学中从事学术研究工作,大学学术自由的研究氛围使他们能够保持独立的人格、学术理想与行为方式。同时,高校智库人员关心他身处的社会及时代,并具有强烈的人文关怀精神、独立的人格和社会责任感,以学术研究为基础,勇于发现现实社会中存在的问题,并提出建议高校智库人员去改进。

三、知识转化者

知识转化是指通过一定的途径,将个人拥有的知识转变为能够被组织中其他成员广泛接纳和运用的知识,通常这种转化不依赖具体个人,而是依托于一种常态化的机制。知识转化活动分为转化对象——知识内容,转化手段——知识网络、会议和团队学习,转化主体——个人、团队和组织。[①] 在探讨组织知识转

---

① 戴俊. 知识转化的机理研究[J]. 科研管理,2004(06): 85 - 91.

化的影响因素时,还必须考虑个人、团队和组织层次知识转化差异带来的相应影响。

知识大爆炸的时代,在以客观性、普遍性和中立性为关键特征的现代知识视野下,教师扮演的往往是知识生产者的角色,其主要任务是努力发现知识、进行知识创造和思想创新。在后现代主义的视角下,教师可能更加关注知识生产向文化性、情境性和价值性的转化。① 即教师的知识不仅仅限于发现和探究,更加注重将发现的知识与现实情境及其现实适用性相结合。教师作为知识转化者,主要体现在将知识置于特定的文化传统和文化模式中,以现实性和应用性来质疑和考察知识,将经验、兴趣、价值观和文化信仰注入知识理解的过程中,使得知识的价值在需要中得以体现,②更加强调知识的现实应用价值。

高校智库通过创新性知识的生产、转化、传播和应用以影响政策决策和政策制定。知识转化是高校智库工作的一个关键要素,因此,高校智库专家应当具备通过多种途径进行知识转化和勇于担当知识转化者的能力。但是,在高校智库发展的现实条件下,尤其是长期以来身处高等学校学者型角色的制度惯习和自我身份认同,使得并不是每个学者都可以担当知识转化者的角色,也并非每个学者都具有知识转化的意识和意愿。

P:"知识转化问题是高校智库工作的核心。并不是任何专家学者都可以从事智库的工作。在做出高水平的研究的基础上,还需要进行知识的转化和升级,针对政策制定者的需求,才可以转化为政策文本。"

R:"研究型大学的根本是做学术研究,然后是服务国家社会需求,引导社会发展。这意味着,智库的主体部分可能会做学术研究,小部分做社会服务。即使是做决策咨询,也是以学术研究为基础。否则,提出的建议就与社会上的建议没有太大的区别。即做决策咨询的教授也是做学术研究的。有些教授会在论文的基础上往前走一步,进行成果的转化。不见得每个教授都有这种意愿。学术研究的研究结论可以写成决策建议的形式。有些会愿意往前走一步进行转化。更多的可能没有这种认识和意愿。不做决策咨询不妨碍研究的推进。这样,可以考虑建设咨政中心,进行信息采集、沟通、报送和编辑。帮助教授对其研究成果进行转化。决策咨询是服务性质的成果转化的工作。"

因此,可以判断,当前高校中的知识转化工作面临着一些困境,许多教师参与知识转化的主动性和热情缺乏,因此需要大学管理层发挥引导作用,比如,可

---

① 石中英. 知识转型与教育改革[M]. 北京:教育科学出版社,2002:143-160.
② 余闻婧. 教师作为知识的转化者[J]. 教育发展研究,2010(24):13-15.

以从学校层面建立专门的功能服务平台,以帮助教师进行政策相关性的知识转化,从而提高高校智库人员研究成果的政策应用性和影响力。

高校智库的专家频繁地参加知识转化和推广工作,有学者将其称为"政策企业家(Policy Entrepreneur)"。企业家精神概念源于经济学和商业组织的研究,政策科学研究者将其引入公共政策的研究,强调个体政策参与者如何影响公共政策过程。政策科学研究者用政策企业家来描述智库人员的普遍特征,将其定义为愿意投入时间、精力、金钱和声誉向其他人传播和倡导政策理念并试图影响政策决策的人。[①②] 也有研究者提出,所谓政策企业家,是指"那些通过组织、运用集体力量改变现有公共资源分配方式的人"。[③] 研究者通常使用它来指代政府、利益集团和研究机构中积极参与政策过程的善于创新的人员。他们可能是某个政治人物,也可能是特定政策利益集团或某研究机构的专业人员,也可能是一个普通的社会公民。[④] 政策企业家的基本特征是他们具有强力的社会责任感,基于对现实社会问题的敏感性和深切关注,愿意主动承担风险,积极宣传政策议题以影响政策。熟悉和了解政治常识和政策过程,具有预测政策问题的前瞻性,即"认清在当前的历史背景下的政治运行逻辑,并很好地利用它",[⑤]善于运用丰富的专业知识和政策策略,以有效影响公共政策决策。具有很好的管理和领导潜能,富有批判精神,坚持不懈推广政策方案以影响政策。按照政策企业家是否在政府中有正式职位、是否扮演领导者角色、是否由选举产生这三个条件为标准,政策企业家群体可以细分为政策企业家(三者皆不具备)、官僚政策企业家(不具备后两个条件)、行政首脑型政策企业家(具备前两个条件)、政治型政策企业家(三项条件都具备)。[⑥] 不同类型的政策企业家对政策变化的影响及其作用是不相同的。而在政治社会环境相对稳定且组织成立初期,更容易产生个体型政策企业家,通过个人能力推动政策创新。在社会公众压力较大,发展成熟的组织更易出现集体型政策企业家,在既有的组织基础上进行渐进的创新,提升组

① Eugene L. Public Entrepreneurship: Toward a Theory of Bureaucratic Political Power [M]. Bloomington: Indiana University Press, 1980: 9.
② Deserai A C. Local Media and Experts: Sources of Environmental Policy Initiation? [J]. The Policy Studies Journal, 2010,38(01): 143 – 164.
③ Eugene L. Public Entrepreneurship: Toward a Theory of Bureaucratic Political Power [M]. Bloomington: Indiana University Press, 1980: 9.
④ Rorie L S, Michael J L, Leonard J R. Taking on Tobacco: Policy Entrepreneurship and the Tobacco Litigation[J]. Political Research Quarterly, 2001(03),605 – 622.
⑤ James W. Doig and Erwin C. Hargrove. Leadership and innovation: Entrepreneurs in government, Baltimore, MD: Johns Hopkins University Press, 1990: 11.
⑥ Nancy C. Public Entrepreneurship and Innovation[J]. Policy Studies Review, 1992(01): 55 – 74.

织效率。[①]

　　当前具有政策企业家精神的大学教师越来越多,参与智库的工作也成为学术职业的一个重要的替代品,大学教师逐渐意识到智库对职业发展和国家社会环境变迁的重大价值,他们频繁参与政策实践是智库出现的逻辑主线和最终目标,也是智库在研究型大学迅猛发展的重要原因。[②] 为了更好地进行政策知识转化,具有政策企业家特质的高校智库人员需要具备一些基本的知识能力。首先应具备知识胜任力,高等教育背景及研究方法训练,能够敏锐思考和深度分析问题。其次是熟悉政策进程及规则,具备政治常识,有前瞻性地预测政策走向。第三是擅长向决策者、立法者、资金捐赠者及社会公众等推销思想。第四是有效地传播知识,用通俗语言撰写文章和表达复杂问题使非专业人士能够广泛接受。这类似托马斯提出的智库专家应当兼备学者、政策助手、政策企业家和媒体专家的角色特征。[③] 政策企业家作为智库人员的符号标识,体现了智库组织对人员结构的特殊需求。有政策企业家精神的精英人士参与政策制定成为趋势,[④]他们的专业能力、社会责任感、社会服务意识和社会公信力都将大大提升高校智库的知识转化能力。

四、学术与政策的"两栖人"

　　智库像连接知识和政策共同体的边界扳手,[⑤]如兰德公司跨越政府和社会的边界,企业研究所跨越政府和市场的边界,高校政策研究机构跨越学术与政府的边界,这是智库存在的独特性。高校智库跨越学术与政府的边界,这使得高校智库的研究人员具有了学术与政策的两栖人的身份特征。两栖人指同时具有体制内和体制外双重阶层属性,其活动范围兼跨体制内、体制外两个领域(或者劳动、人事、档案关系在体制内,但活动已集中于体制外;或者本身在体制外工作,

① Luc B. The Changing Nature of Public Entrepreneurship[J]. Public Administration Review, 2007(01): 488-503.

② Kochetkov G B, Supyan V B. Think Tanks in the USA: Science as an Instrument of Public Policy[J]. Studies on Russian Economic Development, 2010,21(05): 493-501.

③ Medvetz T. Public Policy is Like Having a Vaudeville Act: Languages of Duty and Difference among Think Tank-Affiliated Policy Experts[J]. Qualitative Sociology, 2010(33): 549-562.

④ Andrew M. "Fragmented Authoritarianism": Political Pluralization in the Chinese Policy Process[J]. The China Quarterly, 2009(200): 995-1012.

⑤ Medvetz T. Think Tanks in America[M]. Chicago & London: The University of Chicago Press, 2012: 128.

但却在体制内挂职)的那部分人。① 比如,许多学者在政府机构担任顾问,许多具有政府工作背景的人员在高校担任客座教授等。

作为大学教师,为何会跨界去参与政策咨询工作? 受访教师对此问题的回答也有很大差异。

S:"为了生存。"

L:"领导给的任务。"

K:"工作岗位变动,岗位及大学领导的要求。"

B1:"学者不仅要做研究,还有一个使命是用自己的知识去改变社会。参与政策咨询,如果自己的研究可以发挥作用,那么就可以改变这个社会。这是学者的社会责任和使命。"

A:"大学的功能和潜力是无限的。我们不仅工作,并尝试影响政策进程。我们也尝试理解政策过程,使用我们的知识去改变工作。帮助分析政策优势,形成政策产品,然后实现它的有用性。我们发现政策影响力的潜能是巨大的。大学内外有大量的专家,政策共同体有巨大的需求。但是现在却没有大量的机构可以消除知识与政策的鸿沟。我们尝试去规划这样一条发展路线。这可以理解为是价值推进战略,以辅助连接供给和需求。这也是一个市场机会。我们帮助解决问题,并转化为沟通供给和需求所需要的语言。"

可以看出,大学教师参与政策咨询的主要原因可以分为两个。一是主动性的参与,即基于自己的知识基础和研究能力,尝试去将研究成果应用到公共政策决策和现实政策制定中,以期改变社会,解决社会面临的现实问题,并实现学术研究的社会效用或者经济价值。为社会多做贡献,这也在一定程度上体现了学者的社会责任和使命。二是被动性的参与,即由于工作的变动、外部力量强加或者是基于获取生存资源的需要,不得不为之。

高校智库跨越学术与政策两个领域,不仅需要遵守知识权威的学科规训,还需要满足决策者的需求,因此需要在学术和政策两个领域寻求平衡。但是,现实中的信息不对称和政府透明度不够,使得政策和知识存在巨大的鸿沟。政策问题大多需要及时快速做出反应并综合考虑政治正确性,学术研究需要考虑知识真理性和客观性价值。因此,使研究建立在客观性研究的基础之上,最大程度上辅助政府决策,成为高校智库人员面临的重要的问题。另外,如何有效地平衡知识研究和政策应用性,在一定程度上使其知识和权力实现最大程度上的平衡,这也成为高校智库专家需要仔细权衡和探讨的重要问题。

---

① 朱光磊. 论转型期中国的"两栖人"现象[J]. 经济社会体制比较,2006(05):66-74.

那么，对高校智库专家而言，如何在知识与政策两个领域实现有效的平衡？

A："我试图把研究以一种尽可能简单和容易理解的方式带到政策讨论中，专注于研究的使命，期望通过政策简报等各种易于阅读和理解的方式，帮助政策研究者减轻工作负担。我们也会邀请政策人员参与我们的政策传播活动，与政策制定者合作，沟通工作，并表达我们自己的理解。我们尽可能尝试各种方法，使得我们的研究成果更容易被接纳，从而对政策制定者的工作产生一定的影响。我们忠实于研究的客观性和真实性。决策者的问题是现实的、多样的和易变化的，如果我们的研究不能被使用，我们也会尝试去理解不被接纳的原因。我们会提供真理客观的知识。"

W："我现在的大多数课题都是偏重基础理论研究，如教育立法研究。从工作的视角，最好的状态是研究与工作有效结合。自己感兴趣的问题可能没有精力去做。频道切不过去。所以更加关注研究问题为工作所用。工作和学术积累到一定程度，有了一些想法，组织学生和青年教师来思考。做好管理和咨询，不得不舍弃学术上的时间。我非常佩服能够兼顾学术与咨询的教师。"

可以发现，由于学术研究与政策咨询两者之间存在的巨大的差异性，在两种活动之间自由转换，使学术研究与政策咨询相互辅助和相互促进，对普通的高校教师而言，可能也是很大的挑战。但是在具体的政策研究中，提高研究质量和研究结果的可信度，试图去理解政策的需求，以政策制定者容易理解和接纳的方式去呈现研究成果，可以在一定程度上平衡学术研究与政策咨询。

教育者关注人才培养，研究者关注知识探究且具有人文关怀精神，知识转化者注重知识的社会应用性及向决策者和政策制定者推销知识，两栖人具有开放性和较强的公共政策活动能力。不难看出，每一种社会角色都具有其自身的局限性和特色，这也决定了高校智库组织人员的生存形态，理想的高校智库应该兼顾不同类型社会角色的优势特征，较好地平衡来自不同维度及其社会角色的对立关系。然而现实情况是，极少有人能够同时具备以上所有社会角色的特征，因此招募不同类型人员丰富人才结构成为高校智库的普遍做法。

第二节　高校智库人才结构特征

高水平专家是智库产生创新性和高质量研究成果的关键，是发挥人才集聚效应形成咨政建言长效机制的重要保证，也是促进智库发挥政策影响力提升服务水平的根本性支撑。本研究以一流高校智库的组织人员为研究对象,对获取的 547 份简历进行内容分析探讨高校智库人才的结构性特征。

一、教育背景

在教育背景层面,高校智库的研究人员绝大多数都获得博士学位,其中法国巴黎政治大学国际问题研究中心所有研究人员都具有博士学位,而贝尔福科学与国际事务中心、胡佛研究所和地球研究所中博士学位研究人员都在 80% 以上,莫卡斯特中心博士学位人员比例 73.5%,贝克研究中心博士学位人员比例78.6%。伦敦政治经济学院公共政策研究中心博士学位比例最低,仅为44.4%。

本研究选取的一流高校智库中,如图 5-1 所示,研究人员获得博士学位来

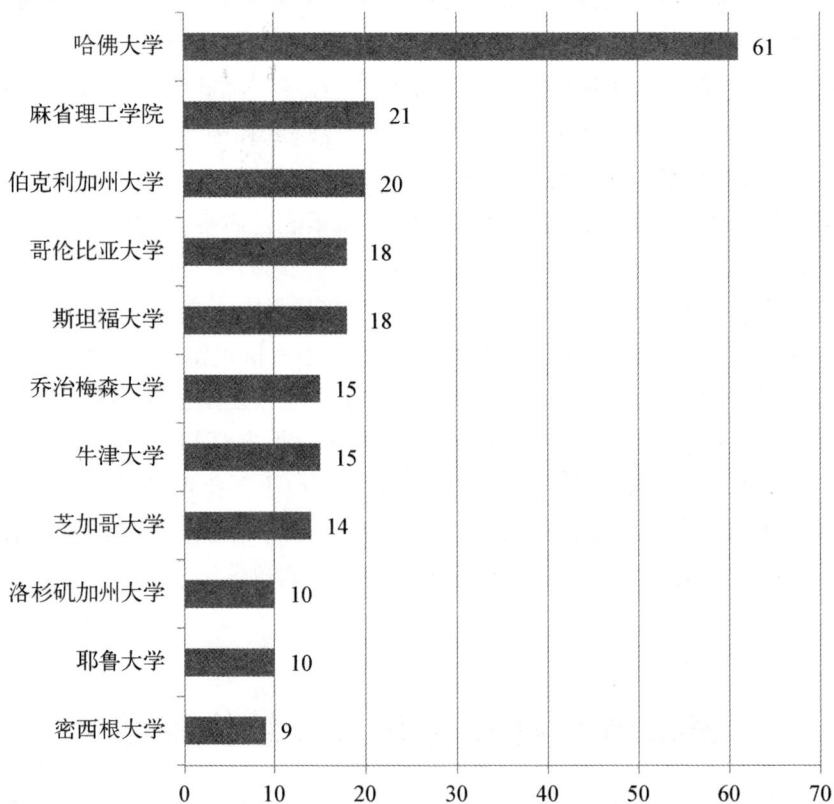

图 5-1　高校智库人员博士教育背景最多的高校

数据来源:通过高校智库的官方网站及其他搜索引擎获取 547 份高校智库人员的简历数据整理绘制。

自哈佛大学的数量最多，除此之外，大多数的博士学位来自麻省理工学院、伯克利加州大学、哥伦比亚大学、斯坦福大学、乔治梅森大学、芝加哥大学、洛杉矶加州大学、耶鲁大学、密歇根大学。研究人员来自多个学科领域，研究关注国家战略性发展且具有政策指向性的问题。高水平专家是产生专业性和创新性高质量研究成果的关键。因此高校智库聘用研究人员首先看其是否具有较高的研究水平。博士生教育不仅提供大量的学科基础知识储备，也通过扎实的研究方法训练以提高研究人员的专业素养，不难理解雇佣具有博士学位的人员是高校智库实现专业化的重要保障。对于主要负责人而言，在高水平研究能力的基础之上，更加注重其强有力的领导资质及通过各种社会网络获取资源的能力。

二、任职经历

本研究的任职经历界定为来此机构工作之前的全职经历（不含兼职、访问及客座咨询等经历）。为详细了解基本情况，以高校智库研究人员来此机构之前的任职经历（初职人员来此机构之前的经历定为大学）为列，建立矩阵网。任职经历的类别主要包括大学、政府部门、商业组织、媒体和其他非营利性社会组织（在该部门具有任职经历的为1，没有该部门任职经历的为0）。由于研究个体数量较多，为便于清晰描述不同高校智库研究人员的总体概况，以高校智库为单位对不同行求和，并计算占机构总人数的百分比。

在任职经历层面，高校智库人员的任职经历都非常多元化，几乎每所机构都涵盖了在这五类机构任职的人员，如图5-2所示。总体来看，每个机构中有大学任职经历的人员比例最高，地球研究所、国际事务及外交战略研究中心、国际安全与合作研究中心等所有研究人员都具有在大学从事研究和教学的经历。政府部门也为高校智库输送大量人员，贝尔福研究中心和胡佛研究所具有政府任职经历的人员高达40%以上。其他各类非营利性社会组织和媒体也成为高校智库人员重要的任职经历，国际安全与合作研究中心具有其他社会组织任职经历的人员高达57.1%，公共政策研究中心具有媒体经历的人员比例也高达44.4%。

不同高校智库的人员任职经历网络有巨大的差异，不能一概而论，存在明显的特色化发展和分层现象。一流高校智库都具有自身独特的使命及其发展的制度性保障，因此对高校智库的理解不能概化，必须结合组织目标进行分析。就上述9个案例高校智库而言，其人员任职经历网络的差异主要表现为高校智库人员在不同部门任职的结构及比率相差甚远，比如巴黎政治大学国际问题研究中

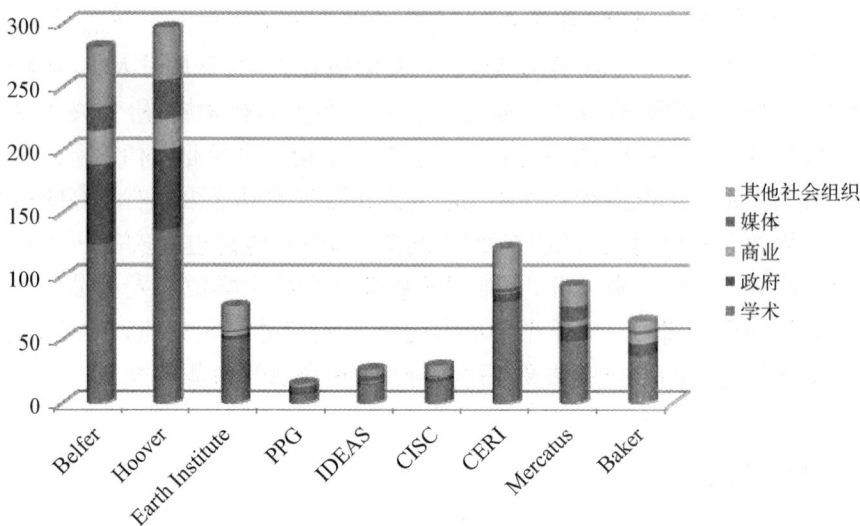

图 5-2 高校智库人员任职经历

数据来源：通过高校智库的官方网站及其他搜索引擎获取 547 份高校智库人员的简历数据整理绘制。

注：Belfer 指哈佛大学贝尔福科学与国际事务研究中心，Hoover 指斯坦福大学胡佛研究所，Earth Institute 指哥伦比亚大学地球研究所，PPG 指伦敦政治经济学院公共政策研究中心，IDEAS 指伦敦政治经济学院国际事务及外交战略研究中心，CISC 指斯坦福大学国际安全与合作中心，CERI 指巴黎政治大学国际问题研究中心，Mercatus 指乔治梅森大学莫卡斯特中心，Baker 指乔治城大学詹姆斯·贝克公共政策研究所。

心偏重学术，其人员多任职于高校，伦敦政治经济学院公共政策研究中心偏重博客传播知识，因此其具有媒体任职经历的人员比重较高。胡佛研究所和贝尔福科学与国际事务研究中心属于高校智库中的佼佼者，人员背景比较多元化，具有政府、商业和媒体背景的人员数量及比例都较高。因此，我国研究型大学加强智库建设应当结合自身的发展定位和特色优势，有选择地遴选能够真正对提高智库影响力发挥作用的研究人员，而非盲目地推崇高水平智库的普遍性做法。

从个人角度来看，不同人员任职机构的数量存在巨大差异，如图 5-3 所示。其中贝尔福中心和胡佛研究所人员的任职经历最为多元化，有些研究人员同时兼备这五类机构的任职经历，但是此类人员的比例较低，胡佛研究所为 1.43%，贝尔福中心为 0.69%。另外，任职经历在任意四类机构的人员数量也较少，集中在贝尔福中心和胡佛研究所。具有任意两类机构的任职经历在这几个高校智库中都是非常普遍的现象，统计发现，具有在大学及其他社会组织任职的人员比例高达 45.40%，具有在大学和政府任职经历的比例为 27.58%，大学与媒体任职经历的为 13.14%。只有一类机构任职经历的人员数量处于相对少数。

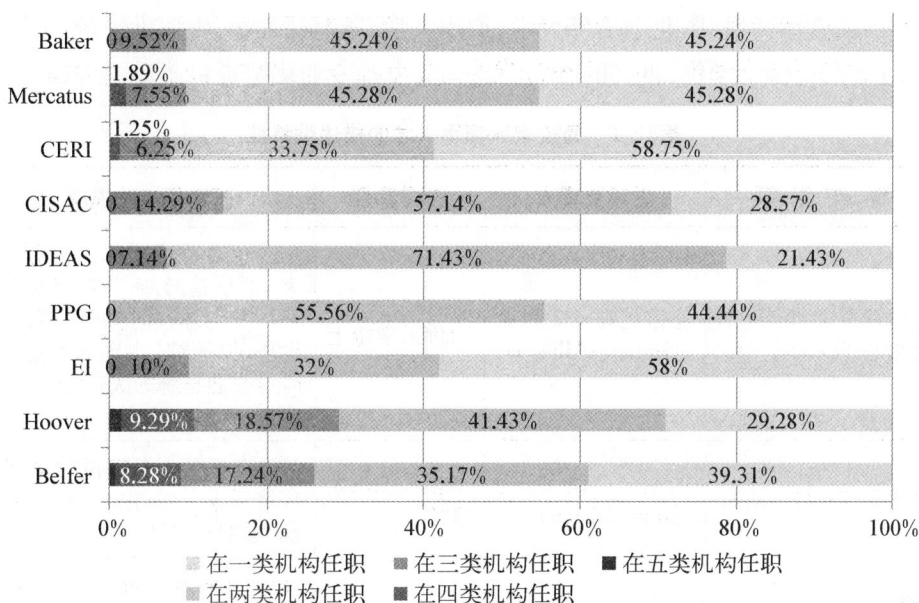

图 5-3　高校智库人员任职机构数量分布

数据来源：通过高校智库的官方网站及其他搜索引擎获取 547 份高校智库人员的简历数据整理绘制。

注：Belfer 指哈佛大学贝尔福科学与国际事务研究中心，Hoover 指斯坦福大学胡佛研究所，Earth Institute 指哥伦比亚大学地球研究所，PPG 指伦敦政治经济学院公共政策研究中心，IDEAS 指伦敦政治经济学院国际事务及外交战略研究中心，CISC 指斯坦福大学国际安全与合作中心，CERI 指巴黎政治大学国际问题研究中心，Mercatus 指乔治梅森大学莫卡斯特中心，Baker 指乔治城大学詹姆斯·贝克公共政策研究所。

　　高校智库人员任职经历非常多元化，从大学、政府部门、商业组织、媒体和其他非营利性社会组织(非政府组织、智库和其他国际组织等)募集研究人员成为高校智库的普遍性做法。对高校智库而言，人员流动及"旋转门"机制不仅发生在学术与政府部门，其他非营利性社会组织、商业组织和媒体也为高校智库输送了大量人员，虽然这个比率可能低于大学任职人员的数量，却也成为高校智库人员队伍特征的普遍规律。

三、领军人才

　　知名高校智库的领军人物都具备超前的战略眼光、敏锐的洞察力、创新的理念和挑战卓越的勇气，能够紧密结合国家战略需求，顺应世界发展趋势，制定本机构发展的宏观愿景和战略规划。这些与他们接受过良好的高等教育和具有丰富的研究及工作经历息息相关。如表 5-1 所示，作为领军人物的智库负责人都具有名校教育背景,毕业于哈佛大学、加州大学、斯坦福大学、牛津大学等一流大学,且均获得博士学位,良好的教育背景为其发挥专业优势提供了动力源泉。

表 5-1 高校智库领军人才的描述性特征

智 库 名 称	主要负责人	教育背景	研究领域及成就
贝尔福科学与国际事务中心 (Belfer)	格雷厄姆·艾利森 (Graham Allison)	哈佛大学博士	国防政策及核恐怖杰出分析家,肯尼迪政府学院建院院长。在克林顿时期任国防部助理,以研究"古巴导弹危机时肯尼迪总统的决策"而闻名于世
胡佛研究所 (Hoover)	约翰·雷西亚 (John Raisian)	洛杉矶加州大学博士	劳动市场及人力资源,杰出的经济学家。曾在美国劳工部及兰德公司任职
国际事务及外交战略研究中心 (IDEAS)	杰佛瑞·萨克斯 (Jeffrey D. Sachs)	哈佛大学博士	杰出的全球发展问题专家,"休克疗法"之父,被《时代》和《纽约时报》评为"世界百名最有影响的人物"和"世界上最重要的经济学家",任联合国秘书长特别顾问及可持续发展解决方案主任。世界顶级的可持续发展专家,帮助欠发达国家摆脱贫困,其典型代表为千年村项目
公共政策研究中心 (PPG)	帕特里克·邓利维 (Patrick Dunleavy)	牛津大学博士	著名的政治科学家
地球研究所 (Earth Institute)	阿恩·维斯塔 (Arne Westad)	北卡罗来纳大学博士	杰出的冷战史、外交政策、国际关系专家
国际安全与合作中心 (CISAC)	艾米·紫盖特 (Amy Zegart)	斯坦福大学博士	情报机构、国家安全。美国最有影响力的情报改革专家
国际问题研究中心 (CERI)	奥兰·迪克霍夫 (Alain Dieckhoff)	巴黎第十大学博士	知名的当代民族主义转型、政治学家
发展研究中心 (IDS)	莫丽萨·利驰 (Melissa Leach)	伦敦大学博士	她是一位地理学家和社会人类学家,在非洲的跨学科的政策研究,在环境、农业、卫生、技术和性别方面的研究,在知识、权力和政治学和政策过程中有着特殊的影响力

（续　表）

智　库　名　称	主要负责人	教育背景	研究领域及成就
詹姆斯·贝克公共政策研究所（Baker Institute）	爱德华·德瑞建（Edward P. Djerejian）	乔治城大学博士	在被任命为美国驻以色列大使之前，他曾为乔治布什总统和克林顿总统担任助理国务卿，他是里根总统的特别助理，负责外交事务的副新闻秘书
莫卡斯特中心（Mercatus）	泰勒·科文（Tyler Cowen）	哈佛大学博士	发展经济学、社会变革和公共政策研究专家。被公认为乔治梅森大学的年度杰出经济校友（2011）

资料来源：根据高校智库负责人个人简历，及相关新闻报纸整理。

　　领军人才具有追求卓越及关怀社会现实的精神，引领着团队选择具有现实关注度和政策应用性的研究领域，并最终带领团队取得研究成功，推动高校智库提升影响力。知名高校智库的负责人多是某一研究领域的世界知名专家，譬如贝尔福中心主任埃里森教授在克林顿时期任国防部助理，以研究"古巴导弹危机时肯尼迪总统的决策"而闻名于世。地球研究所主任杰弗瑞教授被《时代》和《纽约时报》评为"世界百名最有影响的人物"和"世界上最重要的经济学家"。高校智库领军人才的研究领域多集中在对国家发展重要战略性和政策指向性的问题，聚焦一些国际和国内社会焦点问题，如国防政策、核恐怖、劳动力、外交政策、国家安全等，致力于产生创新性的高质量研究成果，同时积极地为政府以及社会公共政策服务，从而推动全世界的进步和发展。

　　知名高校智库负责人通常也具有良好的社会声誉和社会关系网络，他们与政府、商业及其他非营利性社会组织具有密切的联系，表现为众多高校智库负责人曾经在政府部门、企业及非营利性社会组织任职，具有非常丰富的政策实践经验和社会阅历。譬如胡佛研究所主任约翰瑞森教授曾在美国劳工部及兰德公司任职，这使其更加深入地了解政府需求以及智库研究和管理的有益经验，从而推动胡佛研究所实现更好的治理。

　　除此之外，强有力的领导能力也是其关键特征，在与大学的管理互动及政府政策联系中，高校智库的领军人才提高了高校智库的社会声誉，获取更多的研究项目和经费支持，有效地组织研究团队开展高质量的政策问题研究，建立畅通的知识转化和品牌传送渠道，更大程度上提高所在机构的社会影响力。

第三节　案例分析：哈佛大学贝尔福科学与
　　　　国际事务研究中心

　　贝尔福科学与国际事务研究中心是隶属于哈佛大学肯尼迪政府学院的研究中心,也是世界知名的高校智库,它整合社会科学、自然科学和技术领域的专家及具有行政、外交、军事经验的实践工作者的经验和智慧,为国家安全领域的重大问题提供政策建议。其核心使命愿景一是在国际安全和科学、技术、环境政策及国际事务等关键问题及其面临的重大挑战方面提供政策相关的知识和领导力,二是为这些领域储备未来的领袖。贝尔福中心与政府之间存在着畅通的人才旋转门渠道,这为贝尔福中心成为顶级高校智库奠定了基础。

一、以政策需求为发展风向标

　　二战时期,联邦政府日益意识到,美国要成为世界第一大国,要增强综合实力和国际竞争力,并解决当前面临的严峻的国内外政治、经济、社会和军事问题,都急需大量的高水平科技人才及高水平科学研究成果作为基础性支撑。在此背景之下,"科学研究军事化"以曼哈顿工程、劳伦斯国家实验室和兰德公司为主要代表,它们组织一批来自研究型大学和其他研究机构的专业人士专门从事联邦政府军事合同项目的研究。联邦政府注重通过科学研究解决国家面临的经济与社会问题,这又为研究型大学开辟了新的研究领域,其中不乏区域性问题、能源政策、公共卫生政策、经济政策和教育政策等领域的研究。

　　哈佛大学调整发展战略,将适应战争及国家科技政策的需求作为大学发展的重要风向标,其发展战略与任期之内的大学校长的领导风格和办学理念密切相关。譬如柯南特校长任职时期积极发展科学研究,鼓励大量教师参与"曼哈顿计划",当时哈佛大学有35％的教师参与。[1] 博克校长更加关注大学的社会责任,将大学服务国家发展的传统扩大到前所未有的规模。[2] 他提出,"大学的特定使命是教学和科研,但是大学与其他社会机构不同的是,只有大学能够发现为

①　周璇. 哈佛大学的特色发展战略[D]. 武汉理工大学,2008.
②　[美]莫顿·凯勒. 哈佛走向现代:美国大学的崛起[M]. 史静寰,钟周,赵琳,译. 北京:清华大学出版社,2007:503.

提出创造性解决办法做基础的知识,只有大学能够教育出永远做批判性决定的人。"[1]由于国家发展的现实条件以及联邦科技政策的影响,哈佛大学自二战之后开始通过科学研究参与政府服务和社会服务项目。博克校长时期,哈佛大学科研发展的战略思想是不违背大学发展的规律,不危害大学的学术中立和学术自由,大学科学研究服务于社会发展。为顺应美国高等教育及社会变革的需要,在博克校长的主持之下,哈佛大学开始了科研组织机构的调整,设立众多的组织方式各异的研究机构,除人才培养和科学研究的专业性研究生院外,还有研究中心、研究项目、实验室和研究所等,如计算机技术研究中心、乌克兰研究所、犹太人研究所等。

美苏军备竞赛使得对美国国家安全事务的研究变得日益紧迫,加强军事、核武器和国家安全的研究,为美国争夺世界霸主地位奠定思想基础,成为研究型大学面临的重要时代使命。许多哈佛大学的教授积极参与到这一领域的研究。1973年哈佛生化学家保罗·多蒂(Paul Doty)创建科学与国际事务研究项目,并创办《国际安全》季刊(*International Security*),发展成为在美国安全和战略研究领域具有参考价值的重要机构,而且成为连接学术与政策领域的有影响力的高校智库,随即发展成为现今的贝尔福科学与国际事务研究中心。

二、依托学科优势集聚高端智库人才

肯尼迪政府学院是哈佛大学知名的培养公共政策人才的专业研究生院,被广泛地认为是哈佛大学内部与商学院、法学院、医学院并列的四大专业学院之一。贝尔福中心的研究人员广泛参与政府学院的人才培养和培训活动,且在学术与政府之间频繁流动。1977年埃里森教授被博克校长任命为肯尼迪政府学院的建院院长时,曾对肯尼迪政府学院做了愿景规划:"希望肯尼迪政府学院成为哈佛大学的实质性专业学院,如哈佛商学院、法学院和医学院分别有各自的专业。希望肯尼迪政府学院成为哈佛大学公共政策和管理项目的核心枢纽,充分利用哈佛大学所有学系的丰富的知识资源,聚焦公共政策的核心问题。"[2]在此理念的引领下,肯尼迪政府学院融合学院和大学范围内的高水平教师和研究者,创建15个以解决现实公共政策问题为导向的研究中心,以作为公共政策研究的

①　姜文闵. 哈佛大学[M]. 长沙:湖南教育出版社,1998:12-13.
②　Graham A. Emergence of Schools of Public Policy: Reflections by a Founding Dean. Public Policy [M]. Oxford:Oxford University Press, 2006:58-80.

引擎和主要执行单位，主要包括民主治理和创新中心（The Roy and Lila Ash Center for Democratic Governance and Innovation）、贝尔福科学和国际事务研究中心（Belfer Center for Science and International Affairs）、人权政策研究中心（Carr Center for Human Rights Policy）、国际发展中心（Carr Center for Human Rights Policy）、公共领导力中心（Center for Public Leadership）等。这些中心的研究领域包括区域问题、商业和政府、公民参与、计算机、企业责任、争端解决、刑事审判、国防、民主、经济学、教育、能源、环境、核技术和政治等多层面，覆盖公共政策管理的国际性、国家和本土化问题。研究方式较类似，以项目组为依托，依研究主题和问题领域，学院及其他院系教师、研究生、政府和社会人员不同程度参与，进行跨学科合作。众多研究中心或多或少都具有智库的职能，贝尔福中心是其中最著名的一个政策研究智库。

作为世界上最知名的私立研究型大学，哈佛大学及肯尼迪政府学院为贝尔福研究中心提供了强大的高水平人才集聚的资源优势和多个优势学科的学术研究基础。许多人可能不了解贝尔福中心，但是相信所有的人一定都知道哈佛大学及其知名的肯尼迪政府学院。这使得大量的政策制定者、决策者及其项目资助者对贝尔福研究中心具有极大的组织信任度，可以放心地把各种研究项目和资源交付给贝尔福中心从事研究。

靠近政治中心华盛顿特区，为贝尔福中心发展成为世界知名智库提供了良好的基础条件。华盛顿特区 K 街因集聚智库而成名，地理位置的优越性为政府高官频繁向贝尔福中心寻求政策建议提供了现实条件的便利性，即在相同的研究水平下，政府官员宁愿选择距离自己近的比较容易掌握和驾驭的研究机构。同时，这也为贝尔福中心的研究人员频繁流动且进出政府部门提供了便利的区位优势，也推动了学术与政治的互动，从而为发挥研究成果的政策影响力提供了非常重要的客观条件。

三、以人才培养和培训为基础畅通人才旋转门机制

（一）通过若干学位项目培养未来的政治领袖

作为美国最知名的政府管理学院，肯尼迪政府学院开设经济、政治、历史、行政、法律等领域的系列课程，关注公共政策和政府管理中面临的现实性问题，每年培养大量国际化和专业性的公共政策领域的应用性人才。肯尼迪政府学院院长约瑟夫·奈表示："肯尼迪学院的目的是培养政府官员。教他们数据分析的能

力和领导能力,强调公共价值观。毕业生大多担当政府要职。肯尼迪政府学院是全美公共政策学院中规模最大、资源最丰富的院系之一,140 多位教师都是跨学科,触类旁通的。"①

肯尼迪政府学院开设多种类型的硕士和博士学位项目,满足学生在学术和职业生涯中的个性化需求。所有的学生都会习得公共服务领袖应该具备的理论知识和专门技能。硕士学位项目包括公共政策硕士(Master in Public Policy)、公共管理/国际发展硕士(Master in Public Administration/International Development)、在职公共管理硕士(Mid-Career Master in Public Administration)、联合学位(Joint & Concurrent Degrees)。博士学位项目包括公共政策博士(PhD in Public Policy)、政治经济和政府研究博士(The PhD in Political Economy and Government)、卫生政策博士(The PhD in Health Policy)和社会政策博士(The PhD programs in Social Policy)。②

(二)培训政府高管

肯尼迪政府学院提供全世界公共领导力领域最具综合性的高管教育项目(Executive Education),关注领导人的技能培养、社会网络和思想创新。开发经济学、统计学、决策理论、组织学、政治学和管理学等方面的动态化课程,着重强调正式的分析方法和工具,专注于提升政府领导力。在六个主要领域(技能发展、联邦、全球化、国家安全、非盈利和非政府、国家和区域)开设 30 多个开放性的高管教育项目,③以帮助解决经济发展和国家安全面临的危机领导和决策制定等关键性和紧急性的公共政策问题。高管教育项目在高度合作和学术性的氛围中拓展高管的技能,课堂讨论中强调参与者的经验,为其提供陈述机会,特别注重小组互动和案例讨论,互动型的研讨项目不仅促进高管的专业发展,而且增进彼此的友谊,建立良好的社会关系网络。所有的高管教育项目都由哈佛大学的全职教师任教,他们自行设计课程并使成员广泛参与。

30 多年来学院培养出众多世界知名的校友,如联合国秘书长潘基文、世界银行行长罗伯特·佐利克、希腊总理卢卡斯·帕帕季莫斯、香港特别行政区行政长官曾荫权和新加坡总理李显龙等等。2002 年起,肯尼迪政府学院与清华大学公共管理学院及国务院发展研究中心合作中国培训高级官员,对提高中国公务

① 菲力·迈克. 哈佛大学肯尼迪政府学院为中国培养高官[EB/OL]. http://club. china. com/data/thread/12171906/2717/51/73/7_1. html#,2014-08-29.
② Degree Programs[EB/OL]. http://www. hks. harvard. edu/degrees,2014-08-29.
③ Executive Education[EB/OL]. https://exed. hks. harvard. edu/About_Us. aspx,2014-08-29.

管理人员的职业素质起到积极的作用。

（三）畅通的人才输送渠道

肯尼迪政府学院政府人才培养及培训的基础优势,为作为智库的贝尔福中心积累了大量的政府人员关系网络,使其与政府部门形成良好的"人才旋转门"现象。首先,贝尔福中心为总统选举中卸任的政府高官提供发挥余热奉献智慧的场所。政府高官大多熟悉政策流程,了解政治需求,对于不同领域具有长期的经验积累和实践思考,其知识结构也非常多元,可以紧密结合现实政策的需要,在有限的时间和新环境下,以研究现实问题的应用性对策和改革思路。高官使得学术和政治的联系更加紧密,很大程度上加强了学术研究对政府决策的影响。其次,贝尔福中心将研究人员输送到政府机构任职,部分从政策研究者转变为政策决策者。政府部门面临复杂的决策环境和现实问题,决策者很难有条件静下心来进行系统化的研究。科学决策的要求凸显了学术研究的社会价值,研究型大学多学科研究基础及其人才集聚的优势开始发挥出来。依托哈佛大学的高端平台,贝尔福中心从事系统性和长期性的政策问题研究,有能力吸引热爱政策研究且希望将自身研究成果应用于政策问题以改造社会的教师和政府人员的广泛参与,这推动了人才旋转门的进程。

人才旋转门形成的关系网络为发展、积累和运用社会资本提供了前提和基础支撑。[1][2] 依据布迪厄的观点,为获得社会资本,个体和组织都需要投入时间和精力用来建立关系网络。[3] 从社会资本积聚的视角不难理解高校智库聘用人员的其中缘由,不同经历人员的职业特征及其附属机构所蕴含的符号资本、文化资本和各种社会资本,集结于高校智库,进行创新性政策相关知识的生产、传播和应用,不仅促进高校智库组织与政府、媒体、商业及其他非营利性社会组织等有效沟通,也更容易理解公共政策的诉求,提升组织运行绩效和政策影响力。

① 边燕杰. 城市居民社会资本的来源及作用:网络观点与调查发现[J]. 中国社会科学,2004(03): 136－146.
② 林南. 社会资本:争鸣的范式和实证的检验[J]. 香港社会学学报,2001(02):1－35.
③ Bourdieu P. The Forms of Capital[A]. In Handbook of Theory and Research for the Sociology of Education[M]. New York: Greenwood Press, 1986:248.

第六章　组织文化：将影响力作为价值追求

　　组织文化反映了组织成员对应该是什么和不应该是什么的潜在性的信仰，它可以在组织存在的物质环境和舆论环境中得以体现。组织文化是高校智库的核心价值观，以高校智库的价值体系为基础，突出高校智库的核心和关键职能，是高校智库区别于其他学术组织的重要组织要素。深入了解组织文化，对于分析高校智库的组织特征具有重要意义。

　　高校智库的组织文化是在高校智库的发展过程中形成的对于高校智库组织及其咨政建言行为活动的基本信念。这些组织信念是通过日常的学习和行为活动而获得，它会在高校智库组织的运行过程中无意识地产生作用，使得高校智库组织人员用基本一致的价值观念解释高校智库的运行。高校智库的创建者和关键人物对高校智库基本假设和组织信念的形成起关键作用。

　　高校智库的组织文化是存在于高校智库组织中的具有公开性、集体性和共享性的意义系统，是在高校智库的发展过程中，组织成员通过学习获得的共享的组织信念，是高校智库核心价值观的体现。这些信念规范高校智库人员的行为，引导高校智库人员的价值导向，使得高校智库独具特色。组织文化作为一种组织的信念，会在一定程度上制约和规范着高校智库组织人员的行为和做事方式。符合高校智库组织信念和基本假设的行为方式可以得到高校智库的认可，并对高校智库的发展产生关键作用，而与基本信念相悖的行为会受到排斥。高校智库的组织文化常常会通过高校智库的仪式、规章制度、使命愿景及环境布局等表现出来，使高校智库的人员感受到组织文化的存在。

　　研究高校智库的组织文化，不仅可以揭示高校智库本身也是具有特定文化含义的组织机构，它在研究型大学及整个国家的发展中具有一定的战略地位。而且通过描述和分析研究型大学附属智库组织内部存在的些许文化现象，可以揭示出高校智库的组织文化的特征，并对其原因分析，可以了解高校智库组织的运作是受外部环境的影响而建立起来的，这可以在一定程度上超越实践层面，从而深化对高校智库组织的理性认识。使用组织文化的视角，为我们认识和了解高校智库组织提供了一种新的方法。

第一节　高校智库组织文化的特征表现

为有效解决现实政策问题，辅助政策制定者决策，高校智库的研究活动需要跨越学术与政策两个领域，并形成常态化实体运行的组织以确保知识生产及转化的规范化、系统化和可持续性，这也决定了高校智库的组织文化特征。

一、以知识品性为基础进行思想创新

从智库发展的普遍规律来看，一个智库能否发展好，根本原因在于其提出的思想建议能否领先于实践、引导实践发展，从而有效地助推于政府决策，简而言之，就是其思想创新能力的高低。高校智库产生一定的政策影响力，需要发挥组织功能进行思想创新。

大学是以知识为材料、学科为单元的学术组织。学科是研究型大学作为学术组织存在的本质特征。研究型大学的人才培养、科学研究和社会服务三大职能都是依据学科为基本依托单位来开展的。[①] 探究知识是大学的重要目标，因此，知识品性是大学组织文化的基本特征。"大学内部的系所（讲座）、学院和学群组织结构的形成和确立，很大程度上是由知识自身的属性所决定的，即不断趋于分化与整合的学科制度化的产物。其中，知识的分化和学科的高度专业化是大学整体组织结构得以形成的先决条件。"[②] 如伯顿·克拉克认为"高等学校的任务和工作者围绕知识群类而结合，知识专业是其他一切工作的基础"。[③] 因此，无论是研究型大学内部的研究系所，还是学院、学群制度等，都是因大学的知识品性而建立起来的，这决定了大学作为特殊组织所独有的组织文化特点。

作为研究型大学的基层组织，高校智库具备研究型大学组织文化的基本特点，具有依托研究型大学的知识品性和学科依托为基础而进行知识生产和创新的特质。由于依托于研究型大学而存在，相对于政府智库而言，高校智库具有发

① 邹晓东. 研究型大学学科组织创新研究[M]. 杭州：浙江大学出版社，2004：11.
② 阎光才. 识读大学——组织文化的视角[M]. 北京：教育科学出版社，2002：85.
③ [美]伯顿·克拉克. 高等教育系统[M]. 王承绪，译. 杭州：浙江大学出版社，1994：16.

展的相对的独立性,可以基于学科研究基础产生创新性的专业的和相对独立的观点。除此之外,高校智库产生的思想也应当是前瞻性的和具有预见性的,能够看到决策者在短期内难以预见到的问题,从而提前做预案。由于高校智库组织具有相对的独立性,这使得高校智库的研究人员可以相对自由地研究、发表见解、对政策思想提供批判性的反思和参考,从而能够真正为决策者的需求提供有针对性的和有价值的思想观点。因此,高校智库以大学的知识品性和学科依托为基础,以政策导向的知识生产为基本内容,生产创新性思想和政策影响力,这决定了高校智库应当是而且必然是创新性知识生产的场所,与其他机构不同的是高校智库聚焦于政策相关的知识品性。

高校智库的核心职能是通过政策性相关知识的生产和传播,为决策者制定政策提供专业化的服务和政策建议,本质上是以问题为导向从事政策研究的机构。因此,虽然许多高校智库会参与学校的学科建设和人才培养工作,但学科建设和人才培养可能并不是高校智库组织发展的核心任务,这是有别于研究型大学及其基层学术组织文化的根本特质。

高校智库依托于研究型大学有研究基础的优势学科而建立起来,进行知识创新,这为高校智库在研究型大学获得合法性及产生政策影响力提供制度上的支持,使得高校智库的咨政建言的职能得以有效发挥,同时也推动智库与大学内部的其他研究机构进行人才培养、科学研究等方面的资源流动和有效合作。

二、知识生产的开放性

作为沟通知识共同体与政策共同体的重要研究平台,高校智库组织具有高度的开放性,表现为在组织实践活动中,与政府机构、政党、企业、媒体网络等不同的主体有一定的业务联系并进行有效的互动,这也在一定程度上决定了高校智库在组织文化上具有开放性。在联结由大学教师为主体的知识共同体和由政策制定者为主的政策共同体的过程中,高校智库作为开放性的交流和对话平台,成为融合学术与非学术特征的群体的混合空间,不同群体在其中发挥功能,影响高校智库组织的活动、结构和权力关系。[1][2]

[1] Clark M. Hybrid Management：Boundary Organizations, Science Policy, and Environmental Governance in the Climate Regime[J]. Sci. Technol. Hum. Values 2001,26 (04)：478 - 500.
[2] John N P. All Things to All People：Boundary Organizations and the Contemporary Research University[J]. First Corinthians, 2012(09)：19 - 23.

　　高校智库的组织文化可以从其组织愿景中体现出来。组织愿景是以共同价值观为基础对组织发展的期许,表现为使命、任务、目标及价值的陈述。如表 6-1 所示,通过文本分析发现,在一流高校智库的组织愿景陈述中,所有机构给予自身的定位皆是从事高水平政策研究服务公共政策的研究机构,并把高水平研究能力作为服务于公共政策制定的基础。

表 6-1　高校智库的使命愿景

智 库 名 称	使 命 愿 景
贝尔福科学与国际事务中心(Belfer)	在国际安全和其他科学、技术、环境政策和国际事务领域面临的重要挑战方面推动政策相关知识并提供领导力
胡佛研究所(Hoover)	汇集必备的知识资源,理解社会及国内外经济、政治和社会变迁的原因和后果,分析政府公共政策行为的影响,使用理性的辩论和严谨的知识,形成积极的政策导向并传播思想。把概念视角转化为实践政策举措,以对社会有益为判断标准。竞争性思想的自由流动引起政策的演进,并影响社会福祉。胡佛研究所努力成为杰出的具有积极影响的思想贡献者
国际事务及外交战略研究中心(IDEAS)	培训领导人。学术、国际事务研究
公共政策研究中心(PPG)	为顾客提供精细分析,链接学术界、私营、公共和第三部门
地球研究所(Earth Institute)	解决地球面临的可持续发展问题
国际安全与合作中心(CISAC)	解决世界最紧迫的安全和国际合作问题,产生国际安全领域的政策相关知识,培养未来专家,影响政策制定
国际问题研究中心(CERI)	国际事务、外交团体和跨国挑战的社科研究
发展研究中心(IDS)	平等和可持续的社会,在当地和全球范围内,每个人都可以过上安全的、有意义的生活,摆脱贫困和不公正的生活
詹姆斯·贝克公共政策研究所(Baker Institute)	在思想世界和行动世界之间建立一座桥梁
莫卡斯特中心(Mercatus)	产生对影响自由繁荣的市场机构的知识和理解,并找到可持续的解决方案

　　资料来源:根据高校智库官方网站的 vision,mission&aims 整理。

首先，高校智库的研究不拘泥于学术研究及其偏向于解释世界的研究传统，而是更加注重将研究成果辐射到开放的社会及其政策应用中去，强调学术研究及政策研究的社会效用和现实应用价值。传统的学理性研究并不是高校智库关注的核心内容，而那些具有强烈的时代精神和现实关注度，紧密追踪国家战略需求和社会发展需要，致力于解决国家发展和社会进步过程中存在的现实政策问题为重要的研究取向。因此，高校智库的研究具有社会价值指向性。通过有效的发挥连接知识与政策、沟通知识与权力的对话平台的作用，高校智库通过学术研究、公共政策研究和思想传播，将研究成果转化为决策者需要的政策报告，从而影响公共政策决策，辅助政府解决复杂的社会现实问题，为国家和社会献力献策，担当具有社会责任的知识生产者和思想贡献者。

其次，高校智库充分利用大学无限广阔的开放的学术社区环境，聚焦某些研究领域，集聚高端研究人才，产生高水平研究成果。因此，依托研究型大学，高校智库发展成为开放性的公共政策研究平台。这主要表现为，不同社会领域的组织机构都可能与高校智库开展项目合作或者是政策对话，不同职业经历和个性资质的人员都可能到高校智库担任客座研究员或者是访问研究员，不同学科领域的研究专家都可能参与高校智库的某一个研究项目。

高校智库注重知识共同体与政策共同体的有效衔接和互动，以建立满足政策共同体需要的畅通的信息传播渠道和知识关系网络。由于高校智库主要是辅助政策制定者决策，其组织特征和发挥职能的范围决定了高校智库没有能力采取行政或立法等强制性和威慑性手段产生影响力，或者说其威慑力极微弱或根本就不存在，这说明高校智库与政府部门发生联系主要是为影响政策决策所采取的有意识的具体行动。这主要表现为大多数高校智库会聘用有政府经历的工作人员和研究人员，他们中许多人都是前政要，或在政府部门具有多年的工作经历，了解政府的现实政策需求，知道如何最大程度上发挥政策研究的效用。另外高校智库也组织更加多元化和开放性的活动，为了更有效地进行思想宣传和成果发布，高校智库组织及其研究人员定期召开与政策人员合作或邀请政府部门人员出席相关的高层论坛、国际会议及专家研讨会，定期报送政策研究成果和政策简报等，采用书面、口头以及现代多种媒体渠道传播其重要观点。通过与政府的决策机构建立正式或非正式的沟通渠道，将政策研究成果以各种可接纳的形式呈献给政策决策者，通过决策部门及相关领导的关注及批示，在解决现实政策问题中采纳相应的观点，得以实现智库的政策影响力。

因此，高校智库组织担当了一个开放性的知识生产与转化平台的作用，它可以发挥"小机构大网络"的作用，集聚多种类型的研究人才、研究项目和组织活动形式,不同类型的人员都可以在这个开放的平台上发挥自己的优势,针对某个具体的政策实践问题提出自己的专业观点。

三、多元文化的融合

(一) 形式多元的研究成果

发展成熟的高校智库大多都具有形式多元化的研究成果,包括经过同行评议的自办专业期刊、系列研究报告、政策简报、学术专著和学术论文等。对于一流高校智库而言,自办专业期刊成为其传播思想和形成研究声誉的重要渠道,如胡佛研究所创办的《中国领导力观察》季刊,《胡佛评论》双月刊和《胡佛文摘》季刊,贝尔福中心创办的《国际安全》季刊和国际问题研究中心创办的《国际批判》季刊等在国际学术和政策研究领域都具有非常重大的影响,如表6-2所示,除学术性成果如论文和专业书籍外,高校智库还提供类似“标准化边界产品”的以影响政策为目标的政策简报、政策报告、政策期刊和各类建议等,这些政策研究成果具有异于学术文章的写作体例和规范,是政策研究者对研究问题的政策化诠释,以将学术性语言转换为与现实政策紧密结合且符合决策者思维习惯易于理解和接受的写作风格。政策简报成为高校智库的重要研究成果,它代表高校智库的研究水平,呈献给政策决策者,以辅助决策和解决现实政策问题。

表6-2　高校智库的研究成果及其实现途径

智　库　名　称	成果及其途径
贝尔福科学与国际事务中心(Belfer)	人员任政府职务。通过出版物、政策讨论、工作组、研讨会和会议,对重大国家及国际挑战问题提供创新性解决方案
胡佛研究所(Hoover)	人员任政府职务,媒体,出版物,视频,博客
国际事务及外交战略研究中心(IDEAS)	博客、公共期刊、政策研讨会、公共演讲、图书系列
公共政策研究中心(PPG)	博客、商业和公益活动包括咨询、研究、研讨会和出版物
地球研究所(Earth Institute)	人员有政府职务及经历。博客、视频、出版物、研讨会
国际安全与合作中心(CISAC)	人员有政府职务和经历。报告及政策简报、书籍、期刊文章、工作报告、政府证词、专栏

（续　表）

智　库　名　称	成果及其途径
国际问题研究中心（CERI）	人员任政府职务。公开演讲和研讨会、政策简报、杂志,书籍,电子出版物
发展研究中心（IDS）	对政策和实践的改变做出贡献;帮助改变人们在问题上的态度和行为;帮助培养学者、实践者和政策制定者的能力来产生应用研究和知识;发展和加强网络
詹姆斯·贝克公共政策研究所（Baker Institute）	与多个领域专家合作,吸引了许多国内外的领导人演讲,包括美国总统和内阁成员,世界领导人和政府首脑,以及来自世界各地的众多外国政要
莫卡斯特中心（Mercatus）	研究人员进行研究,与学生合作,对问题提出想法,让媒体、政策制定者和公众将学术研究与现实世界的实践联系起来

资料来源：根据高校智库的研究报告、官方网站及其相关报道整理。

　　基于发展阶段的不同,高校智库在其研究成果的类型、数量和质量方面也具有非常大的差异,这主要表现在一流高校智库譬如胡佛研究所可以兼顾学术研究与政策研究,具有大量的学术研究成果和政策研究成果。而有些新生代高校智库可能只关注政策研究的质量和数量,以告知决策者为主要目的,因此其研究成果以政策研究报告和简报为主,而不注重学术产出的数量和质量。这与传统的学术研究机构具有显著的差异。

　　为有效产生政策影响,高校智库注重多种渠道传播思想,尤其注重通过新闻、博客和互联网等多种媒体形式交流思想和品牌宣传,在大众媒体(电视、报纸、网络渠道)等公开发表观点以影响社会公众的看法。随着互联网日益影响学者的研究和生活,运用网络和博客也成为智库有效传播知识的重要途径。譬如,贝尔福科学与国际事务研究中心的信息传播渠道包括学术出版物(系列图书、学术论文等)、研究会议、研究报告、专家论坛、向政府部门提出政策性建议及政府会议等,以及与专家和社会公众共享研究成果。最具代表性的出版物是《国际安全》季刊,于1976年创办,现在已经发展成为国际安全领域的权威性和高影响力刊物。随着互联网的发展,网络媒介成为重要的信息传播渠道,知名学者通过脸书和推特等社交网络发布观点及相关视频,许多研究者频繁参与电视节目及公开讲演。除此之外,还聘用许多有媒体任职经历的研究人员,譬如新闻记者和报纸专栏作家等,基于自身的专业性将研究成果迅速地发布出去,这也增强了信息传播的时效性和科学性。

（二）多元化的研究人员

高校智库召集具有多元化的任职经历的研究人员,虽然许多高校智库人员的学习经历、工作经历可能与研究和学术的关联较小,但是他们往往在人际沟通、获取资源等方面有显著的优势。许多具有专长的研究人员可以从政策研究逐渐转向高层管理,这对于智库提高研究水平和扩大影响力具有更大的作用。多元化的高水平人才团队作为创新性应用知识生产的动力军,为高校智库的知识生产、思想传播和政策影响贡献智慧。

（三）多学科领域的协同合作

大科学时代,研究型大学的科学研究方式发生了变革,多学科研究越来越受到重视,对破解科研发展瓶颈实现理论创新具有重大意义。多学科领域协同与合作研究已经成为推动科学技术进步、解决经济社会发展面临的重大关键问题的主要研究方式,也逐步发展成为产生创新性科研成果的重要动力。

高校智库因其"小机构,大网络"的组织优势,借助于研究型大学高水平人才集聚的优势,召集来自多个学科领域的校内外的知名专家与学者开展政策问题的对话、交流并共同针对某个政策问题开展深入的合作研究,从而借助于多学科协同的优势实现思想创新。为了更加有效地解决现实政策问题,高校智库为多学科领域的专家提供一个有效互动、交流和对话的平台。同时,世界知名的高校智库本身就具有学科背景多元化、研究经历丰富的多学科研究者。

一流高校智库的研究领域主要聚焦于国家发展的战略性和政策性问题,关注国际、国内及聚焦世界某些重要地区的发展历史和现实,涉及政治、经济、外交、科技、能源和环境等多个学科领域的知识。为了更好地开展研究,其研究团队也都是多学科人员配置,主要涵盖了人文社会科学、理工类和工程类专家。比如,地球研究所聚焦水资源、气候与社会、能源、城市化、全球卫生、贫穷、食品营养、生态健康与监管等研究领域,创造性地运用多学科的方法去解决地球面临的可持续发展问题,并帮助发展中国家解决贫困问题。如图 6-1 所示,胡佛研究所聚焦经济政策、外交政策与国家安全、法律、历史、美国政治、能源、科学与技术、教育等若干个研究领域,也强调发挥多学科专家的智慧产生高水平研究成果。如图 6-2 所示,贝尔福科学与国际事务研究中心主要围绕国际安全的重大挑战、科学技术与国际事务的关系等重大课题开展研究,特别强调科技因素并综合研究政治、外交、军事和经济问题。研究中心的每位研究者都具有自己专门的学科研究领域,有些通晓 2—3 个学科研究领域,不难发现这些研究领域通常具有较强的政治导向性和现实应用性,这与美国联邦政府在特定历史时期的科技政策紧密相连,也充分反映出大学越来越融入和参与政治需求的研究。

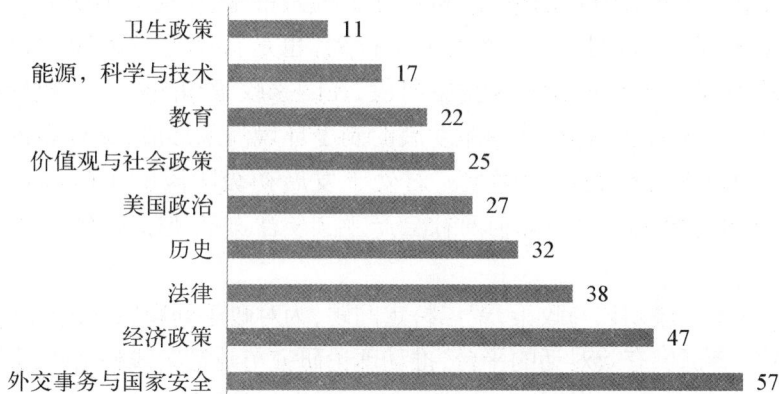

图 6-1 胡佛研究所主要研究领域

数据来源：根据胡佛研究所官方网站相关数据绘制。

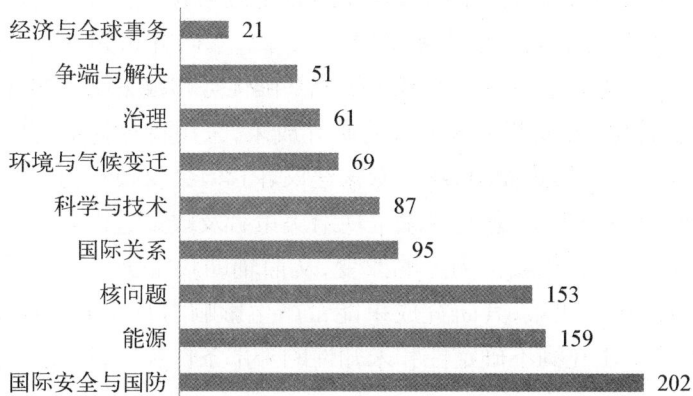

图 6-2 贝尔福科学与国际事务中心主要研究领域

数据来源：根据贝尔福科学与国际事务中心官方网站相关数据绘制。

四、以产生政策影响力为价值追求

实现政府决策科学化和民主化,推动国家治理体系和治理能力现代化,都迫切需要创新思想,这促使中国特色新型智库孕育而生。通过建设一批高影响力的智库来服务国家发展已经取得普遍共识。历史和实践都已证明,智库与一流大学相辅相成,一流大学孕育一流的智库,一流智库也可以提升研究型大学的"智力"水平、创新能力、知识转化和社会服务能力,进而可以推动一流大学的发展。因此,通过建设中国特色高影响力智库,推动中国研究型大学的跨越式发展,早日迈向世界一流大学的行列,也是智库建设的题中之意。当前,中国智库处于发展的起步和探索阶段,在国家政策和国际话语权层面高影响力的智库较为缺乏,高水平智库发展的制度环境尚未形成,支撑智库稳健运行的良好的体制与机制尚未确立。对处于发展初级阶段的中国高校智库而言,着力研究一流高校智库如何对社会产生实质性贡献及影响力,具有重大的实践价值。

高校智库沟通知识与政策,聚焦特定问题,为对政策问题感兴趣的大学教师和政策制定者提供有效对话的平台,推动理论研究与政策实践相结合,以产生政策影响,辅助解决现实政策问题为最终目标。以产生政策影响力为价值追求是高校智库存在的生命力及其组织文化的关键特征。

高校智库的主要职能是产生创新性思想,为决策者提供理论、思想及实践的参考,其辅助决策的特点决定了高校智库没有能力采取立法、行政等强制性和威慑性手段迫使其研究成果产生实际效用。[①] 因此,本研究认为,高校智库影响力的内涵,主要表现为高校智库专家基于研究基础优势和政策制定的现实需求,进行有效的知识转化,形成若干种形式的研究成果,采用特定的信息传播渠道,具体表现为书面及口头形式如出版物、专家建议、内参、会议、研讨会、新闻发布会、政策简报和研究报告等,将思想成果呈现给决策者及政策过程参与者,以促使其做出某种政策观点、思想或行为上的改变,从而辅助政策决策。但是,由于高校智库相对独立于政府决策,其研究成果能否产生影响力及在多大程度上产生影响力,很大程度上由充满不确定性和未知性的外部条件决定,这制约了高校智库发挥影响力的效果。

如在被问及"您认为怎样评价高校智库的影响力?"这一问题时,C研究员认为:"怎样评价影响力,这是一个困扰我20多年的问题。就我所知,我认为没有好方法去评价影响力。我们倾向于认为自己是思想的神圣的销售者,我们希望把思想用于政策实践。但是要花很长时间我们的思想才能被应用,我们努力尝试但也没有好的办法去衡量我们研究的质量和影响。通常我们会知道有人会引用我们的观点,我们的观点可能会参与政策对话,会有人使用我们

---

① 朱旭峰,苏钰. 西方思想库对公共政策的影响力——基于社会结构的影响力分析框架构建[J]. 世界经济与政治,2004(12):21-26.

的观点去组织研讨,但是每一类事情具体有多少次数,这件事情我们确实没有统计过。"

影响力成为高校智库及其关注的重要问题,但是在具体方面,如何衡量自身的影响力,如何表明自身具有影响力成为令人困扰的问题。虽然难以全面地对高校智库的影响力进行实证验证和全面评价,但这种影响力却切实存在,且影响力大小有显著性差异。

使得高校智库产生政策影响的关键要素有哪些?

一位美国高校智库负责人Ａ认为,"高质量的研究成果,真正了解政策的需求。深入了解地区、政府和国家在发生和关注的政策问题,了解这些政策问题的范围,并清楚自己可以做的内容是什么。"

一位中国高校智库负责人Ｐ认为,"大量的稳定的资金支持。及时沟通与交流,了解政策制定者的现实需求,解决他们需要解决的问题。建立大量的完善的及时跟踪性的数据库,为政策制定提供翔实、客观和有说服力的事实材料。学者的使命感和独立人格。"

什么样的研究成果有可能产生影响力? 受访者的回答也不尽相同。

Ｓ:"对症下药,解决问题才是关键。"

Ａ:"在政策过程中能够满足政策迫切需求的研究最具有影响力。偶尔情况下,研究也可以催生政策需求。你可以定义问题,可以辅助找到政策解决方案。政策制定者可能会关注是否会对政策过程的某一部分产生新的影响,而非对已有的问题进行再次重复的解释。"

可以看出,了解政策需求,以辅助决策者解决现实政策问题为导向的研究最有可能产生政策影响力。另外,高校智库所具有的发展资源,客观性的高水平的研究成果以及研究人员的独立精神等都会对高校智库发展产生重要影响。影响力作为高校智库的价值追求,是高校智库维持发展生命力的核心要素,也是高校智库亟待实现的理想目标。

第二节　高校智库组织文化的价值取向

高校智库组织的形成及发展与政府对大学决策咨询的需求紧密相连,这决定了高校智库的组织文化特质。高校智库的组织文化是以实现政策影响力为根本的价值追求。这也促使我们对高校智库的组织文化进行价值反思。工具理性和价值理性行为在社会行为中处于最重要的地位。

一、工具理性主导

人们为达到精心选择的目的,会考虑各种可能的手段及其后果,选择最有效的行为方式,综合考虑选择的方法是否是最有效率、成本小收益大,这就是工具理性的基本思想。[①] 因此,工具理性是人们基于功利目的驱使而创造工具、选择工具及使用工具的经验和能力。

(一) 研究主题的选择

对一流高校智库进行调查研究发现,众多研究机构多是在二战之后适应国家科技政策需求以及联邦政府的支持才得以建立和繁荣发展,研究主题也多是围绕国家宏观政策导向及重大战略需求而选择。主要关注的研究主题涉及国际政治、区域问题研究、全球环境及能源、国防科技、国家安全和国际经济等具有政治性导向的主题。

K:"当时,州政府、大学和校长有一个理想和预期,希望有一个机构能够专门做教育政策和教育实践相关的研究,为州政府及整个大学系统的发展,提供可借鉴的参考建议。他们希望建这样一个智库。我们是整个州最具实力的大学,有能力建这样一个机构。这所研究机构自建立之初,就关注在大学发展中可能会面临的一些现实性问题,这是当年我们这所机构创建的缘起。这也决定了我们这所机构的存在及研究主题的选择。"

J:"每一个研究者具有独立自主选择自己感兴趣的研究主题的权力,但是在做选择之前,他们心里也会对研究进行一定的预期,这项研究主题有什么价值?会产生哪些创新?会给学术和政策带来哪些影响?这是在选择研究之前,需要考虑的。我们重点关注的是能源方面的议题,这是我们学校具有一定研究优势的领域,这个领域具有政策的需求。我们是公立大学,服务社会和州政府的发展需求是我们的重要使命和责任。现在这个领域也具有研究的空间和需求,我们也对这项研究感兴趣。因此,我们选择这个相关的主题。"

可以看出,虽然研究者声称其研究主题是根据研究者的兴趣而选择,但是就众多高校智库机构的研究主题的选择来看,具有现实应用性和政策指向性的研究主题统领了高校智库的发展。

---

① 王锟. 工具理性和价值理性[J]. 甘肃社会科学,2005(01): 120.

（二）研究目标的倾向

高校智库的研究目标具有多维性，虽然纯粹学术性的研究可能会占有一定比例，但是这并不影响其研究目标的政策倾向性占据主导地位。

B："智库的重要特点就是做政策相关性的研究，并且通过咨政建言，最大化影响政策制定，这也是我们追求的目标。"

A："我们希望最大程度上告知政策，了解政策时间线，了解政策制定者的需求，汇集校内的许多学科的专家参与这个问题的研究，能够真正了解政策，告知并影响政策。"

B："虽然许多研究人员也参与各种类型的学术研究，但是那不是我们机构占据主导性的研究选择。每个研究者都有独立自主选择参与研究的权力，但是最终目标还是希望能够对政策制定产生影响，能够产生一定的社会价值。我们是智库，不同于一般的学术部门，能够对政策产生影响，也是对我们研究质量的极大的认可。在大学的其他学术性部门，教授们可以自由做自己感兴趣的研究，不需要考虑研究是否会对政策产生影响。但是我们不一样，我们需要研究项目的支持，我们需要告知政策。"

通过政策相关问题的系列研究，以影响决策者决策，影响政策制定，是高校智库的最终目标和追求。除此之外，不同的研究人员或许具有不同的研究目标和宗旨，比如，在同一个智库中，许多研究者也会根据个人志趣选择个人感兴趣的研究议题，通过学术发表并由学术同行进行评议，这种研究也许没有明显的政策指向性，但是在高校智库中，属于少数案例。

（三）研究方式的适切

研究方式和方法的选择主要基于研究目的，亦即想要实现什么研究目的，就需要据此采取什么类型的研究方法。高校智库的研究目标是能够产生政策影响力，因此其研究方式必然不能够仅仅局限于学术研究，必须超越学科限制，追求更多的政策指向性和现实应用性。当被问及："在实现研究目标的过程中，您主要采取哪些主要的研究方式？"，答案也不一而足。

D："我们会根据具体的研究项目的需求，从学校里不同院系招募来自多个学科领域的对此议题有了解的教授参与，我们汇集的都是每个研究领域的顶级专家，这样才能够保证研究的高质量。同时，我们也会请政府对此有了解的人员参与项目的讨论，这对我们来说，很重要。首先，我们可以了解政策的需求，政策时间线，以及我们研究中需要关注和改进的内容。其次，这也可以更有利于我们的研究可以顺利地告知并影响政策。虽然我们没有学位项目，但是会聘用许多其他院系的研究生作为研究助理，他们根据自己要做的论文，自己感兴趣的研究内容，参与我们一部分的研究项目，主要做一些基础性辅助工作。"

J："我们机构有许多种不同的研究方式，因情况因需求而定，不能一概而论。许多教授自己做自己感兴趣的研究。许多教授与访问人员合作研究。许多教授主持大的研究项目，召集校内外不同领域的甚至有政府、企业、智库等不同机构的人员参与。"

L："我们选择研究课题，从学校召集专家，从其他大学借鉴和吸收有用的知识，把这些知识应用到问题解决中。我们不仅仅是研究写作，而是尝试参与对话，可以从不同的视角看待问题。这是我们在自己已有知识的基础上借鉴他人知识的有益的结果。我们就像知识的合成者，把不同的知识带入到政策研究中。"

高校智库的研究目标决定了其研究方式必然具有自身特色。可以看出，基于研究问题的需求，寻求多种学科的研究方法进行跨学科研究，进行有效的知识集成与转化，成为众多研究机构实现研究目标的必然选择。

二、价值理性式微

价值理性关注行为本身的价值，不计较手段和后果。价值理性崇尚道德理想、终极关怀，主要通过美的、善的方式探求真理，发展科学，因此，是一种非自我利益的理性。

（一）知识真理的忠诚

当高校智库把影响政策作为最终的目标选择，政策影响的价值追求是否会消损知识的真理性和独立性？在具有现实诱惑力的政策效用和政策影响力面前，兼具大学教师与智库研究人员双重身份的高校智库专家，可在多大程度上坚守对知识真理的忠诚？当被问及："如您的研究成果与政策制定者的需求不一致，或者出现矛盾的时候，您怎样处理？"C："我们是一个有着悠久历史和极高声誉的机构，核心竞争力就是遵循知识的客观性，针对研究问题选择最优秀的研究人员，使用最科学合理的研究方法，我们完全尊重研究结论的真理性和科学性，不会做迎合性的改变。我也相信我们机构的其他人员也不会那样做。科学的高质量的研究成果是我们的核心竞争力。即使我们不做一些迎合性的改变，具有不能产生政策影响力的风险，我们也不担心，这也不会对我们产生不利影响。反而政策制定者会更加重视我们的研究质量。"高校智库作为一个相对独立的政策相关性知识生产机制和生产空间，坚持科学研究的客观性和知识真理价值，使其获得政策制定者的信任，从而产生政策影响力。

（二）学术价值的取舍

高校智库的迅猛发展令研究型大学内以学术为导向的许多教授敬而远之，因为按照传统的大学理想以及研究型大学的学术自由精神，知识研究参与政治性的辩论无疑会受到学术人的置疑。谈及高校智库之时，难以回避的一个问题是："高校智库专家的研究有学术价值吗？可以从学术的视角来评判高校智库的研究成果吗？"通过相关的调查研究发现，由于高校智库存在类型的多样化，对其学术价值的判定不能一概而论，需要结合具体的案例进行具体的分析。不同的智库具有不同的价值取向，许多智库比如胡佛研究所，就以高水平的学术性而著称，而贝尔福中心却以政策影响力而知名。即使在同一个高校智库内部，也因历史时期的不同或是研究人员的个体选择而有不同的倾向。因此，高校智库及其专家学术价值的有无，体现为依据自身特征和发展使命而进行的理性取舍。

D："我们非常注重学术性研究。招募研究人员最重要的标准就是看其学术研究水平，我们也会通过各种途径招募来自世界各个国家的研究人员，只要你的研究水平得到学术同行的高度认可，我们就会接纳。较高的学术研究水平和研究质量，是机构得以长久发展的非常重要的因素。许多教授会发表自己的学术研究成果，如各种期刊、专著，经过同行评议，质量都非常高，非常具有创新性和前瞻性。许多人都会看到和关注我们的学术研究成果。这种情况下，我们不需要主动影响和告知政策。许多对相关问题感兴趣的人反而都会主动向我们寻求建议和咨询。"

B："我们研究政策相关问题，纯粹的学术理论不是我们关注的内容。学术研究是我们做政策研究的基础，我们需要以学科知识、政策知识和现实问题为基础进行研究。我们希望能够既产生政策影响力，又具有学术价值。但是这很难。我们最重要的目标是告知政策。"

（三）人文精神的扬弃

人文精神表现为对人的尊严和价值的维护和关切，是对理想人格的肯定和塑造。普遍意义上的人文精神与高校智库的价值取向存在巨大的背离。这具体表现为一般意义上的高校智库以政策性相关知识的生产、传播和应用为主要目的，以实现政策影响力为价值追求。在政策指向性的研究活动中，必然有可能忽视了人文精神的内涵。而研究型大学作为承载知识文化的重要机构，其核心内涵便是通过人才培养和文化精神的彰显,推动学术组织的创新发展。高校智库附属于研究型大学,具有优越性和可能性来承载大学的人文精神。研究发现,依据研究主题和研究内容的不同,人文精神在高校智库层面具有被扬弃的多种可能。诚如进行社会科学研究的高校智库负责人 H 所言,"我们致力于进行种族、同性恋、失业和性别歧视等方面的严谨性和独立性研究,希望通过高质量的现实相关性研究和科学的调查,将研究成果传播给法官、立法者、政策制定者、媒体和公众,帮助他们制定相关性的政策,推动社会的文明和自由。"而从事其他科学相关政策研究的高校智库专家主要是 E:"进行政策指向性研究,关注科技政策、能源政策、国际政治和国际经济等关系国家发展和稳定的重大问题,重点关注其在满足政策需求,提高竞争力和促进社会生产力和贡献力方面的研究。"因此可以看出,依据研究主题和主要研究领域的不同,高校智库专家在人文精神方面存在不同程度的扬弃,人文社会科学研究在一定程度上会涉及人文精神的议题并提高对人文精神的关注度,而自然科学相关性的研究则容易忽视人文精神甚至在一定程度上无意地消损人文精神的内涵与发展。

三、思想引领与创新

无论是对于一流高校智库还是中国特色新型高校智库而言,都存在一个普遍性现象,即现实运行过程中高校智库更像一种符号标签,用来特指位于研究型大学的具有咨政建言职能的研究机构。基于不同的发展定位,智库与研究型大学存在着组织文化的融合现象,智库引领大学文化的创新。

研究型大学的核心职能是人才培养、科学研究和社会服务,具有丰富的研究资源和高水平研究人才。但是研究型大学的许多学者以自由探究知识为乐,坚持学术导向,以做出高水平的学术研究为首要任务,对自身的学术研究成果能否应用于政策及产生影响力并不在意。另外,大学的学术研究对政策制定者而言学理性太强,政策应用性不够。而智库需要的是以政策问题为导向进行应用性对策研究,强调发挥政策影响力。国家政策分析中心主席约翰·古德曼认为研究型大学与智库的主要不同在于"研究型大学终身教职可以自由选择研究议题,其目标并不一定是解决重要的社会问题。而智库具有非常明确的目标定位,雇佣人员研究专门议题并鼓励针对已经定义好的问题提出解决方案。"[①]智库的核

---

① Goodman J C. National Centre for Policy Analysis. What Is a Think Tank? [EB/OL]. http://www.ncpa.org/pub/what-is-a-think-tank, 2005-12-20/2012-06-21.

心目标是解决现实问题以影响政策,鉴于其复杂性和多样性,许多学者把智库视为"政策倡导者""知识分子的避难所""伪装的游说公司""党派代言人"和"去政治化的工具"等。研究型大学基于固守传统的学术价值理想和学术独立精神,对智库还是持有非常谨慎的态度。

高校智库是研究型大学中的一种特殊的组织形态,其处于初始发展的阶段性和组织功能的依附性,决定了高校智库即使正在或已经形成了制度化规范,在以人才培养为根本职能和以学术研究为重要使命的研究型大学也必然存在着发展的局限性。因此,研究型大学及其人员最多是将智库作为一种兴趣参与和辅助性的工作,而不可能作为研究型大学的主业或根本任务来对待。这促使高校智库研究工作及其功能的发挥受到诸多的挑战。

研究型大学与智库具有实现协同发展的基础性支撑,二者有相似的内涵特征,即形成知识生产空间提供创新性思想,强调思想创新,都认可发挥知识的应用价值以服务社会,这使得二者在组织文化上具有一定的相似性。研究型大学是通过创新性知识生产、知识传播和知识应用,贡献科学研究成果服务社会,为国家知识创新和经济社会发展提供动力源泉。智库是以问题为导向以高水平研究团队为主体,产生创新性思想以影响决策。研究型大学的许多科学研究领域在发展定位上与智库具有相似性,即希望通过应用性研究活动解决现实问题,把学术研究成果应用到政策制定实践中并影响决策。研究型大学与智库的知识生产在研究问题、组织方式和基础性支撑方面都有重叠,这促进了两者的合作、交流与互动,也推动了组织文化上的融合。

研究型大学与社会和市场的联系日益密切,逐渐走出象牙塔成为社会的轴心机构。研究型大学与智库都融入国际及国家的政治、经济和社会发展中,政府、党派、市场和捐赠者等外部利益相关者通过政治及经济利益的砝码推动了两者组织的变革。研究型大学与智库为获得更多资源,都主动对接市场及国家战略需求。譬如,研究型大学与知名智库合作建立大学附属型智库、研究型大学原有研究机构转型升级发展为智库、研究型大学基于学科优势建立智库,承担咨政建言的职能。智库凭借高水平研究人才及政策研究分析实力,培养兼具政策分析理论素养与实践技能的研究生。通过教学、政策研究与政策实践相互促进,提高了政策分析及研究水平,传承智库组织文化,提供实用性政策研究人才。

基于自身的组织特征和优势条件,研究型大学与智库可以合作共赢,实现组织文化上的融合,这也在一定程度上促进了研究型大学的发展。首先,智库研究的现实导向性和合作交叉性对研究型大学培养适应时代需求的高水平人才起积极作用。其次,智库研究成果的应用性和政策倡导性,帮助研究型大学进行有效的政策对话,以影响决策,提高了研究型大学的知识转化、政策影响力和社会服务能力。第三,智库辅助研究型大学实现学术研究和教育的社会应用价值。随着在大学获得学术职业越来越困难,智库的研究工作可以在一定程度上替代学术职业,也逐渐成为众多高水平研究人才的职业选择,这拓展了大学研究人员和研究生的职业发展路径,为学科发展和人才培养提供了更大的吸引力。

坚持高校智库的学术独立性,适当地运用和发挥智库组织应当具有的咨政建言、发挥政策影响和舆论导向的重要职能,通过学术研究促进咨政建言的科学性和合理性,通过咨政建言提升学术研究的价值效用和社会贡献,推动学术研究与咨政建言协同发展,共生互动。通过智库建设,推动研究型大学跨越式发展,或许将成为高校智库建设的重要价值导向。

第三节　案例分析:斯坦福大学胡佛研究所

胡佛研究所隶属于斯坦福大学,是世界著名的学术研究机构和政府智库。在历次高校智库的排名中均稳居前十名,在美国智库的排名中也稳居前茅。基于其高水平学术研究和政策服务能力,胡佛研究成为沟通知识与政策的重要平台,在组织文化方面具有代表性。

1964 年,胡佛去世之前,反思了胡佛研究所和它的成就、范围、重要性和目的。1959 年他向斯坦福大学董事会提交了一份声明,内容如下:"胡佛研究所支持美国宪法、权利法案和代议制政府。我们的社会和经济体制都是以产生主动性和创造性的私有经济为基础。我们是一个系统,除非当地政府和人民自己不能够执行的时候,联邦政府才可以采取政府的社会的或者是经济的行为。机构的总体使命是:依据档案资料,发出反对战争的声音;通过研究档案和出版物,恢复人们创造和维护和平的努力,维持并保护美国生活方式。这个机构不仅仅是一个图书馆。以这些目标为基础,机构必须及时的动态的指向和平、个人自由和保护美国体制之路。"①

---

① Mission/History[EB/OL]. http://www.hoover.org/about/missionhistory, 2014-09-02.

一、始于图书档案馆

胡佛研究所由胡伯特·胡佛创建，他是一个孤儿，17 岁进入斯坦福大学学习且毕业于精英班级，后来成为一名杰出的采矿工程师，慷慨的慈善捐赠者，知名的人道主义者，政府发言人及第三十一任美国总统。胡佛研究所的创建源于第一次世界大战。胡佛具有强烈的人道主义精神，他在伦敦积极参与战争援助并协助来自美国的旅行者逃离战场。受康奈尔大学首任校长安德鲁·怀特（曾搜集大量法国大革命的档案资料）的影响，他意识到他可以借助工作之便参与搜集一战期间人口逃亡的信息。

1919 年，胡佛给斯坦福大学捐赠了 5 万美元用于搜集战争资料，1922 年被命名为胡佛战争图书馆。1926 年，它被描述为全世界搜集一战素材最大的图书馆。1946 年，胡佛图书馆的业务拓展并开始开展研究活动，被重新命名为"胡佛战争革命与和平研究所"。胡佛作为一个慈善家、募集资金者和建议发起者，一直参与胡佛研究所的活动。1957 年机构再次被命名为"胡佛战争革命与和平研究所"，称谓延续至今。胡佛战争革命与和平研究所成为 20 世纪世界政治史上最大的私有文档储存之地。

胡佛研究所起源于图书馆，这是胡佛研究所与其他高校智库的最大区别。C 研究员提出，"图书馆是胡佛研究所的一部分。搜集图书馆档案资料是胡佛研究所工作的一部分。胡佛研究所最初就是一个图书馆，前 40 年主要是做图书馆档案的搜集和整理工作，20 世纪 60 年代发展成为一个公共政策研究机构。胡佛研究所的发展与图书馆文档和档案的质量息息相关。胡佛创建胡佛研究所的目的就是搜集历史资料和档案为公众服务，因此是对外开放的。"

那么，为何会从图书馆发展成为公共政策研究机构？C 研究员指出，"20 世纪 60 年代的政治背景很复杂，越战、保守主义社会运动等。斯坦福大学也不能幸免。从事公共政策研究，是大学重要的社会服务职能。我们有许多历史素材可以用来研究，而且我们有斯坦福大学这一个良好的平台，许多研究者愿意参与。希望通过公共政策研究，产生高质量的研究成果，运用思想成果去促使人们思考这个社会的一些公共政策问题。"

同时，C 研究员也认为图书馆为胡佛研究所成为顶级公共政策研究机构提供便利和优势，"胡佛图书馆搜集了大量的一战和二战的历史档案，这是非常珍贵的材料，也非常难得的。我们有大量的中国的历史档案材料。许多想了解战争和相关材料的人，他们可以来胡佛研究所查找。这增强了胡佛研究所的社会声誉,许多人认为我们有丰富的档案资料,因此研究也必然是可以信赖的。搜集档案材料是我们的使命,非常有价值,会一直做下去。"

二、政策研究者与教育者

胡佛研究所的愿景陈述为汇集必备的知识资源,理解社会及国内外经济的、政治的和社会的变迁的原因和后果,分析政府公共政策行为的影响,使用理性的辩论和严谨的知识,以形成积极的政策为导向产生并传播思想。把概念视角转化为实践政策举措,以对社会有益为判断标准。胡佛研究所努力成为杰出的具有积极影响的思想贡献者。

C研究员认为,胡佛研究所的发展目标定位有两个,一是研究者,二是教育者。"做政策研究,教育公众向其传播和告知政策研究结果。因此,我认为我们有两种身份:研究者和教育者。首先,我们是研究者,关注政策问题研究。其次,对于面临政策问题的人员来说,我们是教育者,通过研究为其提供政策建议和方案选择。"因此,胡佛研究所兼具政策研究者和教育者的角色,不仅关注学术研究与政策研究,而且试图把其创新性研究发现和思想成果传播给社会公众、学者和政策制定者,使其研究成果发挥更大的社会价值。

依托于斯坦福大学而存在,与其他独立智库具有组织隶属上的差异,也与大学内部的学术机构具有研究取向上的差异。"胡佛研究所与斯坦福大学有很强的关联,其他独立性智库没有这种联系。斯坦福大学为胡佛研究所带来了很多东西,比如游客、访问者、大学教授、大学捐赠者;除此之外,斯坦福大学会给一些指导,其他智库是没有的。"与大学内部其他学术机构相比较,C研究员也认为胡佛研究所具有发展的特色优势。"首先,胡佛研究所可以独立任命研究人员,这与其他学术部门不同,研究人员可以来自非学术部门。学术机构对纯粹的学术研究感兴趣。胡佛研究所既对公共政策问题感兴趣,也对学术问题感兴趣。华盛顿的一些智库聚焦于一般政策和评论。胡佛研究所尽力做学术研究,但是也会做具有政策定位和应用性的研究。其次,胡佛研究所没有学位项目,人才培养不是胡佛研究所的职能和目标,只是研究机构。"由此看出,作为高校智库的胡佛研究所具有独立智库难以具备的依托于研究型大学的人才集聚、学科研究基础和发展资源上的优势,与此同时,相较于大学内部的学术机构,也呈现出一种独特的发展路径,即关注政策的研究及其社会功用价值。

三、保守派倾向与大学研究机构

　　研究型大学具有学术独立和学术自由的精神品格，因此，致力于纯粹学术研究的教授们可以致力于自己的学术问题而不过问政治要求及其社会功用，具有这种价值观的教授们必然认为大学理当是纯洁的象牙塔，与党派和政治等不相往来。然而，随着研究型大学逐渐融入社会潮流，以满足社会及国家战略需求作为发展的风向标，许多党派倾向及政府智库逐渐落户研究型大学。胡佛研究所在多数人眼里是属于保守派智库，那么党派倾向会影响研究的独立性和客观性吗？C研究员认为，"许多人认为我们是保守派智库，这主要与胡佛研究所的创建者有关，胡佛总统是保守派共和党的领袖，我们有许多研究人员也具有保守派倾向，但是也有许多研究人员是没有党派倾向的，比如我。胡佛研究所努力尝试做到非党派倾向。我们的思想基础是自由市场和个人自由，有限政府。我们的研究是以客观事实和数据为基础的，独立地做客观性的具有政策指向的学术研究。胡佛研究所不喜欢被称为党派倾向的智库。"

　　智库的发展与研究型大学提供的优质的物理资源、人才集聚的优势和学科集群的研究优势息息相关。同样地，斯坦福大学也给胡佛研究所提供了充裕的支持。"首先，斯坦福大学给了胡佛研究所一个场所。胡佛位于斯坦福大学，非常漂亮的一座校园。给了胡佛研究所一个好名声，许多人知道斯坦福大学胡佛研究所之后，也会提高对胡佛研究所的信任度。胡佛研究所是斯坦福大学的一部分，使得许多人可以来到斯坦福，比如游客、教授、访问者。因为区位优势，许多人愿意来硅谷、来斯坦福、来胡佛研究所。斯坦福大学会给予一些资金，约占胡佛年总收入的2％。"可以看出，斯坦福大学的一流的社区资源为胡佛研究所声誉和品牌的传播提供了重要的影响，胡佛研究所强大的捐赠资金及其高水平的独立研究能力为其在斯坦福大学落地生根提供了强有力的资金支持。

四、学术先锋与政府智库

　　胡佛研究所作为世界最知名的智库之一，其成功之道和发展路径具有重要的借鉴意义。有哪些关键举措使得胡佛研究所成为世界最知名的智库？C："非常幸运可以成为学术和公共政策研究的知名单位，胡佛研究所非常努力地去招募高水平的研究人员。现在值得欣慰的是，许多世界知名的研究人员都是胡佛研究所的研究人员。胡佛研究所有许多极高学术声誉的研究人员，他们有潜力去做高水平政策研究。胡佛研究所的目标是根据需要去雇佣可以找到的最优秀的研究人员,把他们吸引进来,这可以提高胡佛研究所的学术声誉,使得胡佛研究所成为最知名的学术和政策研究机构。"因此,高水平研究人员以及胡佛研究所具有的招募和吸引高水平研究人员的能力是其声名远扬的重要因素。

胡佛研究所招募研究人员的标准有哪些?D研究员提出"有一个部门对潜在的胡佛研究所成员进行评价,主要看其研究领域、推荐人、在全球的学术影响力及其研究能力,那是招募人才的主要方式。"那么,在对研究人员的评价方式有哪些?D研究员也提出,"给研究人员非常大的自由度,他们可以研究自己感兴趣自己真正想研究的。要成为胡佛研究所的成员,必须具有较高的学术声誉。因为你有较高的声誉,所以胡佛研究所给予研究的自由。高级研究员类似终身教职。可以持续进行研究,我们也可以持续提供支持。访问研究人员大多一年任期,多由知名教授推荐,在胡佛开展合作研究。大多数来自学术领域。高级研究员可以一直在此工作。"没有繁重的等级以及科层式管理体系,学术人员独立自由地调查研究,是胡佛研究所研究人员最基本的工作方式,这使其可以根据自身的研究兴趣,在好奇心的驱使下做出原创性的创新性研究。

胡佛研究所有哪些措施确保提供高质量的研究成果?D研究员认为,"一是外部人员同行评议,研究人员做出高水平的基于同行评议的研究成果,发表在权威期刊,比如政治学期刊。许多成果会在知名的报纸刊出。而这些研究成果要发表出来,需要经过同行的评价。二是组织研究项目组。聚集多个关注相似问题的研究人员,他们有些是胡佛研究所的研究人员,有些是其他机构的研究人员。我们做许多研究,大多数研究都是由学者自己做出。"多学科合作协同研究有助于更好地解决研究问题,同行评议制度可以更大程度上确保研究的高质量,使其研究成果可以与相似领域的同行有效对话,从而提升学术和政策影响。

学术以探究知识真理为目的,政策以解决现实问题为追求,因此,学术与政策之间可能会存在鸿沟。作为学术研究机构和公共政策智库,胡佛研究所在发展过程中不可避免地要面对学术与政策的权衡问题。那么如何在学术研究与政策影响之间有效权衡?D研究员认为,"我并不认为学术与政策应用之间有很大的鸿沟,我更希望认为学术研究是政策应用的有益补充。要实现政策应用的效率,需要事实,需要学术研究的事实证据作为支持。毫无疑问,一个好的学术研究可以为政策应用提供许多帮助。我们努力招募一些可以消除这个鸿沟的研究人员,从理论到实践,以及提供理论和证据。"因此,高校智库担负沟通知识与政策的使命,通过知识研究服务于政策制定,使学术研究和政策服务相结合,最大程度上发挥学术研究的社会功用,提升学者和研究型大学的社会贡献。

胡佛研究所提供广泛的政策应用性的思想，并影响政策制定。虽然位于西海岸，但是对东部华盛顿特区的政策过程感兴趣，可以从一个局外人的政策环境视角，完成研究，实现长期的发展目标。胡佛研究所的学术研究具有多样性，从基础研究到应用研究、从理论研究到实证研究、从抽象研究到描述性研究都占有一席之地。各类学术研究都具有发展的活力，不仅可以有效融合不同的学科，而且吸引各种常驻研究人员与访问学者，学术思想者与政策实践者，思想生产者与媒体交流者的共同参与。

第七章 中国特色新型高校智库的发展

中国正进入智库时代,研究型大学也依据研究优势和特色积极地参与智库建设。2014年《中国特色新型高校智库建设推进计划》的出台,推动研究型大学更加注重紧跟时代发展步伐,顺应社会经济发展要求,与政府部门的联系更加紧密,学术研究的问题导向更加鲜明,为国家发展做贡献的想法更加积极。在此背景下,中国特色新型高校智库建设也不断向前推进,呈现出良好的发展态势。高校智库的发展具有一定的空间特殊性,在中国特殊的环境土壤的培育下,高校智库的发展具有一些本土特色。

第一节 中国特色新型高校智库的政策演进

高校智库作为附属于大学的"服务决策、传承文明、思想创新、资政育人"的重要研究机构,深入思考社会发展面临的瓶颈问题,基于学科研究特色、学术自由精神、价值中立原则独立地从解决现实政策问题的角度提出创新性的突破性的建议,通过辅助决策推动社会政策决策的民主化和科学化。

一、中国特色新型高校智库的提出

我国进入经社会转型发展和创新驱动时代,为推动国家治理体系和治理能力现代化,破解经济发展和社会治理等领域出现许多重大的理论及实践难题,都亟待创新性思想和可操作性的政策举措。智库作为思想创新和知识生产的重要场所,为社会各界广泛期待并被寄予厚望。政府、高校及社会意识到智库对于提升国家文化软实力、产生创新性思想、沟通学术与政策并辅助公共政策决策的重要价值。高校智库是一种重要的智库类型，是日渐流行的新词汇，这凸显出政府和社会对高水平研究型大学的学术研究价值和社会服务能力的充分肯定，也表达了对高校人文社会科学服务政府决策咨询的强烈期待。对于知识密集型组织的研究型大学而言，建设智库也发展成为高等教育领域的新兴流行词汇，理性认识并科学规划高水平大学智库成为重要议题。

2013年4月习近平总书记就关于加强中国特色新型智库建设做出重要批示："智库是国家软实力的重要组成部分，随着形势的发展，智库的作用会越来越大。要高度重视、积极探索中国特色新型智库的组织形式和管理方式"。2015年10月27日在中央全面深化改革领导小组第六次会议上习近平同志再次强调："改革发展需要强大的智力支持"，要"把中国特色新型智库建设作为一项重大而紧迫的任务切实抓好"。刘延东同志在主持召开的"繁荣发展高校哲学社会科学推动中国特色新型智库建设"座谈会上对高校智库建设亦提出了如下要求："高校作为我国哲学社会科学事业的生力军和各学科人才聚集的高地，是建设中国特色新型智库的重要力量"，"要充分发挥高校学科齐全、人才密集的优势，繁荣发展高校哲学社会科学，为建设中国特色新型智库做出贡献"，"多出具有前瞻性战略性和针对性可操作性的研究成果，为党和政府科学决策提供高质量的智力支持，努力做改革发展决策方案的建言者、政策效果的评估者、社会舆论的引导者"。虽然高校智库在我国还是一个近几年出现的符号称谓，但是研究型大学建设具有智库职能的研究机构却不是新鲜事物。譬如研究型大学内有各种类型的人文社会科学研究机构及多个国家部委设立的研究基地，致力于通过相关学科研究为政府部门提供政策建议和咨询。若干知名学科专家通过个人专家建议的形式开展咨政建言活动。因此，我国研究型大学的众多研究机构一直都在或多或少地发挥着智库的职能。长久以来，我国大学咨政建言活动通常是以松散化的形式进行的，许多大学教授的建议往往学术性太强，政策应用性不够，高质量政策研究成果匮乏，这必然难以满足社会转型发展和创新驱动时代面临的各种现实性、紧迫性和重大性战略问题的需求。政府解决现实问题及实现国家治理能力现代化越来越需要智库提供创新性和前瞻性思想，对高水平高校智库的需求愈加强烈，研究型大学作为思想创新的动力之源也逐渐成为高水平智库建设的先行者。

戴栗军(2015)[①]、韩万渠(2016)[②]和于丰园(2017)[③]等学者，从组织变迁、学

① 戴栗军等. 我国高校智库的发展逻辑与战略转型[J]. 教育探索, 2015(10): 60-63.
② 韩万渠. 中国高校智库的组织变迁、发展困境与对策研究[J]. 高教探索, 2016(5): 21-26.
③ 于丰园等. 中国高校智库研究进展及启示[J]. 情报杂志, 2017(01): 72-76.

科建设和主体意识等不同层面,将中国高校智库的发展历程划分为四个发展阶段。1949—1977 年为新中国成立后的零星初现阶段,主要表现特征为个体智囊式、实体性国别研究机构等。1978—2001 年为改革开放后的基本奠基阶段,主要表现特征为政府部门和高校以规模、制度为运行机制联合共建研究所,成立趋近于现代智库运作模式的研究基地、研究中心。2002—2012 年为十六大以来的发展探索阶段,主要表现特征为教育部建立具备智库组织的基本功能与形式的高校学术研究中心、先进文化孵化中心、文献辐射中心和决策咨询服务中心。2013 年以来为中国特色新型高校智库的蓬勃发展阶段,主要表现特征为从国家战略层面出台高校智库建设计划方案,各省级教育行政机构出台高校智库建设规划,大力推进新型高校智库建设。高校智库在我国逐渐成为研究型大学人才培养、科学研究和社会服务核心职能的延伸和拓展。通过建设高水平智库服务于政府决策和国家发展,逐渐成为研究型大学的重要使命,并得到社会各界的广泛认可。

二、中国特色新型高校智库的政策脉络

从国家政策层面探讨高校智库的文件始于 90 年代末的人文社会科学重点研究基地建设的相关政策文件,1999 年 6 月教育部印发的《普通高等学校人文社会科学重点研究基地建设计划》提出,"重点研究基地通过主动承担实际工作部门的应用研究课题、聘请实际工作部门的专家作为兼职研究人员,或吸收其参加课题组开展合作研究、派遣研究基地人员担任实际工作部门的顾问,面向各级政府、工商界及其他社会各界开展咨询服务,提高解决重大实践问题的综合研究能力和参与重大决策的能力,成为全国知名的'思想库'和研究咨询基地"。教育部人文社会科学研究基地进行体制与机制的创新,集中所在大学的优势学科资源开展学术研究,提升学科集聚度和学科发展水平,通过相关学科领域的研究服务于国家决策,将思想库作为人文社会科学研究基地的一个重要发展目标。2011 年 11 月教育部《高等学校人文社会科学重点研究基地建设计划》提出"突出问题导向,以研究回答全面建设小康社会中的重大问题为主攻方向,推动重点研究基地与国家部委、地方政府等开展实质性、高水平合作,形成一批国家级'智库'",出现了智库的提法,并将人文社会科学研究基地作为智库建设的一种重要形式和载体。2012 年 12 月教育部办公厅关于印发《高等学校人文社会科学重点研究基地建设计划实施办法》提出,"高等学校人文社会科学重点研究基地进一步促进理论联系实际,增强社会服务能力。主动适应国家重大需求,有针对性

地开展各种学术活动,努力融入社会主义现代化建设的伟大实践,提高研究回答重大现实问题的综合能力。聚焦国家重大政策,加强应用对策研究,建设一批经济、政治、社会、外交、法律、国防等方面的国家级"智库"和"思想库",大力提高决策咨询水平",文件对人文社会科学重点研究基地建设的实施路径更加细化,对智库的提法更加具体,并聚焦于经济、政治、社会、外交等多个领域,同时对人文社会科学重点研究基地聚焦国家重大战略发展需求,增强社会服务能力,从事应用对策研究的需求更加强烈。

高等学校哲学社会科学相关计划为智库建设提供了重大的战略支撑。2011年11月教育部财政部印发《高等学校哲学社会科学繁荣计划(2011—2020年)》为高校智库的建设注入了强心剂,计划提出,"以研究解决重大理论和现实问题为重点,凝练学术方向、汇聚研究队伍、增强发展活力,构建哲学社会科学研究创新平台体系,建设一批达到世界水平,享有国际声誉的学术高地和咨询智库",更加明确了高校哲学社会科学的时代使命及其建设高水平智库的重大目标。2011年11月教育部《高等学校哲学社会科学"走出去"计划》提出,"重点建设若干国际问题研究基地,着力打造有重要影响的国际问题研究'智库'",将智库建设更加聚焦到国际问题研究领域,同时催生了一批大学国际问题研究机构的兴起,如美国研究中心、德国研究中心、印度研究中心、日本研究中心、东南亚研究中心等多个国家和区域问题研究机构在国际问题研究领域开始崭露头角。

国家教育、科技等发展规划文本中,也对高校智库参与决策咨询,服务社会需求提出了众多期许。2010年7月《国家中长期教育改革和发展规划纲要(2010—2020年)》提出,"高校要牢固树立主动为社会服务的意识,全方位开展服务。积极参与决策咨询,主动开展前瞻性、对策性研究,充分发挥智囊团、思想库作用。"2014年4月教育部财政部印发的《2011协同创新中心建设发展规划》提出,"经过改革发展,使面向文化传承创新的协同创新中心建设成为服务重大决策的国家智库,推动文化传承创新的主力阵营,引领我国人文社会科学发展和理论创新的前沿阵地,高水平人才汇聚、拔尖创新人才培养和高水平国际学术合作交流的重要平台。"2016年12月教育部印发的《高等学校"十三五"科学和技术发展规划》提出,"加强高水平科技智库建设。聚焦科技领域,坚持问题导向,以全球视野和中国视角谋划智库建设。形成一批特色鲜明、国内一流、国际知名的中国特色高端科技智库,在国家科技创新战略和重大决策中发挥有力支撑,在国际科技创新领域中拥有较大话语权。"2017年1月国务院印发《国家教育事业发展"十三五"规划》,提出"提高高等教育发展水平,若干所大学和一批学科进入世界一流行列,若干学科进入世界一流学科前列,在高校建成一批服务国家战略的创新基地和新型智库,创新服务能力全面提升,涌现一批重大创新成果,促进培育新动能,推动文化繁荣和社会进步,增强国家核心竞争力。"在国家教育发展规划、协同创新中心发展规划、十三五科技发展规划及十三五教育发展规划中,均将在高校建设一批具有高影响力的国际知名的特色智库以服务于国家重大决策作为重要的发展战略。

党的十八大、十八届三中全会及十九大报告中,提出健全决策机制,加强中国特色新型智库建设,智库建设上升到国家战略的高度。2012 年 11 月党的十八大报告提出"健全决策机制和程序,发挥思想库作用",强调加快推进政府科学民主依法决策,意味着智库在政府决策过程中的重要性得到最高决策层的高度重视。2013 年 11 月,党的十八届三中全会提出"加强中国特色新型智库建设,建立健全决策咨询制度",智库在政府政策决策中的重要作用成为全党共识,中国特色新型智库建设在制度层面成为国家战略方针,引发理论界和实务界热烈讨论。2017 年 10 月党的十九大报告提出"深化马克思主义理论研究和建设,加快构建中国特色哲学社会科学,加强中国特色新型智库建设",智库建设继续成为国家经济社会发展的重要战略,中国智库建设迈入发展的新时代。

党和国家领导人高度重视智库建设。2013 年 4 月,习近平总书记对中国特色新型智库建设做出重要批示,这是新中国成立以来最高党和国家领导人首次提及中国智库建设,明确提出要把中国特色新型智库提升到国家战略层面,并作为国家治理能力和治理体系现代化的重要组成进行系统布局。批示包括四个重要内涵:一是把智库作为国家软实力的重要组成部分。把智库发展提高到了国家战略高度。二是指出我国智库发展相对滞后,应发挥更大的作用,既指出差距,又表明发展需求迫切、空间很大。三是提出"中国特色新型智库"的建设目标。这是当前和今后一个时期我国智库发展的基本方向。四是探索中国特色新型智库的组织形式和管理方式,落脚点是为中央的科学决策提供高质量的智力支持。中国大地掀起了一股智库建设的热潮,这推动了学者开展智库研究的热情,形成了社会实践及学术研究上的"智库热"现象。2013 年 5 月,国务院副总理刘延东在"繁荣发展高校哲学社会科学　推动中国特色新型智库建设座谈会"上,重点强调高校哲学社会科学在中国特色新型智库建设过程中的重要作用,明确指出新形势下高校哲学社会科学的时代使命。刘延东指出,"建设中国特色新型智库是服务党和政府科学民主决策、破解发展难题的迫切需要,对于坚持和发展中国特色社会主义、提升国家软实力、全面建成小康社会具有重要意义。高校作为我国哲学社会科学事业的生力军和各学科人才聚集的高地,是建设中国特色新型智库的重要力量,要以服务决策为导向,以提升能力为核心,以改革创新为动力,以哲学社会科学繁荣发展为依托,努力打造一批在国内外具有重要影响的高端智库。"

近几年,专门针对智库建设的文件陆续发布。2014年2月教育部印发的《中国特色新型高校智库建设推进计划》提出,"服务国家发展,明确建设目标。聚焦国家急需,确定主攻方向。整合优质资源,建设新型智库机构。发挥人才关键作用,着力培养和打造高校智库队伍。拓展成果应用渠道,打造高端发布平台。改革管理方式,创新组织形式。加强组织领导,提供有力保障。"这是第一个专门聚焦于中国特色新型高校智库建设的文件,对高校智库的建设提供了重要战略指引,同时也推动一大批智库在高校建立。2015年1月中共中央办公厅、国务院办公厅联合发布《关于加强中国特色新型智库建设的意见》,成为中国特色新型智库建设的纲领性文件,对中国特色新型智库建设的指导思想、重要意义、总体目标和建设布局等关键问题做出明确指导,意见指出,"中国特色新型智库是党和政府科学民主依法决策的重要支撑,是国家治理体系和治理能力现代化的重要内容,是国家软实力的重要组成部分。到2020年,统筹推进党政部门、社科院、党校行政学院、高校、军队、科研院所和企业、社会智库协调发展,形成定位明晰、特色鲜明、规模适度、布局合理的中国特色新型智库体系,重点建设一批具有较大影响力和国际知名度的高端智库,充分发挥中国特色新型智库资政建言、理论创新、舆论引导、社会服务、公共外交等重要功能。"为贯彻《关于加强中国特色新型智库建设的意见》重要精神,2015年11月中央全面深化改革领导小组第十八次会议通过《国家高端智库建设试点工作方案》,从指导思想,试点工作的基本要求,入选试点智库的具体条件,首批试点智库的认定、类型和结构,试点智库的运行管理五个方面,对高端智库建设试点各项工作予以明确,共有25家机构入选首批国家高端智库建设试点单位。高端智库建设试点以"国家亟须、特色鲜明、制度创新、引领发展"为目标,致力于为中国智库建设树立标杆,在中国国家治理体系和治理能力现代化等方面,积极开展前瞻性、对策性及战略性的问题研究,为实现中华民族伟大复兴的中国梦提供智力支持。

"双一流"建设方案及其实施办法都提出一流大学要打造具有中国特色和世界影响力的高校智库,为国家决策服务。2015年11月国务院《关于印发统筹推进世界一流大学和一流学科建设总体方案的通知》提出,"推动加强战略性、全局性、前瞻性问题研究,着力提升解决重大问题能力和原始创新能力。大力推进科研组织模式创新,依托重点研究基地,围绕重大科研项目,健全科研机制,开展协同创新,优化资源配置,提高科技创新能力。打造一批具有中国特色和世界影响的新型高校智库,提高服务国家决策的能力。"2017年1月教育部、财政部和国家发展改革委关于印发《统筹推进世界一流大学和一流学科建设实施办法(暂行)》提出,"一流大学建设高校在社会服务方面,产学研深度融合,实现合作办学、合作育人、合作发展,科研成果转化绩效突出,形成具有中国特色和世界影响的新型高端智库,为国家和区域经济转型、产业升级和技术变革、服务国家安全和社会公共安全做出突出贡献,运用新知识新理论认识世界、传承文明、科学普及、资政育人和服务社会成效显著。"在一流大学和一流学科建设的背景下,一流智库建设和"双一流"建设相辅相成,一流智库为"双一流"建设提供重要支撑,同时一流智库建设也成为"双一流"建设的重要任务。

三、中国特色新型高校智库的评价基准

在中国特色新型智库建设蓬勃发展的时代背景之下,对中国特色新型高校智库的评价基准进行清晰的厘定对划分高校智库的边界并开展科学研究具有重要意义。当研究如何去评价一个组织的发展时,不可避免地要涉及组织的基准问题。基准决定了谁是和谁不是一个特定的社会系统的成员。基准可以是物理性的,比如学校的围墙。可以是政治性的,比如一个政党的成员资格。也可以是社会性的,比如某个社会阶层的生活方式。要获得机构准入资格,对其基准的要求可能比较高,也可能比较低。在测量工作中,基准是根据要素的内涵分析、概括、抽象出来的最本质的因素,主要用来表示被评价对象达到什么程度才合乎基本要求。本研究中高校智库的基准是一个组织可以成为高校智库的基本的必要条件,或者说是区分一个组织是高校智库或非高校智库的临界点。这些临界点可以由组织的目标定位、内部资源、运行机制、产生影响的方式与途径等来解释,以及使得高校智库区别于其他机构的标志性特征。高校智库的组织基准虽然是一个具体的概念,但是其内涵特征却离不开深深影响着高校智库形成与发展的社会历史条件、学术及政策共同体。

该部分聚焦中国特色新型高校智库的评价基准,研究的具体问题是一个组织可以被称为中国特色新型高校智库的最基本的必要条件是什么? 即如果具备这些必要条件,这个组织即可以被称为中国特色新型高校智库,如果不具备这些条件,就不是中国特色新型高校智库。对这个问题深入和准确的理解,不仅有助于更加深入地认识当前我国高水平高校智库建设面临的实践问题,同时也可以为建立中国特色新型高校智库组织的评价体系提供一定的基础。

本研究使用探索性因子分析方法,运用 IBM SPSS Statistics 19 分析软件进行数据分析,把这 20 个指标转化成数量较少且能够代表原数据中大部分信息的

几个主要指标来进行分析。这样使研究变得简单。如表 7-1 所示,通过 Bartlett 球检验发现显著性水平为 0.000,说明这些指标存在因子结构,另外 KMO＝0.603,表明数据也较适宜因子分析。

表 7-1　KMO 和 Bartlett 检验

KMO 和 Bartlett 检验

取样足够度的 Kaiser-Meyer-Olkin 度量		.603
Bartlett 的球形检验	近似卡方	306.442
	df	190
	Sig.	.000

描述性分析发现,如表 7-2 所示,专家评分中,政策报告和专家建议被采纳的数量、有明确的智库定位和发展目标、实体性的研究机构、有一批高水平的专职研究人员和团队、以现实政策问题为研究导向为平均分最高的指标,可以看出根据专家调查,可以判定这些指标在中国高校智库的评价标准中占有重要位置。

表 7-2　描述分析

	均　值	标准差	个　数
政策报告和专家建议的数量	3.91	.904	58
政策报告和专家建议被采纳的数量	4.64	.520	58
学术论文会议论文和专著的数量	3.31	.706	58
学术论文会议论文和专著的引用率	3.79	.767	58
召开高端论坛及国际会议的次数	3.74	.515	58
有专业的学术刊物	3.57	.565	58
中英文网站	3.97	.494	58
与国外高水平智库有合作关系	3.69	.627	58
有明确的智库定位和发展目标	4.97	.184	58
实体性的研究机构	4.83	.464	58
机构的观点被媒体引用的次数	3.36	.810	58
与政府部门有良好的交流平台	3.71	.726	58
有一批高水平的专职研究人员和团队	4.86	.348	58
有政府部门工作经历的人员数量	3.10	.612	58
知名兼职人员学者或政府人员的数量	2.72	.854	58
政府部门邀请讨论政策问题的次数	3.45	.753	58

（续　表）

	均　值	标准差	个　数
学科的研究水平	3.47	.883	58
有政府部门共建的学科研究基地	2.95	.847	58
以现实政策问题为研究导向	4.10	.718	58
重视定量研究	3.55	.862	58

　　探索性因子分析发现，前8个因子的特征值大于1，可以用于解释原始20个变量的70.636％的变异。因此提取8个因子。如表7-3所示，旋转后，第一个主成分对政府部门邀请讨论政策问题的次数、学科的研究水平和与政府部门有良好的交流平台有绝对值较大的相关系数，可以命名为**政府认可度**。第二个主成分对与国外高水平智库有合作关系和机构观点被媒体引用次数有绝对值较大的相关系数，可以命名为**国际及媒体认可度**。第三个主成分对学术会议论文数量、有明确的智库定位和由政府部门共建研究基地有绝对值较大的相关系数，命名为**基础平台**。第四个主成分对政策报告和专家建议数量有绝对值较大的相关系数，命名为**研究成果**。第五个主成分对高水平专职研究人员和团队有绝对值较大的相关系数，命名为**专职人员**。第六个主成分对有政府部门工作经历的人员数量有绝对值较大的相关系数，命名为**人才结构**。第七个主成分对政策报告和专家建议被采纳的数量和中英文网站有绝对值较大的相关系数，命名为**影响力传播**。第八个主成分对召开高端论坛及国际会议的次数有绝对值较大的相关系数，命名为**组织活动能力**。

表7-3　旋转成分矩阵

	主成分							
	1	2	3	4	5	6	7	8
政府部门邀请讨论政策问题的次数	.805							
学科的研究水平	.770							
与政府部门有良好的交流平台	.691							
实体性的研究机构								
与国外高水平智库有合作关系		.831						

（续 表）

	主成分							
	1	2	3	4	5	6	7	8
机构的观点被媒体引用的次数		.717						
学术论文会议论文和专著的数量			−.725					
有明确的智库定位和发展目标			.674					
有政府部门共建的学科研究基地			.641					
学术论文会议论文和专著的引用率								
政策报告和专家建议的数量				−.840				
知名兼职人员学者或政府人员的数量								
以现实政策问题为研究导向								
有一批高水平的专职研究人员和团队					.786			
重视定量研究								
有政府部门工作经历的人员数量						.898		
有专业的学术刊物								
政策报告和专家建议被采纳的数量							−.829	
中英文网站							.629	
召开高端论坛及国际会议的次数								.803

注：迭代次数为12。

使用问卷调查法以研究高校智库的评判基准发现，判断一个机构可否成为中国特色新型高校智库，可以从政府认可度、国际及媒体认可度、基础平台、研究成果、专职人员、人才结构、影响力传播、组织活动能力八个方面来考虑。这在一定程度上也可以作为高校智库组织的评判基准与实践参考，以此作为重要的维度来判断哪些机构可以成为高校智库，哪些机构不符合高校智库的条件。

第二节　中国特色新型高校
智库的比较优势

改革开放之前,中国政策研究机构秉承苏联模式,虽然不是严格意义上的智库,却也具备智库的某些特征,也承担着智库的某些功能。80年代是官方智库发展的黄金时期,社会智库也得到一定发展。90年代高校智库迅速发展,中国智库已基本形成了官方、高校和社会智库共存的局面,在数量、资金及影响力上民间智库处于边缘地位。21世纪中国智库进入蓬勃发展时期,发展智库成为提高政治决策的科学化和民主化水平重要途径。中国特色新型智库呈现出独特的发展阶段特征,政府在智库建设和政策思想市场发展上起到主导型作用,以政府权力为中心,中国特色新型智库分为官方智库、高校智库和社会智库,这几类智库因其与权力中心距离的远近而具有不同的资源条件和制度发展空间,形成明显的智库圈层结构,这是嵌于中国特色政治体制中的政策思想市场的特征。[①]

一、高校智库与官方智库

我国官方智库可分为党、政府及军队设立的研究中心,包括党校、行政学院、各部委研究机构以及军方智库等不同类别。中国著名的官方智库包括国务院发展研究中心、中共中央党校以及仿照苏联模式设立的国立研究机构如国务院直属的科学院包括中国科学院和中国社会科学院,各部署研究机构如农业部的中国农业科学院,以及对国家重要工程科学与技术问题开展战略研究,提供决策咨询,致力于促进工程科学技术事业发展的中国工程院等。这些研究机构都是由国家出资筹建,属国家所有,经费大多来自国家预算拨款和国家科技基金等。中国官方智库发展得比较成熟,数量众多,影响力很大。承担的主要科研任务是与国家利益和国家安全相关的战略性重大科技问题,企业高校和其他社会组织感到耗资巨大风险高或无力开展的基础科学和应用技术科学研究。[②] 研究可以迅速对接国家重大的战略需求,进行应用性研究。但是其缺点是由于是国立性质

---

①　杨沐.“智库热”与政策思想市场[J].智库理论与实践,2016(10):1-9.
②　顾海兵.中国国立研究机构:问题与出路[J].学术界(双月刊),2014,05(03):50-65.

的研究机构,是政府组织体系的一部分,在研究选题的确定、研究的纵深度以及创新性、独立性和客观性方面存在着不可回避的局限性。

高校智库与决策者的距离远,发挥影响力的渠道也有限,大学资政建言通常是以松散化的形式进行的,困守学术象牙塔的传统使得许多教授的建议往往学术性太强,政策应用性不够,高质量政策研究成果匮乏,往往难以满足社会转型发展和创新驱动时代面临的各种现实性、紧迫性和重大性战略问题的需求。譬如,与党校智库相比较,高校智库与党校智库之间在功能定位和实现模式、知识载体和学科优势、激励机制与虚拟组织形态、沟通机制与国际合作机制等方面存在差异。[①]然而高校智库建设也具有自身的特色。首先,高校智库附属于研究型大学,人才培养、科学研究和社会服务是研究型大学的核心职能。高校智库可以充分发挥研究型大学高水平人才储备的优越性,继续培养和保留一批专业人才,也便于组织不同学科领域的学术同行组成学术团队共同进行应用对策性研究。其次,研究型大学具有高水平的学科研究基础,以及大量的专业学术研究成果,突出的学科研究优势不仅为人才储备提供基础和平台,也是从事高水平应用性研究和政策咨询服务的前提。高校智库进行长期深入的问题导向的研究,提出创新性思想,这种专业性的学术研究能力和长远的知识信息储备是官方智库做不到的。第三,高校智库的研究资金来源更加多元化,更可以依据学术独立原则,跳出政府体制的束缚,更加独立客观中立地提出科学的创新性思想建议。第四,随着现代大学制度在研究型大学的推行、大学内部治理的更新和文化软实力的提升,高校智库在宽松而又充满青春活力和思想激扬的氛围中更容易做出独立性的、专业性和可信任的研究成果。政府解决现实问题及实现国家治理能力现代化越来越需要智库提供创新性和前瞻性思想,研究型大学作为思想创新的动力之源也逐渐成为高水平智库建设的重要力量。智库建设日渐成为研究型大学人才培养、科学研究和社会服务核心职能的延伸和拓展。通过建设高水平智库服务于政府决策和国家发展,逐渐成为研究型大学的重要使命。

二、高校智库与大学基层组织

高校智库是在大学的院系组织、研究中心和研究所等基层研究组织的基础上衍生出来的具有新的称谓或新的功能形态的研究组织。在中国当前的背景之

---

① 傅广宛.智库发展路径的差异化政策分析[J].南京社会科学,2017(09):7-12.

下,高校智库建设主要有两种方式:一是通过整合和转型升级,使原有的研究机构朝着具有政策咨询职能的智库转化。如上海市高校通过资源整合在 2013 年有 21 个研究机构申报上海高校智库,复旦大学组建"上海市高校智库管理研究中心"。二是孵化和培育新型高校智库。复旦大学以 2011 协同创新中心和上海高校智库建设为机遇,围绕社会主义经济、政治、文化、社会、生态文明和国际关系等领域重大问题培育高校智库。[①] 浙江大学提高经济、管理、法学、政治学等社会科学决策咨询能力,培育出中国农业与农村现代化研究中心等研究平台,与中央部门和浙江省政府合作组建西部发展研究院等,逐步形成"研究中心—平台—研究院"三位一体的智库网络。[②] 但是与原有的基层研究组织相比较,高校智库也有自身的一些特点。

(一)目标定位

无论是通过机构整合转型升级还是孵化培育而形成的高校智库,其组织建立的重要基础就是强化政策服务的职能,即具有明确的智库定位和发展愿景。调查发现,中国大部分高校智库的发展定位是推动知识创新,提供高水平学术研究成果,沟通学术研究与政策实践,从国家利益的高度为政府决策提供重要的参考和咨询,担当政府外脑,成为某专业领域内顶尖的专业智库。如国内著名的高校智库——清华大学中国国情研究中心的战略目标是为国家决策做贡献,为理论创新做贡献,为培养优秀的中国研究人才做贡献,致力于建设成为服务于国家高层决策的思想库。清华-布鲁金斯公共政策研究中心致力于在中国经济社会变革及维系良好的中美关系等重要领域提供独立、高质量及有影响力的政策研究。

其他类型的大学基层学术组织的发展定位则是推动高水平科学研究,培养高水平专业人才,为社会、科技和文明进步做贡献。如上海交通大学东京审判研究中心(Center for the Tokyo Trial Studies)是全球首家专门从事东京审判研究、文献整理和编译的学术研究机构,致力于这一人类史上规模最大、参与国家最多、开庭时间最长、留下的档案文献最为浩瀚的战争审判的研究。上海交通大学微纳科学技术研究院(Research Institute of Micro/Nano Science and Technology)是专门从事微米纳米科学与技术基础和应用基础研究,以原创

---

① 教育部社会科学司. 复旦大学努力建成具有国际影响力的高校智库[N]. http:// www. sinoss. net/ 2013/ 0531/ 46770. html,2013 - 05 - 31 10:36:00.

② 教育部社会科学司. 浙江大学在"顶天立地"中推进一流智库建设[N]. http:// www. sinoss. net/ 2013/ 0805/ 46948. html,2013 - 08 - 05 15:56:20.

性成果和经济建设为目标,开展以非硅微细加工与微机电系统(MEMS)、纳米生物医学、纳米电子学与器件的制造技术为主要研究方向的多学科研究平台。

在发展定位上高校智库与其他类型的基层学术组织或许会有些许的重叠,如从事高水平学术研究产生创新性研究成果,培养行业的拔尖人才,推动社会进步和国家发展等。但是高校智库在此基础之上更加强化了其主动对接国家和区域的重大战略发展需求的意愿,以及从事关系国家发展的现实性和迫切性的政策问题研究并影响政府决策的导向。中国语境下的高校智库不符合国外智库的所有特征,要建成高水平智库,明确的智库定位仅仅是一个必要的前提,探索高水平智库成长的体制环境和运行机制至关重要。据统计,自2011年以来,高校向政府有关部门和企业提交研究报告达2.35万份,被采纳1.25万份,[1]在中国社会背景之下,大学以政策研究和咨询定位的研究机构,切实发挥了哲学社会科学思想库作用,也确实担当着政府决策的外脑。

(二)学科领域及研究导向

高校智库以某一学科领域深厚的社会科学研究基础为依托,以解决国家和区域面临的重大现实性问题为导向进行应用性对策研究,以影响公共政策决策为目标,是传统的院系、研究中心等基层研究组织社会服务职能的拓展和延伸。通过多学科合作进行现实问题的应用对策研究,不仅为政府决策提供智力支持,也成为推动高校社会科学繁荣发展的重要途径。在高校智库的视域之下,学术研究是决策咨询的基础,决策咨询是学术研究的重要出发点和归宿。高校智库研究公共政策问题,发挥学科优势提供实用性的解决方案,主要途径有三种:一是聚焦国家改革和社会发展的若干重大问题,进行应用对策研究。二是承担政府委托项目,进行决策咨询研究。三是自主确定课题,进行决策介入研究。[2] 如北京大学中国民营企业研究所聚焦中国民营企业的研究,致力于为学术研究和国家政策制定提供参考,为中国民营企业的发展提供战略规划和顾问咨询。复旦大学国际问题研究院通过对国家经济、政治、国际关系及对外战略和政策问题研究,为国家外交工作提供政策咨询。

大学内部非智库定位的其他基层研究组织的研究领域不限于社会科学,许

---

① 教育部社会科学司. 发挥高校优势,为"中国梦"贡献智慧——中国特色新型高校智库扬帆起航[N]. http://www.sinoss.net/2013/0904/47508.html,2013-09-04 10:57:55.

② 吴康宁. 新型教育政策智库的基本特征[N]. 中国教育报,http://www.sinoss.net/2013/0822/47258.html,2013-08-22.

多从事人文科学以及自然科学的基础性研究,其主要的研究导向是探索和发现新的知识,为人类社会的进步提供更多的知识源泉。其研究方式可以是多学科的交叉性研究,但最终目标是更好地解决研究问题,提供学理的及知识的积淀,而非应用于政策,不注重政策影响力。这种类型的学术研究机构凸显大学学术研究机构的属性,具有天然的科学研究的氛围和优势,在很长的历史时期内,这对推动知识的深入发展、提高大学的科学研究水平和培养高水平专业研究人才起到巨大的作用。如上海交通大学欧洲文化高等研究院(Institute for Advanced Study in European Culture,简称"欧高院",IASEC)是上海交通大学校级研究及教学机构,其宗旨是以当代人文社会科学的最新成果为基础,开展对欧洲思想文化的整体性研究,尤其集中开展对欧洲文化的思想基础和精神核心的深度研究,以其哲学、史学、文学、神学、诗学、人类学、语言学、政治学和社会学等人文社会科学基本理论及其社会实践经验为重点,建构成为跨学科、跨国界的开放性高端国际学术平台。

(三)支持性社会网络平台

发展成熟的高校智库往往具有复杂完善的社会关系网络支持,为更好地解决复杂性的政策现实问题,往往展开跨学科、跨部门、跨机构、跨国的协同性研究,表现为与不同国家的政府、产业界、高水平独立智库及国际组织在资源、信息和人才流动方面具有良好的沟通渠道和合作平台。中国特色新型高校智库与世界一流的独立智库具有合作关系,如清华-布鲁金斯公共政策研究中心是布鲁金斯学会与清华大学合作设立的机构,致力于在中国经济社会变革及维系良好的中美关系等重要领域提供独立、高质量及有影响力的政策研究。清华-卡内基中心是卡内基国际和平研究院亚洲项目的一部分,围绕亚太地区复杂的经济、安全及政治发展议题,为政策制定者提供清晰准确的时政分析。智库研究人员曾经担任政府高官,对政府政策需求甚是了解,这为高校智库进行有针对性和高影响力的对策研究提供了良好的便利。如2013年前英国伦敦经济与商业政策署署长(相当于伦敦副市长)罗思义(John Ross)全职加盟中国人民大学重阳金融研究院,为中国智库与伦敦金融城、英国各大银行及政府之间建立更紧密的联系与个人帮助。① 另外,在高校智库与政府的人员也会存在频繁的流动现象,如建立上海特色的"旋转门"制度,高校智库人员引进和聘用柔性流动运行,研究者在政

---

① 蒋琦. 首位欧美高官全职为中国智库"打工"[N]. 环球时报,2013 - 06 - 04 09:52:00 http://www.sinoss.net/2013/0604/46156.html.

府、企业、高校智库之间有序流动,大学保留3%编制额度专门用于支持教师流动。[①] 上海和福建等地加大经费投入,用以支持多学科交融和合作的协同创新平台建设。南开大学等高校建构起"教育部人文社科重点研究基地—省部共建重点研究基地—校级重点研究基地"为主体的科学研究创新体系。由复旦大学、湘潭大学、井冈山大学、遵义师范学院、延安大学等8所高校联合建立"中国共产党革命精神与文化资源研究中心",打造党史研究教育宣传高地。

相比较而言,大学内部其他类型的基层研究组织的社会关系网络相对简单。鉴于中国高等教育管理体制的特殊性,大学与政府具有天然的不可回避的联系网络。除此之外,基层学术组织与其存在的学术社区和学术同行存在各种组织上的联系,或者是教师个人层面的各种社会关系网络。

总之,中国大学内部基层学术组织不断发展和变化,从院系、研究所、研究中心到高校智库的功能拓展,从学科交叉整合到问题导向的聚焦,从学术研究成果到应用政策研究的转变,也充分体现出中国大学逐渐走出象牙之塔,以更加开放、包容和多元的姿态主动回应社会制度的需求,以获得更加广阔的发展天地。这在一定程度上也反映出中国大学的社会科学研究发展日益迅速和逐步走向专业化,更加自信地从传统的封闭的学术研究中独立出来,开始寻求更加开放的和适宜的组织形态和发展方式。

但是在大学基层学术组织演变的同时,我们难以避免的一个问题即是如何更好地妥善处理并行的院系研究所与高校智库的职权关系问题,更加科学地界定各自的权力与责任,维持研究独立性,以推动功能各异的各类组织协同发展,发挥各自的学科特色实现其多样化的功能价值。高水平的高校智库在辅助公共决策的同时,也定会提升中国特色高水平研究型大学的研究视野、资源获得能力与社会影响力,这也将是建设具有国际竞争力的世界一流大学的重要途径。

三、高校智库与社会智库

中国社会智库数量少,影响力薄弱,还处于起步阶段。由于历史沿革和体制原因,社会智库一直是我国智库发展中的瓶颈和弱势。社会智库尽管近年来有所发展,但在经费保障、项目来源、成果上呈通道、建言献策平台上先天不足。当前中国的社会智库主要有中共经济体制改革研究会和零点研究咨询集团等。现

---

① 董少校.上海市高校新型智库建设工作推进会举行[N].中国教育报,http://www.sinoss.net/ 2013/1118/48390.html 2013-11-18.

在的社会民间智库有很多以前是新型咨询公司,跟随国家发展政策开展智库发展计划,既有实质业务上的转变,也有很多是博名头。

高校智库有深厚的学科研究基础和高水平的学术精英人才和研究团队,其研究实力、研究成果的丰富性、可信度和公信力优势远远大于社会智库。其次,高校智库具有更丰厚的来自政府、大学和企业等机构的资金支持,与社会智库相比,少了独自获取发展资金的巨大压力。第三,高校智库具有更广阔的平台和网络进行政策建言,其专业的思想和研究成果对政策的影响力也更可靠。

总之,当前我国高校智库的发展处于起步阶段,虽然数量很多,但在政策制定领域还没有充分发挥出优势。但是高校智库具有深厚的学科研究基础和高水平的研究团队,坚持学术独立和价值中立原则,提出专业的思想和政策建议。与官方智库和社会智库相比较,高校智库最具备成长为具有国际影响力的高端智库的必要条件。中国大学建立了数量众多的以智库定位的政策研究和咨询机构,由于缺少相对稳定的组织架构和现代科学的智库管理模式,在政策咨询过程中还并没有表现出其优势。中国高校智库将通过一系列的改革,增强创新能力,加速智库平台建设和运行机制改革,增强高校智库人才团队建设。从而使得高校智库成为中国智库蓬勃崛起高速发展的引擎。

第三节　中国特色新型高校智库的发展现状

为了解当前中国高校智库的概况,以一流大学建设高校中的基层院系组织与研究机构为研究的总体,参照通过问卷调查分析的评判标准,对这些机构的官方网站及文本内容进行分析,以探索当前中国高校智库建设的概况。

按照问卷调查制定的评判标准(政府认可度、国际及媒体认可度、基础平台、研究成果、专职人员、人才结构、影响力传播、组织活动能力),以中国一流大学建设高校中的研究机构作为研究的总群体,使用内容分析法,对机构的官方网站及其标示的使命愿景、发展定位、机构介绍、研究成果及相关文本进行内容分析(时间截至 2017 年 12 月 31 日)。研究发现,在当前中国一流大学建设高校中,有247 个研究机构在使命愿景、发展定位、机构介绍、研究成果及组织运行中具有智库的众多特征,且把政策研究与咨询服务作为重要的任务,因此它们在很大程度上发挥着高校智库的职能,或者说可以划为高校智库的范畴。在这些研究机构官方网站的发展愿景和目标定位中,已有 131 个研究机构明确提出自己是"智库"或"思想库"或者将成为"智库"或"思想库"作为重要的发展目标。① 这说明,当前中国一流大学建设高校许多研究机构具有智库担当的主动性和自觉意识。

一、数量分布

当前在中国一流大学建设高校中,绝大多数的具有智库特征的研究机构主要分布在东部地区的上海、北京、杭州、厦门、南京、广州和天津等经济及政治中心,中西部地区主要集中于武汉、西安、兰州。城市与研究型大学相互依托而共生发展,研究型大学需要立足于城市社会经济的发展水平和资源条件,城市的发展定位需要研究型大学提供知识、人才和技术支持。作为政治经济中心的城市增强了研究型大学发展的社会敏锐性和时代使命感,也为研究型大学提供了主动服务国家战略需求和适应社会需求开展应用对策研究的便利渠道。

从一流大学建设高校中具有智库特征的研究机构的成立时间来看,如图 7 - 1 所示,研究机构的数量逐渐增多,在 1999 年之前,研究机构数量较少且每年保持个位数的缓慢增长状态。随着教育部人文社科重点研究基地的成立,1999 年和

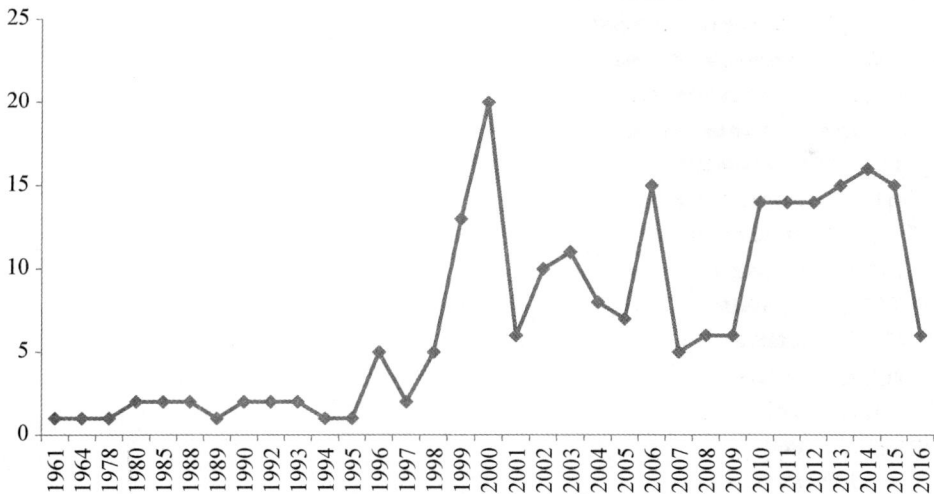

图 7 - 1　一流大学建设高校有智库特征的研究机构的成立时间分布

数据来源:根据各机构官方网站获取成立时间而绘制。

① 注:本研究数据采集(时间截至 2017 年 12 月 31 日)主要依据各大学及其研究机构的官方网站提供的信息,对于那些参与智库工作,但是学校网站没有提及,或者说没有独立官网的机构,本研究不可避免地会有所遗漏。

2000年为一流大学建设高校纷纷建立研究机构的高峰时期,在这期间,一流大学高校内部成立了许多具有决策咨询功能的研究机构。2011年之后尤其是2013年习近平总书记对中国特色新型智库建设作出重要批示以来,一流大学建设高校内部陆续成立了大量的以智库为定位的研究机构。

　　从具有智库特征机构的隶属大学来看,如图7-2所示,清华大学和北京大学成为中国特色新型高校智库建设的主力军,其他的研究型大学如复旦大学、上海交通大学、中国人民大学、中山大学、浙江大学、重庆大学、武汉大学、北京师范

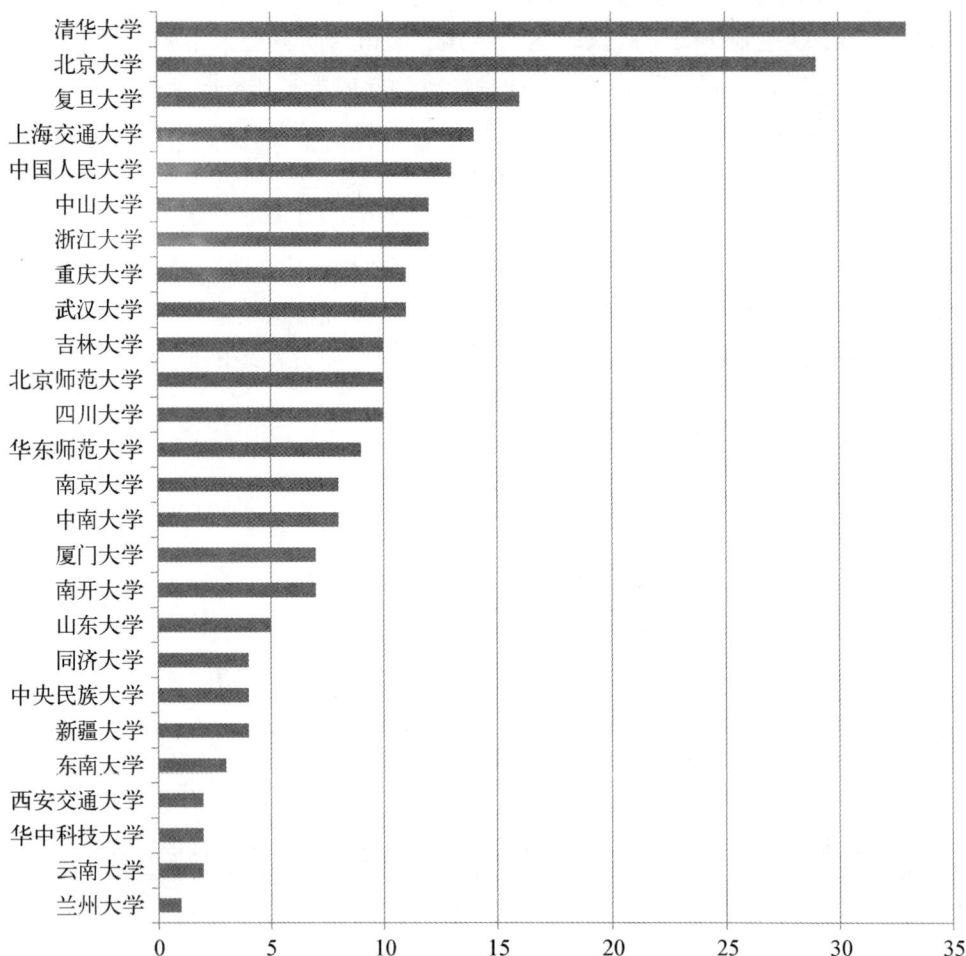

图7-2　一流大学建设高校有智库特征研究机构的数量分布

数据来源:从各大学及其研究机构官方网站统计获得,对于其他可能参与智库工作但是没有官网及信息展示的机构,本研究不可避免的会有所遗漏。

大学、华东师范大学等国内知名的一流大学建设高校在参与智库建设和服务国家战略需求和社会发展需要等方面具有突出的业绩表现。

二、研究领域

如图 7-3 所示,当前一流大学建设高校中具有智库特征的研究机构的主要研究领域集中在社会科学领域,其中国际问题研究类智库数量最多,为 40 个,其次经济研究类智库 31 个,教育类智库 17 个,发展研究类智库 13 个,法律研究类智库 10 个,公共管理与公共政策类智库 10 个,区域发展类智库 9 个,文化研究类和城市研究类智库分别为 8 个。与此同时,城市发展、文化产业、信息产业、科

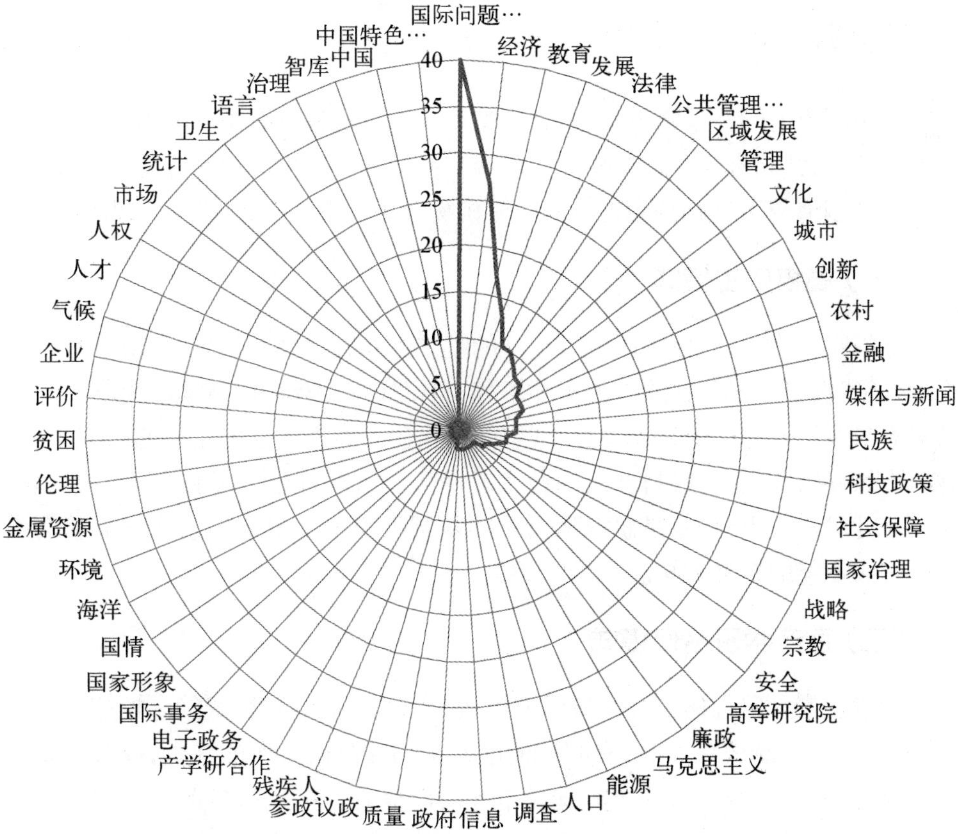

图 7-3　一流大学建设高校有智库特征研究机构的研究领域

数据来源:从各大学及其研究机构官方网站统计获得,对于其他可能参与智库工作但是没有官网及信息展示的机构,本研究不可避免的会有所遗漏。

技政策、质量管理、农村发展、社会保障、民族资产等也成为具有良好发展势头的领域。当下这些研究领域的国家政策需求比较强烈,同时一流大学建设高校对国家战略需求的反应比较敏锐,纷纷建立相关领域的研究机构,集聚校内资源,开展多学科的问题导向研究。以研究领域为依托,智库主要通过三种途径发挥作用。一是聚焦国家改革和社会发展的若干重大问题,进行应用对策研究。二是承担政府委托项目,进行决策咨询研究。三是自主确定课题,进行决策介入研究。[①] 如北京大学中国民营企业研究所聚焦民营企业,致力于为学术研究和国家政策制定提供参考,为民营企业提供战略规划和咨询。复旦大学国际问题研究院对经济、政治、国际关系及对外战略和政策问题研究,为国家外交工作提供政策咨询。

三、形成模式

在中国当前的背景之下,具有智库特征的研究机构具有不同的形成模式,它们相互补充,共同推动研究机构的全面综合性发展。依据高校智库的建设主体,将当前中国情境下具有智库定位的研究机构分为以下三类,如图 7-4 所示。

(一)高校自主模式

高校自主模式,主要指研究型大学的院系组织、研究中心和研究所等基层研究组织通过转型升级,在原有的人才培养、科学研究和社会服务职能的基础上朝着具有政策咨询职能的智库发展,或者是衍生出具有新的功能定位的研究组织。在具有智库特征的研究机构中,高校主动回应国家和社会需求自主设立的约占35%。此种模式下,智库是研究型大学的基层组织主动服务国家战略需求而进行的组织职能的延伸和拓展。

(二)官产学研合作模式

通过官产学研合作培育新型研究机构。官产学研合作模式的高校智库主要是指,在高校智库成立之时,有明确的政府部门和科研院所的挂牌,或其主要是在政府部门、企业和科研院所的支持下才得以成立。在具有智库特征的研究机构中,官产学研合作模式约占 62%,如各类国家部委及地方政府设立的研究基

---

① 吴康宁. 新型教育政策智库的基本特征[N]. 中国教育报,http:∥www. sinoss. net∕2013∕0822∕47258. html,2013-08-22.

地,上海教委牵头整合资源设立上海高校智库,复旦大学和上海交通大学等为主的上海高校以智库建设为机遇,围绕社会主义经济、政治、文化、社会、生态文明和国际关系等领域重大问题培育了许多上海高校智库。浙江大学与中央部门和浙江省政府合作组建西部发展研究院等,形成"研究中心—平台—研究院"三位一体的智库网络。

(三)国际合作模式

通过国际合作模式成立。在具有智库特征的研究机构中,国际合作模式所占比率约为 3%。国际合作模式主要表现为国内研究型大学与国际组织、国外高校、国外智库等机构合作创建具有智库定位的研究机构,其典型代表为清华大学与布鲁金斯学会联合创办的清华-布鲁金斯公共政策研究中心、上海交通大学安泰经济与管理学院和美国杜克大学富库商学院联合建立的中美全球外包联合研究中心、北京师范大学和美国新兴市场论坛联合成立的新兴市场研究院、同济大学与联合国环境署合作成立的可持续发展与新型城镇化智库以及联合国环境规划署和同济大学合作成立的环境与可持续发展学院等。

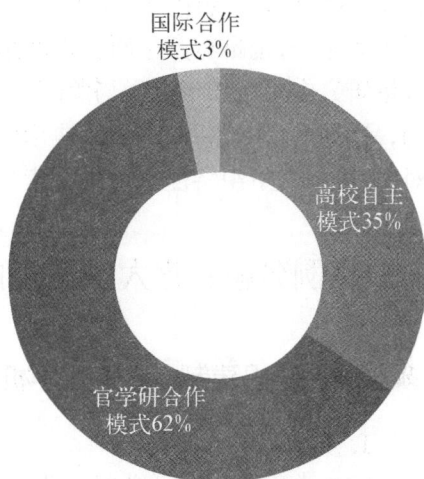

图 7-4 一流大学建设高校有智库特征研究机构的形成模式

数据来源:从各大学及其研究机构官方网站统计获得,对于其他可能参与智库工作但是没有官网及信息展示的机构,本研究不可避免的会有所遗漏。

高校智库组织的形成模式虽有差异,但其建立的重要基础是强化政策服务职能,推动知识创新,提供高水平学术研究成果,沟通学术研究与政策实践,从国家战略需求的高度为政府决策提供重要的决策参考和政策咨询,并且担当政府外脑,成为某专业领域内顶尖的专业智库。

第四节 中国特色新型高校智库案例研究

结合以上对中国特色新型高校智库的分类,从每一个类别中分别选取一个具有代表性的高校智库进行案例分析,以小见大,反观不同类型高校智库的组织特征。本研究选取北京大学国家发展研究院、中国人民大学重阳金融研究院、清华-布鲁金斯公共政策研究中心为案例。之所以选择这三个机构作为案例,主要是因为它们在所属的高校智库类型中具有代表性。北京大学国家发展研究院在上海社会科学院《2014 中国智库影响力报告》的专业影响力排名中,在高校智库系统内排名第一。人大重阳金融研究院入围《全球智库报告 2014》的"全球顶级智库 150 强",是与中国社会科学院、国务院发展研究中心等并行入围的七家中国智库之一,也是官产学研合作新型智库模式的重要典范。清华-布鲁金斯公共政策研究中心是清华大学与美国历史最悠久的智库——布鲁金斯学会合作成立的,是国际合作型智库组织的典型代表。因此,选择这几个机构作为案例分析的对象,可以从组织特征的视角探索当前中国特色新型高校智库的发展现状。

一、案例分析:北大国家发展研究院

(一)组织建制:科研教学机构

1. 组织结构设置

国家发展研究院是隶属于北京大学社会科学部的一个科研教学机构,它在中国经济研究中心基础上组建,如图 7-5 所示,在组织领导体制上实行理事会和学术委员会领导下的院长负责制。为更好地开展教学与科研活动,国家发展研究院在外事科研、人力资源、公共关系、信息技术、财务和后勤服务等方面提供支持。组织内部的管理和具体运行主要分为教学项目、研究中心和行政系列三个部分。

教学项目分为经济学研究生、经济学双学位、EMBA 和 MBA。经济学研究生项目课程设置强调基本理论和方法的训练,培养解决中国经济实际问题的具有社会责任感、国际视野和创新能力的高素质人才。经济学双学位项目成立于1996 年,以其科学的课程体系、一流的师资队伍、标准规范的教学服务,受到校内外在读本科生及本科毕业生的青睐,为学生就业提供了更多的机会。关注国家经济发展趋势和商业环境变化,来研究和传授管理学知识,已发展为国内企业及跨国公司高层管理人员重要的工商管理教育基地,从师资水平、学生素质和社会声誉来看,均处于领先地位。

2. 科研组织模式

国家发展研究院当前主要包括中国经济研究中心、中国宏观经济研究中心、健康老龄与发展研究中心、法律经济学研究中心和人力资本与国家政策研究中

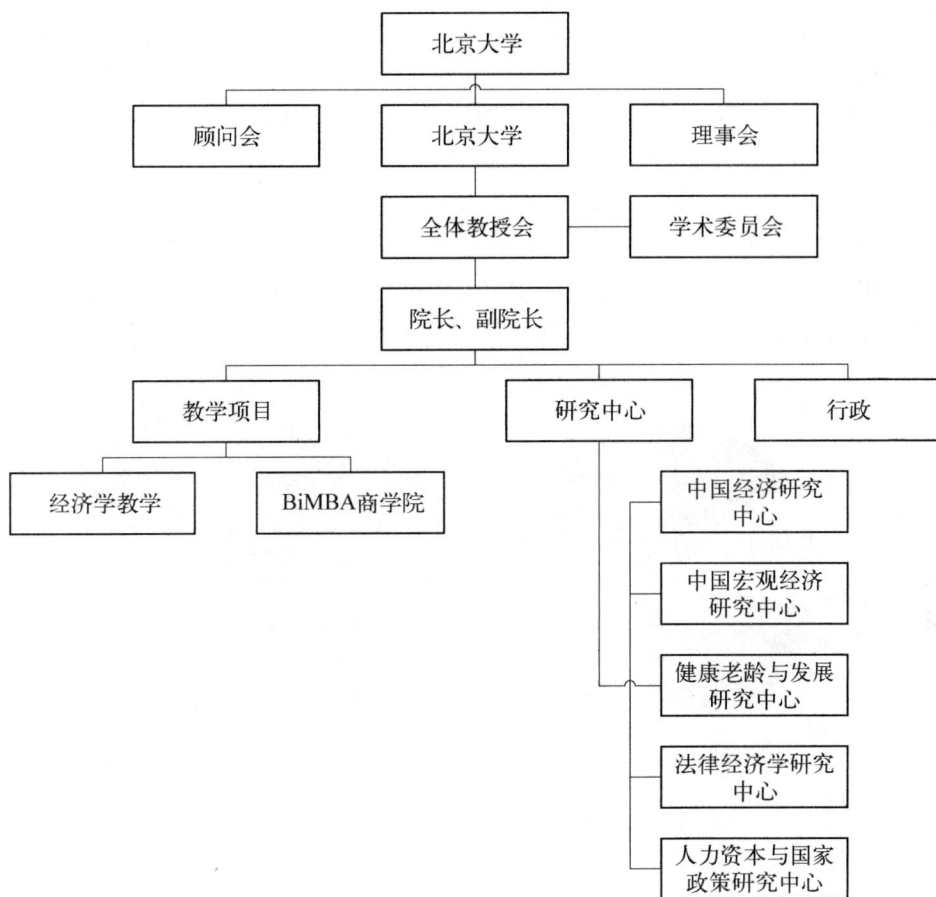

图 7-5　组织结构设置

资料来源：由机构官方网站资料绘制。

心几个主要的研究中心。

　　中国经济研究中心创办于 1994 年,集研究、教学和培训于一体,集中精力组织学术、科研活动,推进经济学科建设。国家发展研究院具有长期关注和重视宏观经济研究的著名教授团队,这使得中国宏观经济研究中心应运而生,以更好发挥国家发展研究院的资源优势,实现长期发展宗旨。健康老龄与发展研究中心倡导社会科学与自然科学交叉合作,联合攻关的现代科学研究组织管理方式。中心的成员为北京大学各系所相关的科研教学人员,以参与项目、课题的方式从事多学科联合攻关。北京大学法律经济学研究中心是北大法学院创办、国家发展研究院加盟、由两院合营的非营利性学术组织。它用理论、实证和比较等方法,聚焦中国本土问题,集中研究法律、管制和经济增长的现象和规律。

3. 人员配置模式

国家发展研究院集聚著名的经济学专家开展教学研究,内部人员配置分为全职教师、长江学者讲座教授、合聘教授、课程教授、兼职教授几种,如图 7‑6 所示,全职教师为 45 人,占整个学院师资队伍的比例为 65%。长江学者讲座教授有 4 人,都是来自芝加哥大学、南加州大学和哥伦比亚大学的知名经济学教授。合聘教授共有两人,分别是来自耶鲁大学和北京大学心理系的教授。课程教授来源更加多元化,包括北大及国内外其他大学的知名教授,共有 8 人。兼职教授有 10 人,包括来自政府机构和企业部门的知名经济政策研究专家,以及来自知名海外大学的教授。

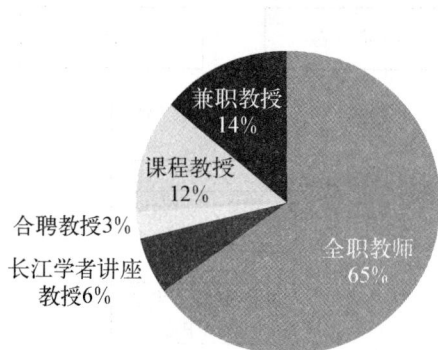

图 7‑6　国家发展研究院人员配置模式

数据来源:根据机构官方网站提供的数据整理绘制。

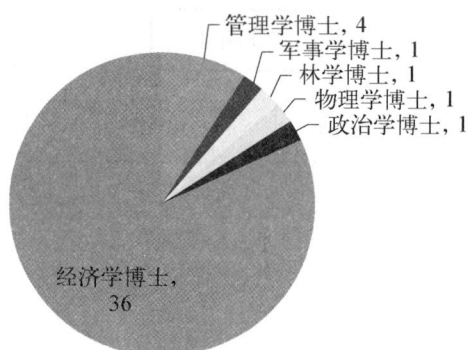

图 7‑7　全职教师的学历背景

数据来源:主要根据研究人员的个人简历整理和绘制。

(二) 组织人员: 海归精英集聚

所有的全职教师都有博士学位,学科背景多元化,如图 7‑7 所示。有 36 人获得经济学博士学位,4 人获得管理学博士学位,军事学、林学、人口学、物理学及政治学博士学位各 1 人。如图 7‑8 所示,98% 的全职教师都是从海外获得博士学位,其中多数来自斯坦福大学、芝加哥大学及加州大学系统。唯一一个国内博士从中国人民解放军军事科学院战略研究部获得军事学博士学位。

在任职经历层面,如图 7‑9 所示,有 69% 的教师只有大学工作经历,9% 的全职教师同时有大学和企业任职经历,7% 的全职教师同时有大学和政府机构任职经历,4% 的全职教师有大学和国际组织任职经历,2% 的全职教师同时有大学、政府机构和国际组织任职经历,5% 的全职教师有大学和科研院(中科院、社科院)任职经历,2% 的全职教师同时有大学、企业和政府机构的任职经历,2% 的全职教师同时有大学、企业和科研院(中科院、社科院)的任职经历。

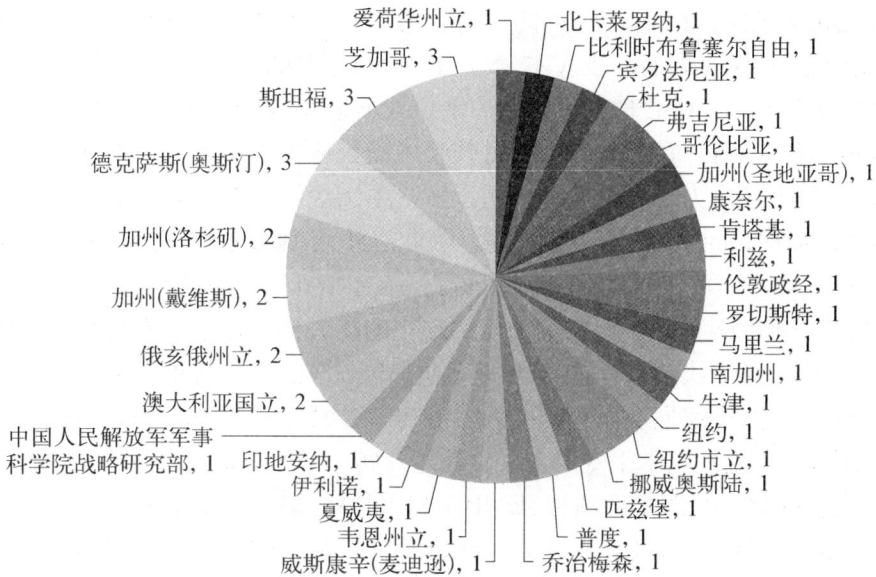

图 7-8　全职教师毕业院校

数据来源：主要根据研究人员的个人简历整理和绘制。

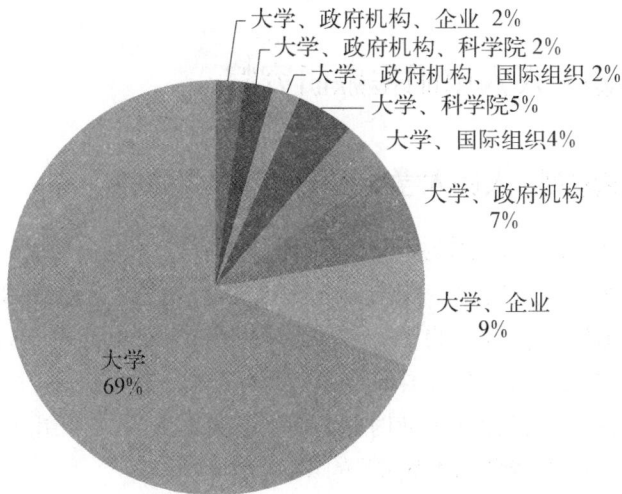

图 7-9　全职教师任职经历特征

数据来源：主要根据研究人员的个人简历整理和绘制。

(三) 组织文化：思想启蒙

北京大学国家发展研究院依托北京大学社会科学部社会科学学科研究基础

雄厚的优势条件,组织高水平的跨学科应用性研究,培养综合性和应用性的具有国际化视野的国家发展高级人才,致力于服务于我国经济社会的改革与发展,成为中国集结高水平综合性知识并致力于启蒙思想、传承智慧的一个学界思想库。国家发展研究院具有组织的开放性,其学术研究成果不仅致力于发现知识和探究学术真理,还致力于将学术研究用于解决中国经济社会发展中面临的重大关键问题,为国家的经济决策贡献智慧。除此之外,国家发展研究院具有多元文化并存的特质,学术研究与政策应用性并存,人才培养、科学研究与资政建言并行发展,共同推动国家发展研究院功能和文化的多元化。通过学术思想和价值导向的引领,服务于决策咨询,国家发展研究院发挥了高校智库的价值。

总而言之,国家发展研究院作为高校智库组织的主要特征,一是依托经济学学科研究基础培养高水平专业人才。通过开展一系列的系统化规范化的教学项目(经济学研究生、双学位项目、EMBA 和 MBA),培养经济学领域基础理论扎实、实践能力突出的高水平人才。二是依托北京大学的区位及资源优势,吸引一批国内外高水平的经济领域的海归学术人才和关心中国经济改革与发展的实践者积极参与,这为提高国家发展研究院的经济问题研究水平,解决关系中国经济发展重大的实践问题,奠定了人才和思想基石。

二、案例分析:人大重阳金融研究院

(一)组织建制:人民大学与重阳投资强强联合

2012 年,中国人民大学校友兼上海重阳投资管理股份有限公司董事长裘国根一次性捐款 2 亿元人民币。陈雨露校长极力建议使用这笔捐助中的大部分去建设中国新型智库。在雄厚的资金和学校领导层的双重支持下,人大重阳金融研究院在 2013 年成立,依托于中国人民大学财政金融学院,院长为人民大学陈雨露校长,执行副院长为前《环球时报》的评论执笔人王文。虽然是一家新晋智库,但却被誉为"中国特色新型智库"的第一代表。

重阳金融研究院最初成立时设立的主要目标是"把脉金融、钻研学术、关注现实、建言国家、服务大众",致力于打造一个开放性的对话平台。从国内外各大经济、金融、政府部门及各类具有实际经验的企业管理人员中,寻找有思想、有担当、有抱负心和责任感去影响和改变社会的行业精英积极参与研究院的活动,并致力于最大化地吸收社会资源,集聚学术理论前沿与现实金融领域的智慧成果,逐步塑造人民大学重阳金融研究院的智库形象。

重阳金融研究院探索独特的发展道路和管理体制,实行理事会领导下的院长负责制,2013 年重阳金融研究院成立之时就成立了中国人民大学重阳投资教育基金理事会。该理事会集聚了当前中国经济与金融领域的许多重要知名人物,包括中国人民大学校长陈雨露、上海重阳投资管理有限公司董事长裘国根、CEO 王庆、中国银监会副主席阎庆民、中国证监会主席助理张育军、上海虹口区区长吴清、上海证券交易所总经理黄红元、高华证券首席执行官章星、哈佛大学费正清研究中心主任柯伟林、前上海重阳投资管理有限公司 CEO 莫泰山、副校长查显友和财政金融学院院长郭庆旺等。他们对重阳金融研究院的发展规划、战略决策以及推动基金理事会与重阳金融研究院的良性和有效运作发挥了关键作用,也推动了重阳金融研究院迅速异军崛起。

(二) 组织人员: 多元且聘用灵活

重阳金融研究院的组织人员具有人才结构多元化的特征,它主要汇集了来自多个国家的和来自不同行业领域的人才梯队。在用人标准上,与其他研究机构具有很大的不同,强调“多一点家国情怀,多一点创新精神,多一点相互理解,多一点关注细节,多一点职场素养”。[①]

当前重阳金融研究院的研究团队共有 73 人,如图 7 - 10 所示,其中,高级研究员有 32 人,客座研究员有 12 人,外籍高级研究员有 22 人,研究管理团队有 7 人。高级研究员和客座研究员集结了国内外知名的政要、银行家、学者、企业家和媒体人,如图 7 - 11 所示,人大重阳提供了一个交流互动及成果发布的平台,研究人员针对某个经济及金融类问题提出发表自己的观点,提出政策相关问题的解决建议。外籍高级研究员主要来自印度、伊朗、土耳其、俄罗斯、哈萨克斯坦、乌兹别克斯坦、美国、加拿大、南非、日本、印度尼西亚、澳大利亚、德国、韩国、英国和巴西,他们多是区域问题或者某个领域的研究专家,针对国际关注的问题提供独特的专业化建议。

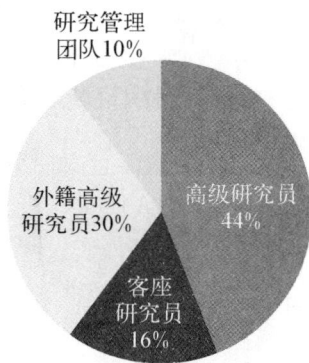

图 7 - 10　人员配置模式

数据来源: 根据重阳金融研究院官网相关数据绘制。

[①]　访谈王文:家国情怀,舆论乱象与智库职责[EB/OL]. http://news.takungpao.com/mainland/focus/2014 - 03/2317434.html, 2014 - 02 - 18.

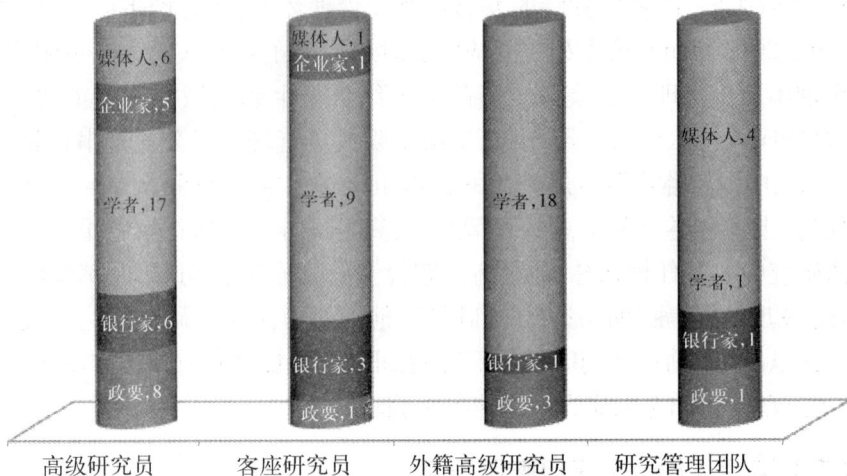

图 7 - 11　人员任职经历

数据来源：根据重阳金融研究院官网相关数据绘制。

研究管理团队主要是人大重阳的内部管理人员，包括 4 个媒体人，一个研究主任、政要和银行家。主要的工作任务是负责联络、辅助和服务于研究员的研究活动，具体的内容包括负责组织政策专门问题的研究、联络人员、媒体宣传、成果推介和转化。

(三) 组织文化：家国情怀且勇于创新

如人大重阳金融研究院执行副院长王文所言："人大重阳金融研究院成立之初，恰逢中国人民大学近年来不断创新，对新生事物的包容以及敢于改革的锐气有目共睹；重阳投资已经形成了圈内人所共知的一系列成熟金融投资理念；智库对国家崛起的重要性又在不断凸显，两者创办智库的共识实际上是传统教育机构与社会新锐力量融合的产物。"[①]重阳金融研究院依托中国人民大学金融学的学科研究优势，尤其是"国家与金融并重的大金融"理论的指导，进行金融相关的政策相关性问题的研究。产学研相结合，使用企业的资助、大学的知识和人才基础进行高水平政策问题研究。

人大重阳金融研究院虽然成立不久，但是影响力却很大。通过官产学研合作的形式，最大程度上产生政策影响力，这也在某种程度上了影响了其组织文化的开放性。譬如，在课题定位方面，大部分研究人员都具有强烈的问题意识和家

---

① 访谈王文：家国情怀，舆论乱象与智库职责[EB/OL]. http://news. takungpao. com/mainland/focus/2014 - 03/2317434. html, 2014 - 02 - 18.

国情怀,致力于解决国家发展面临的关键的金融问题,尽可能对研究成果的风格、内容进行创新,利用政府咨询报告、内部参考等多种形式,对政府决策提供建设性的意见、建议与参考。也充分利用报刊、电视、网站、微博、手机报等媒体路径,对研究成果进行广泛传播,提升重阳研究院在国内外媒体的知名度。不定期地与中国各地以及欧美国家的研究机构合作,形成并扩大以研究院为平台的社会网络,为日后培养与输送高层次的金融人才打下扎实的基础。

人大重阳承担了多元化的研究项目,不仅显示了其高水平研究能力,也推动人大重阳产生更大的政策和社会影响力。譬如,当前人大重阳的主要研究项目包括丝绸之路经济带、G20研究、人民币国际化、互联网金融、大金融战略、生态金融。针对不同领域研究人员的研究成果,人大重阳研究管理团队进行了专门整理和归并,包括G20专题报道、宏观日报、研究动态、金融简报、研究报告、论坛实录、宏观周报、调查报告、丝绸之路经济带专题报道、生态金融。为更好地宣传人大重阳金融研究院及其研究人员的观点,专门开辟人大重阳专栏,对研究者的专业观点进行汇总和宣传,使得外行人可以很容易地看到各类研究人员的专业化的研究成果。

综上所述,人大重阳在国家转型发展对智库需求强烈的背景下异军崛起,成为当前中国最重要的新型智库之一,其发展目标可以概括为"资政、启民、伐谋和育才",最大的特色是它成立之初就具有较高的起点,得到了政府机构、产业界和大学等多种机构的广泛支持,建立之初成立理事会得到了社会各个领域知名人士的辅助,吸引了一批国际化的研究人才队伍,同时借助于雄厚的资金实力集结来源广泛的高水平研究人员。它为不同领域研究人员提供了一个交流和互动的平台,并重点负责组织研究、媒体宣传和成果转化,使得各个领域的高水平专家在人大重阳这个平台上自由的贡献思想。

三、案例分析：清华-布鲁金斯公共政策研究中心

(一)组织建制：国际合作

清华-布鲁金斯公共政策研究中心由美国布鲁金斯学会和清华大学联合创办,成立于2006年,隶属于清华大学公共管理学院,参与重要的中美战略与经济对话,致力于在中国经济社会变革及维系良好的中美关系等重要领域提供独立、高质量及有影响力的政策研究。布鲁金斯学会创建于1929年,因其高质量的思想产品、全方位的市场营销和政策企业家的卓越领导力,被誉为美国"最有影响

力的智库"。清华-布鲁金斯公共政策研究中心是布鲁金斯学会全球化发展战略的一部分,也是布鲁金斯学会的首个海外机构,它引领着布鲁金斯学会发展成为一个全球性的公共政策研究机构。

在内部管理体制上,清华-布鲁金斯公共政策研究中心实行学术顾问委员会领导下的主任负责制。学术顾问委员会由清华大学公共管理学院院长薛澜教授任主席,主要成员包括布鲁金斯学会资深研究员、前驻法大使、清华大学公共管理学院教授等重要人物。现任主任是中国著名的环境政策专家、清华大学公共管理学院著名教授齐晔,他曾担任清华大学气候政策研究中心主任。

(二)组织人员:建构国际人才网络

为了有效地开展公共政策研究和咨询活动,清华-布鲁金斯公共政策研究中心结合自身的研究基础和优势条件,努力建构起"小机构,大网络"的运行机制。在人员配置模式方面,主要有 5 个主管行政事务的员工,分别负责公共政策研究和咨询活动的组织、联络和服务性工作以及中心的日常行政事务活动。在研究人员系列方面,中心的研究人员分为资深研究员(2 人)和非常驻资深研究员(7 人)两类。全职人员数量不多,机构内部附属的全职人员多是行政人员,研究人员并不在中心工作,而是隶属于其他大学或清华大学的其他学院,在现有的研究人员中,其中有 4 人是清华大学教授,2 人是中国人民大学教授,1 人是复旦大学教授,1 人在国际组织任职,1 人是知名编辑。通过非常驻资深研究员,清华-布鲁金斯公共政策研究中心建立起了庞大的研究人员网络,其人员分布遍布全国乃至全世界的多个机构。中心充分利用国外的智库资源尤其是利用与布鲁金斯学会合作的便利优势,引进国外的智库人才来中国智库进行研究工作,通过国际合作,使得智库的发展逐渐国际化和全球化。

(三)组织文化:开放与创新

随着高等教育国际化与全球化的发展,不同国家的研究机构相互合作互惠共赢成为普遍的发展路径。依托于与世界知名老牌智库布鲁金斯学会合作的高端平台,以及清华大学公共管理学院的研究优势和人才资源储备,清华-布鲁金斯公共政策研究中心进行国内外公共政策问题的研究和信息传播,通过开展国际合作研究与对话,推动公共政策问题的研究与探讨。其组织文化具有开放性和多元性,首先表现在通过举办多种形式的活动,致力于为美中双方的专家学者和政策制定者提供一个对话与合作的国际化平台。比如为美中两国的学者对中国发展过程中所面临的经济社会问题提供前沿性研究和分析;接待访问研究员;

组织公开演讲、研讨会、圆桌会议、大型国际会议等学术活动;组织编辑多种形式的出版物,中心学者以中英文两种语言进行写作,发表作品范围广泛,包括在国内外各主流报刊上撰写专栏,进行在线时事评论以和出版专著及学术论文。

除此之外,清华-布鲁金斯公共政策研究中心发布了多个研究领域的形式多元内容多样化的研究成果。在标志性成果方面,研究中心的学者们发布了论文集及代表性的研究与评论,其中许多篇研究成果在网站上具有较高的点击率,排名较高影响力比较大的研究成果如表7-4所示。中心研究人员的主要领域包括中美关系、经济转型(中国的经济转型,公共财政,收入分配和不平等)、社会保障(中国社会保障体系的建设与完善,养老金体系改革,社会治理)、城市化(中国的土地所有权和使用权体系改革,户籍制度改革,城市带的形成与扩张,中国城市化进程的公共政策及经验教训)、清洁能源与气候变化(中美两国在清洁能源技术的开发与部署方面的合作)等多个政策相关的议题。在已有的研究与评论报告中,涉及次数最多的主题为经济(64)、中国经济(56)、国际关系(29)、城市(26)、中国政治(22)、社会问题(17)、人口学(13)、经济发展(12)、能源与环境(10)、收入分配(9)、中国货币(7)、气候变化(6)、全球金融危机(6)、发展(5)、商业(4)、外交政策(4)、财政政策(4)、汇率(4)、政治(3)、不平等(3)等。

表7-4　代表性研究成果

论文集	
中央政府大转型:建立现代财政制度	2014年10月10日,郑新业
中国企业在美投资的外部环境研究	2013年6月5日,俞樵,张书清
中国增长模式的困境	2012年12月11日,陶然
从单一目标向多目标转型:财政政策如何选择?	2012年12月11日,郑新业
收入不平等的挑战	2012年12月11日,王天夫
城市化与土地-财政-户籍体制联动改革	2012年12月11日,陶然
建立现代社会的养老金制度	2012年12月11日,杨燕绥
人口变化迫使体制改革加速	2012年12月11日,王丰
美国"向东转"易说难为	2012年02月19日,李侃如
未来五年的中国——机遇与挑战	2012年12月10日,王丰

浏览量较高的代表性研究与评论	
政策简报：中国水资源问题、政策和政治	2013 年 4 月 1 日，斯科特·摩尔
中国的国企改革：更大就一定更好吗？	2015 年 4 月 23 日，吕丽云
可再生能源投融资	2015 年 5 月 14 日，董文娟，齐晔
多元应是中国智库首要追求的目标	2015 年 4 月 27 日，李成
严格审查下的中国央企	2015 年 3 月 1 日，吕丽云
四中全会为谈论宪政和政府治理打开窗口	2014 年 11 月 3 日，李成
人民币的货币政治经济学	2011 年 9 月 7 日，葛艺·豪
“张王会”与台海关系	2014 年 11 月 17 日，卜睿哲
习近平改革驶入快车道	2014 年 12 月 15 日，葛艺·豪
中美两国 2020 年后减排目标的比较	2015 年 4 月 9 日，王海林，何晓宜，张希良
中国的全球货币：为金融改革发挥杠杆作用	2013 年 12 月，葛艺·豪
中美 GDP 的两种比较	2014 年 7 月 16 日，杜大伟
中国经济结构调整的政经悖论——有效改革方法论之二	2015 年 1 月 29 日，陶然，刘明兴
中国 15 年内会出现人口规模下降	2013 年 3 月 20 日，王丰
抚仙湖启示录	2015 年 2 月 9 日，齐晔
中国民生与稳定的政治难题——有效改革的方法论之四	2015 年 2 月 12 日，陶然，刘明兴
破解民生困局需借力“双轨制”——改革方法论之终结篇	2015 年 2 月 17 日，刘明兴，陶然
中印关系：习近平的诚意	2014 年 10 月 9 日，李成，谭民声
文汇报美国智库专题和李成谈布鲁金斯的特写	2015 年 3 月 13 日，李成，刘力源
香港能够保持竞争力吗？	2007 年 6 月 8 日，王丰
去杠杆中的底线思维与双轨经验——有效改革方法论之一	2015 年 1 月 19 日，陶然，刘明兴
走出“活乱循环”经济周期	2015 年 2 月 5 日，陶然，刘明兴
十年内，中国将步入长时间人口缩减期	2015 年 2 月 10 日，王丰

（续　表）

浏览量较高的代表性研究与评论	
中国经济"新常态"中的恐惧与反感	2014 年 11 月 13 日,傅瑞伟
北京:一座国际城市	2013 年 10 月 18 日,王丰

　资料来源:从机构网站"研究与评论"获取并绘制。
　注:依据浏览次数最高进行排序。

综上所述,借助于清华大学的公共政策研究优势及与国际知名智库布鲁金斯学会合作与交流的良好平台,清华-布鲁金斯公共政策研究中心通过几个资深研究员及非常驻资深研究员汇聚了公共政策研究能力卓越的知识网络。关注中美公共政策发展的众多研究议题,频繁出版了大量的论文集和高点击率的政策应用性研究评论,在国内外公共政策舞台上发出了独立的声音。

四、小结

调查分析发现,中国一流大学建设高校中具有明确智库发展定位的研究机构中,在原有学术研究机构基础之上向智库咨政建言职能活动延伸的研究机构多集教学、科研和咨政建言功能为一体,譬如许多大学的国际问题研究院以及人文社会科学研究基地等偏向学术研究和学科建设的机构,其组织特征也类似于学术研究机构。这些研究机构依托于其研究基础、高端人才和学科优势,起到一个交流平台的作用,解决现实政策问题,为国家献计献策。

除此之外,当前中国一流大学建设高校内部以智库为发展定位的研究机构,许多是基于国家战略需求、所在地区的发展需要以及研究型大学的特殊优势,而组建起来的平台性质的研究机构,保持"实体化存在,虚体化运行"的组织方式。即多数研究机构名义上具有一定的组织制度设计,但是在实际组织运行的过程中,往往会出现"一套班子,几块牌子"的情形,平时仅有个别行政人员工作使得高校智库呈现出"空壳子"和"虚体化"的运行状态,这使其难以发挥其应有的主要功能价值。因此,当前的众多以智库为发展定位的机构大多数仅仅起到一个聚集资源和人力的研究平台的作用,或者是仅仅起到价值引导性和符号标签的作用,其政策影响力和社会影响力相对较小。

在组织建制上,平台性质的智库类研究机构普遍设立理事会、专家咨询委员会、顾问委员会、指导委员会等形式的委员会机构,着力为高校智库的建设与发展提供支持性的服务与条件保障,辅助高校智库在专家研究队伍建设、管理体制与运行机制确定、科学研究和成果转化等提供宏观性的政策指导与建议咨询。在发展定位方面主要面向综合性学术前沿和国家重大战略需求,绝大多数由多个学科共同参与,旨在解决国家、地区及研究型大学发展面临的重大问题的交叉性研究平台。为有效解决研究问题,实行以研究项目为纽带,建立开放性和动态性的研究平台,根据研究需要动态地设置专题研究组或研究中心,通过科研项目立项和规划、开展学术服务工作、联络和凝聚学校内部各类实体性学术研究机构的研究人员,吸引校外相关领域的兼职研究人员,招聘博士后研究人员及其他各类专题研究人员等开展专项课题研究。采取首席专家负责、专题研究团队为主力、专兼职人员和长短期聘任相结合、博士后与专职研究人员为主的动态与流动为特色的人才团队组织方式。

组织建制形式和人员结构特征决定了其组织文化的特征,即作为沟通知识与权力的重要研究平台,担负起沟通知识与政策共同体的重任。知识共同体定义为某一特殊领域有胜任力的专家网络,进行相关知识的研究,他们在专业学术问题上有权威优势,能够作为一个独立群体影响政策。[①] 知识共同体成员在大学、政府部门及国际组织都很活跃,许多人对政策问题有特殊兴趣。政策共同体包括政治家、公务员、利益群体和非政府组织等,进行战略互动、信息共享、知识交流和政治支持。[②] 这些平台性研究机构聚焦特定问题,为对政策问题感兴趣的大学教师、政策实践者和管理者提供有效对话和沟通交流的平台,推动理论研究与政策实践相结合,以解决现实政策问题为目标。这些研究机构沟通知识与权力,主要表现为通过形成明确的组织目标和发展愿景,吸纳学术共同体和政策共同体的成员进行有效的互动、交流与合作,并作为专家参与和协调两个共同体的活动。除此之外,也适应政策和学术两个共同体的规则,处理单单依靠学术或政策共同体难以单独解决的问题。以此为基础,促进学术与非学术领域的合作,这也决定了平台性质研究组织的组织文化特征具有开放性、多元性、同时又需要得到两个共同体的认可,并产生一定的政策影响力。具体而言,既需要学术共同体认同其知识的专业化、可信度和科学化,也需要政策共同体认同其政策定位的合法性和现实适用性。

---

①　Peter M H. Introduction: Epistemic Communities and International Policy Coordination [J]. International Organization, Knowledge, Power, and International Policy Coordination. 1992, 46(01): 1-35.

②　William D C, Anthony P. International Policy Environments and Policy Network Analysis [J]. Coleman and Perl, 1999: 691-709.

第五节　中国特色新型高校智库
发展面临的挑战

使用访谈分析法,对部分一流大学建设高校文科处和规划处的负责人、部分具有高校智库定位或声称自身是智库的研究机构的负责人及其行政人员及相关政府部门负责智库规划的行政领导进行了 15 次专家访谈。访谈的主要目的是了解处于起步阶段的中国高校智库的组织运行特征,在具体的运行过程中所面临的问题和发展限制,主要内容包含以下几个方面。

一、智库概念标签化

处于发展的初级阶段,高校智库的概念呈现出标签化和模糊化的发展状态,现实中盲目地一哄而上建设的情形普遍存在,许多自称是"高校智库"的研究机构蓬勃地发展起来。因此,与其说高校智库是一种组织,倒不如说高校智库已发展成为一个功能性标签。

在发展目标及其功能定位上,高校智库与研究型大学的院系和研究机构等基层组织有所重叠,如从事高水平学术研究产生创新性研究成果,培养行业的拔尖人才,推动社会进步和国家发展等。但是高校智库在此基础之上更加强化了主动对接国家和区域的重大战略需求的意愿,以及从事关系国家发展所急需的现实性和迫切性的政策问题研究并影响政府决策的导向。中国高校智库还处于发展的初级阶段,许多院系及学术研究机构具有担当政府智库的使命,许多智库组织也从事学术研究甚至是在学术研究机构的基础上发展而来,因此当前研究型大学内部学术组织与智库的边界还不清晰,二者还存在模糊地带或者是融合发展的情形。

Q:"许多研究机构可以发展成为智库。但是由于烙印和历史研究的传统轨迹,有些难以发展成为智库。智库必须要和地方和国家经济社会发展战略产生联系的领域,才容易培育出来,比如,与市政府组建研究团队。如果有的话,我们认为这些机构是智库。我们自以为是智库,但到底我们做的是不是智库? 教师的价值有许多种方式,教学、科研、课题、咨询,都有价值。但是如何认定并予以承认? 这是个问题。因此,难以对智库进行评价。"

R："智库是学术发展和学科建设服务社会发展的表现。智库要在社会服务方面发挥功能，一是要为政府决策咨询服务，二是起引导舆论和话语导向作用，为社会服务。"

Q："判断一个机构是否是智库，理论上讲，每年应当出一定数量的政策报告，有明确的服务的政府部门。做得好坏的标准很难界定，不同学科的传播路径不一致，与领导的风格和个人意愿有关。传送渠道不一致。采纳、批示、阅，很难界定。公开的在媒体中做报告，召开成果发布会等。"

R："当前，对智库与基地没有做出区分。基地主要负责理论建设，出论文、著作、奖项等。智库最主要看其是否为决策咨询提供建议，是否被采纳，是否有社会导向性。"

R："要求有简报，对机构做了什么事情，以简报的形式交流，当前执行不理想。有省部级基地。"

当前对智库的界定不清晰，通常情况下具有政府资政建言职能的研究机构都会给自己扣上智库的帽子，但是智库运行的体制与机制还没有形成系统化和常态化，资政建言在整个机构发展中的重要程度或者其能否发挥实质性的政策影响力尚不可知。因此，声称自己是智库的机构，实质上也许并非是真正的智库。

二、行政力量主导推动高校智库破土成芽

当前中国以智库定位的研究机构大多数是通过官学研合作模式成立的，因此行政力量成为高校智库形成与发展的主导力量。考虑到中国高校智库发展的阶段性，行政性力量为主导会在一定程度上提升高校智库建设的规模和效率，推动高校智库迅速地破土成芽。

Q："当一个体制内的行政体系非常强大，制约了生产力的个性发展的时候，要实现一种破冰，只能靠外部力量。但是这也使智库面临着实现规范化、制度化和可持续化的问题。使得智库发展的自主性不够，如果不给予人财物配置，难以继续发展。"

U："如果政府不对智库建设进行投入的话，智库建设的芽可能难以破土，靠自己的意识去募集发展资金可能是小概率事件，这可能也是一些具体的中国特色。"

X："当前在智库培育阶段，以研究中心或研究机构为基础，学校认定它是培育单位，条件是必须有省部级共建单位。非得有政策渠道，了解部门的需求。没

有共建单位就属于学术研究,政策咨询产出及其影响难以实现。认定之后,学校有 985 经费支持。"

U:"政府对智库建设进行引导。一是从专项投入上,进行更多的投入,提供经济支持与保障。二是在职称评审和成果的认定方面,发挥指挥棒作用,做舆论导向。"

B1:"对政府建设高校智库的做法并不认同。智库要有独立性,并不认为这样能够做得好。"

为提升高校智库建设水平,迫切需要良好的发展平台、资金支持和制度保障,学习西方国家的优秀经验并将其本土化成为一条重要路径。但是西方国家的政治制度、捐赠体制和文化土壤与中国有显著的差异,政府人员与学术人员的职业流动存在瓶颈,募集社会资金寻求独立发展也存在困境。因此,政府发挥主动作用,通过资金投入和项目引导,对职称评审和成果认定进行行政指导,可以破除高校智库发展的瓶颈。但这不可避免地又带来智库发展的独立性问题,政府机构主要参与智库的筹建并提供发展资金,容易使智库沦为政府的传话筒和论证者,从而缺少智库机构应当具备的独立研究和提供创新性思想的本能特征。高校智库的发展处于矛盾的困境,如何在依赖政府资金的前提下,在政府需求与独立研究之间寻得恰切的平衡,成为一个需要权衡的难题。

三、专业人才空巢现象严重

当前中国高校智库建设很多是依靠个别"明星人物"建立、生存和发展起来的,致力于政策倡导的专家群及专业化的研究团队较缺乏。许多挂名的全职研究人员、兼职研究人员和研究顾问等大多数也不在智库工作,大学内部人员配置上"一套班子,几块牌子"的状态普遍存在,难以辨别许多研究人员的组织隶属关系,许多研究人员其人事关系及主要工作和研究任务可能仍然在原有院系和研究机构,甚至许多高校智库仅仅有几名行政人员在日常工作。另外,普遍存在着这样一种状态,即真正做资政建言工作并能够产生影响力的往往都是已经功成名就的教授,普通教师的参与度较低,如果知名教授离职,那么其所在的智库也可能面临难以继续发展的困境。

B1:"机构里边的人员也非常多元化。有些只做独立性的学术研究,有些学者会为政府做政策论证,被称为御用学者,属于体制内的学者。"

R:"人才招聘上,编制非常紧张,独立招聘也存在很大的风险。"

"有些教师做了提供了建议,但是没有得到认可。那么,他以后还会不会继续做咨询呢？如果一直做这件事情，没有学术成果，仅有决策咨询，就不是教授了。新发展起来的教师如果不注意学术产出的话，对其职称和职业发展有影响。"

"大多数老师还是不太积极做成果的转化工作。大多数还是在做自己的研究。做决策咨询对策研究还是需要做一些动员和适当的激励性工作。目前，各高校智库相对的学术产出都是偏少的。"

Q："现在高校智库里的人才流动非常大。统帅的人，有自己的行道，经常与政府部门打交道，输送产出，但在高校里，这种人不多。要进入学校里来，也非常困难，因为学校里的评价主要看学术成果。从政府部门卸任的官员，适当予以津贴，做政府咨询。虽然他们清楚政府的需求，有更多政府渠道，但是也受到学校管理方面的限制。"

U："现在青年人才队伍的积累机制不是特别明显。坚实的研究队伍建设处于初级阶段。往往领军人才离职，智库会面临发展困境。挖一个人，就会挖来一片江山。有些人是超级推销员，可以带来一批客户。应当减少个别人才流动对高校智库的影响。"

人才队伍建设对高校智库建设至关重要。一般情况下高校教师多以学人的形象示人，探求价值无涉的学术真理，以自由探求知识为乐，不以影响政策为目标。相对于高校智库组织、研究及其职能的依附性，许多教师宁愿选择做自己感兴趣的学术研究，对政策研究缺少热情。因此，建立一定的体制与机制激发教师参与政策研究和咨询的热情至关重要。另外，大学的职称评审和评价制度对资政成果的不认可，也导致教师的参与度和主动性不高。即使教师参与政策服务，迫于政治权力、资金来源及其他客观条件的限制，而仅将其作为一项必须完成的政治任务，不是一项热爱的事业，必然难以保证研究成果的高质量。改进大学科研评价制度，建立智库研究成果的认定机制，并将其纳入职称评审环节，对激发教师开展政策研究、培育政策研究队伍意义重大。

四、政策应用性弱

高校智库要产生政策影响力必须综合考虑政策需求与知识真理价值，并在两者之间实现有效的权衡。高水平的研究能力是智库产生创新性思想和高质量成果的关键，也是智库挑选研究人员的基础依据，但是由于政策过程的复杂性和实践性以及高校教师偏重学理研究的传统，学术水平高并不能够保证智库思想的政策影响力。有受访者提出：

S："做的咨询,提10个建议报告,有1个建议被采纳,就是合格。2个就是良好。做的东西有足够分量和质量,政府明白且不违背他们的意愿,一般就会接纳。做咨询,不要盲目地认为自己很重要。但是找你去做咨询,就是发挥影响的一种表现。间接的影响作用是巨大的。"

S："一般的教师不知道怎么做咨询。学术原则要不要,论证性研究要不要,跟着政府的调子走?牺牲多少学术原则去迎合领导?这些都是需要自己权衡的。有些人做了咨询,自我感觉很好,但是政府感觉不解渴,没用。"

B1："政府权力很大,不愿意去听学者个人的建议,可能听得不会很多。所以,学者的个人建议和咨询也很难真正对政策产生影响。"

Q："提高政策应用性,提高影响力,都是必要的。但是智库多样化,要怎样做,大家都还是不清楚。政府有引导,每个高校也在探索。我们国家的智库为政府做政策研究和咨询。教师许多或许是被动的,许多也会主动参与。但是,这也体现了教师的社会价值。"

当前存在的主要问题是高质量和前瞻性的研究成果少,部分研究的学理性较强而不接地气,使得智库研究成果的现实针对性和政策实践性都不强。加之政府在解决政策问题的时效性有限,往往一些知名高校智库有发展的能力和后劲,而部分高校智库只能徒具其名地作为空壳子存续下来,难以发挥政策影响力。由于高校注重强化研究基础和学理性,这往往也会使得政策应用性不够,与社会应用接轨的能力较弱。比如长久以来,我国大学研究机构多以学科理论研究见长,问题导向的政策研究相对较弱。这主要是因为大学教师与政策制定者之间缺乏有效的沟通渠道,学术研究者并不了解政策制定者的现实需求,即使偶尔会做一些政策的评述或建言,对政策制定者而言,其观点仍属于"学院派",在许多问题上可能也会是"隔靴搔痒"或者说难以真正应用到实践中去解决现实问题。大部分高校智库仅仅在学术圈发表文章,对其服务的政府部门提供基础性调研报告,而缺乏与政府、社会和媒体的互动,从而导致难以了解政策制定者的需求,其研究成果的效用也无法实现最大化。

五、相关的管理、评价、人才引进及激励政策不到位

高校智库属于研究型大学的基层组织,因此研究型大学对智库建设的认可度和敏锐性在一定程度上直接决定了智库的发展水平。譬如,如果高校智库的主任是某一机构的主要行政领导,那么智库可能会有较大的发展潜力,反之则可能在一定程度上不被重视。高校智库的政策应用性评价存在困境,这主要表现

在政策应用性成果的界定上。

Q:"独立智库的出现与人才培养的关系怎么处理,现在的认识还不清楚。"

U:"当前,许多学校还是有项目的思路,认为教委支持学校就配套,教委不支持学校也不过问。"

Q:"智库的人员是放在智库,还是放在学院进行统一调配?这个问题没有解决。"

Q:"编制问题没有解决。自身如何成长的问题没有解决。已经成长起来的智库,如何处理人才制度的建设,如何处理与学院的关系,这些都没有解决。这都是发展中的问题。"

R:"针对智库的成果认定的机制,目前还没有。少量的会对接到学术研究的成果认定。如果政策咨询被采纳了,那么可以按照学术成果相应的分级来认定。服务舆论导向这一方面,各个高校还没有找到很好的评价标准。虽然在一定范围是认可,但是具体如何区分,存在很大的难度。"

R:"对政府卸任的官员,是集中起来做一个平台,还是分散到每一个智库?依据什么发工资?是劳务费还是科研经费?人事制度如何安排?具体的问题非常多。另外,如何对其进行制度约束?按制度来讲,只有决策咨询与学校有关,其余都无关。一是要有制度规制,二是要等待条件的成熟,各方面都改善了,才可以同步发展。智库的发展,与整个政策、制度、市场和高校管理,都是紧密相关的。"

访谈分析发现,当前少量大学会将政策咨询对接学术研究的成果认定,如果政策咨询被采纳了,那么可以按照学术成果相应的分级来认定。政策咨询往往依据获得政治局常委级、副部级、省部级领导的批示进行层级区分。政策应用性成果评价的缺位直接导致了对智库人员的评价及其工作认可度的忽视,从而使得从事资政建言工作的人员缺乏成就感和积极性。在人才招聘方面,高校智库人员通常难以获得大学的编制,因此往往采用项目聘用的形式进行独立地招聘,这一方面限制了高水平人才入驻高校智库从事研究,另一方面也为高校智库的可持续发展带来巨大的风险。由于高校智库还是新生事物,些许位于政治经济中心的高水平研究型大学具有发展的敏锐性和前瞻性,采取一系列措施鼓励大学内部具有研究基础和发展实力的机构建设智库,对于大部分大学和研究机构而言,尚不具备发展智库的意识及其客观条件。

第八章 中国特色新型高校智库发展的政策建议

智库建设成为新时代中国一流大学建设高校的重要使命,它整合了国家制度安排、大学主动对接国家战略需求做出社会贡献的职能以及大学教师实现社会使命和家国情怀的多种价值追求,促进大学教师服务于国家战略需求成为一种自觉的常态化的可以产生实际社会价值的行动。

高校智库的发展不应当是国家干预为主导,而应遵循高校智库及其专家自主性发展的规律。高校智库组织文化的培育应当融合到高校智库建设过程中,以促进高校智库及教师行为自觉意识的养成。一流大学建设高校充分发挥学科研究基础深厚和高水平人才集聚的优势建设智库,依托其研究优势,培育高端的和专业化的高影响力智库,为国家经济社会发展提供高水平的智力支持。U:"当前智库建设,国家比较支持,高校也比较踊跃。根本的问题在于,智库的发展具有阶段性,在智库发展的每个阶段时期,分别具有怎样的特征? 如何根据其阶段性去引导智库更好的发展? 这是智库发展面临的一个最大的问题。在本土化条件下,怎样使得智库更好地落地生根,真正发挥作用,是一个根本性的挑战。"该部分将以上研究结果本土化,提出中国高校智库组织的优化建议。

第一节 明确高校智库的发展定位

高校智库以研究型大学的知识品性与学科研究为依托,形成了一个开放性的知识生产与转化的平台,多元文化在这里汇集,但高校智库的核心价值追求是产生一定的政策影响力。作为附属于研究型大学的组织,高校智库需要明确发展定位,加强组织文化建设,发展高校智库的品牌文化和社会声誉。

一、独立研究

作为智库的重要组成部分,现代意义上的高校智库真正发展于二战以后的西方国家,特别是美国。改革开放之前,由于特殊的历史原因,中国智库远远滞后于世界智库发展,实质上没有真正意义上的高校智库,高校社会科学研究机构在政府决策中的话语权及影响力极其有限。改革开放之后,中国政治和经济体制发生巨大变化,改革开放促进了生产力的提高,同时也带来了更多领域生产关系的深刻调整和变革,面临社会问题的复杂性决定了单个知识精英难以满足政治权力对信息多元化的需求。作为社会高级知识精英群体,大学有着独特的学术研究优势和知识储备,以研究为基础参与政府决策,高校智库成为推动国家治理体系和治理能力现代化的重要部分。在中国进入全面深化改革的时代背景下,高校智库发展应改变"依附式"逻辑,打破"功利化"思维困局,建构恪守自身传统和价值的"问题源流-政策源流-政治源流"三位一体的话语体系。①

虽然高校智库在组织上依附于大学,但是也应当保持研究的独立性和客观性,综合考虑政策需求与知识真理价值。独立研究是高校智库生产创新性思想的重要前提,使得高校智库可以公开批判政府政策。独立性是智库的目标,智库在组织上可以不独立,但应该努力追求观点的独立性。② 独立性包括立场独立、财务独立和研究独立等方面,其中研究独立是最基本的要求。所谓研究独立,即从客观事实出发,依靠可靠的证据、严密的逻辑和科学的分析寻找问题的真实答案,表达独立的科学的政策建议,不受资助方影响,不受资金来源的左右,不需要顾虑资助者的态度,不考虑研究结果是否损害某方利益。

T:"我认为智库需要做的是独立性研究,不是跟着政府的指挥棒走,必须有自己独立思考独立发声的能力。"

V:"现在发展和重视智库是很有意义。但是不要把智库作为一个项目来建设。有条件有能力的大学,或者是机构,甚至是有能力的学者,可以自己先尝试着,如果做得好的话,然后再经验推广。"

为保障高校智库及其研究人员能够独立地进行研究,一流大学建设高校首先拓宽高校智库的资金来源渠道,智库的发展资金不依赖于政府,也不依赖于某个利益集团,逐步探索并建立多元化的融资渠道。从而破除高校智库对政府及

---

① 张宏宝."中国模式"新型大学智库话语权的建构与发展[J].中国高教研究,2015(10):32-35.
② 朱旭峰.从中外统计数据看中国智库发展路径[N].科学时报,2014(06).

研究型大学的资源依赖,增强智库发展的自我造血能力。其次,制定明细的资助资金使用规则,将出资者意愿与资金使用方向分离,使研究在不受干涉的情况下实现智库研究人员的研究独立。第三,给予研究人员充分的研究自由,鼓励研究人员根据自己的兴趣独立开展研究,不固定研究方向。研究人员有独立的立场,不代表某一个利益群体的利益。第四,建立相互对话和自由辩论的学术交流空间,形成百家争鸣百花齐放的学术生态环境。智库提升内部治理能力,建立一定的工作机制和文化氛围,形成自由的思想交流的场所,对不同的立场和观点持包容和尊重态度,鼓励不同政见的学者自由交流,建立完全竞争的学术生态。

二、反思批判

作为设在大学的为政府提供咨询建议且形成制度化建制的组织实体,[1]高校智库存在的合法性是有研究的自由度,独立性地坚持真理、反思批判和思想创新,通过规范的科学研究和专业的知识基础,为政策决策者提出有针对性的反思,从专业的视角来批判现有政策的不足,并提出可操作性的科学建议,从而帮助决策者对现有的政府政策和政府行为进行"矫正"。因此可以说,政府和党派设立智库,在一定程度上是在"求医问药",而不是政府机构和利益集团为自身政策和行为进行合法性注解的"论证机器"。

实现反思批判的任务,首先,高校智库的专家和研究团队应当具有学者独立的精神品格,坚持知识真理,不为权力和金钱蒙蔽。其次,淡化名利,摒弃功利主义,不盲目追求科学研究的实际效用和短期效用,遵守学术研究需要长期性和系统性的积累的规律,而更应当关注其研究的科学性和客观性。第三,高校智库的专家和研究人员要有主动参与公共政策的兴趣和热情,做接地气的研究,关注社会现实问题,关注和融入国家经济社会发展的时代背景中,对改变不适宜的社会现状有信心,主动担当学者的社会责任,为现实问题的解决提供战略谋划。第四,政府调整自身的角色,由管理者转变为服务者,善于倾听来自高校智库的专家学者的建议。即使政府出资设立高校智库,这些设立的机构也并不是政府的附庸机构,而是有自身发展理念和价值追求的组织实体。第五,大学应当结合自身的特色和优势有选择地去建设智库,不能随波逐流,盲目跟风,通过建设智库提出政策相关的创新性和前瞻性思想。

---

① Stone D. Think Tank Traditions: Policy Research and the Politics of Ideas [M]. Manchester: Manchester University Press, 2004: 53 - 60.

因此,除学者个人树立独立、淡化名利和远离功利的精神品格之外,政府机构和研究型大学应当给予高校智库更多的自主权,使高校智库有独立的发展愿景和发展战略,鼓励高校智库自由地研究探索、勇敢地改善不合理政策,帮助政策制定者更好地改进和提高治理能力。

三、思想创新

知识经济时代,创新能力决定着一个国家在国际竞争和世界格局中的战略地位。高校智库的知识生产和思想创新能力是关系到高校智库生存与发展的关键因素。高校智库组织发展的核心是通过学术研究进行思想创新,只有通过思想创新,才可以创造出比传统的知识生产活动更有价值的思想和知识。因此,思想创新是高校智库发展的动力源泉。

所谓创新就是建立一种新的生产函数,把一种从来没有过的关于生产要素和生产条件的新组合引入生产体系,包括引进新产品、引进新方法、开辟新市场、挖掘原材料的新供应来源、实现企业新的组织,创新是对新产品的创造,或是利用新的方法和技术进行产品的生产,目的在于企业组织方式的变革。[①] 思想创新表现为通过科学研究,包括基础研究和应用研究,获得新的基础科学、技术科学知识和思想的过程,以期能够改变社会现实。[②] 在多数有关创新的研究中,无论经济学的界定,还是教育学抑或社会学的界定,都需要明确创新是在特定的时间、空间和条件下发生的,环境及影响因素对创新产生的作用很重要。因此,对于不同类型的组织而言,其创新的内涵和实现创新的途径也大相径庭。

将创新理论应用到高校智库的研究,可以理解为在现代大学的范畴内,通过不同于以往的创新思维对高校智库的组织方式、管理结构、评价体系和思想产品进行内容和形式上的革新,它主要表现为通过利用新思维、新方法进行人员配置,对旧的知识生产活动进行改进和补充,从而变革知识生产以产生新的思想,只有真正产生创新性思想和高质量研究成果的智库才具有可持续发展的生命力。高校智库要实现思想创新的目标,应当坚持以学术研究为思想创新的根本前提。学术研究是思想创新的基础,思想创新是学术研究的目的。学术研究就是为了思想创新,思想创新的目的在于提高社会贡献力和影响力,可以说,思想创新是学术研究的最终形式。高校智库的思想创新不是表面上形式上的创新,

---

① [美]约瑟夫·熊彼特. 经济发展理论[M]. 邹建平,译. 北京:商务印书馆,1991.
② 路甬祥. 建设面向知识经济时代的国家创新体系[N]. 光明日报,1998(02).

而应当是在本质上有所突破,它能够针对社会现实和国家战略需求,实现思维方式、技术方法、体制机制和思想产品的变革。

第二节　建设专业化的人才队伍

当前我国智库功能的发挥与国家治理体系和治理能力现代化的实际需求还有很大的差距。高校智库面临的突出问题是研究成果与国家战略及其现实需求存在很大的差异,这使得高校智库出现生存危机,因此加强专业化建设成为高校智库面临的迫切问题。借鉴一流高校智库的经验,发挥研究型大学多层次和多学科研究人才集聚的优势,制定清晰的人才培养目标,探索联合学位及应用型人才培养策略、为政府人员提供政策知识培训、吸引政策分析机构参与合作培养等,以培养未来的公共政策分析专家。

一、集聚人才

集聚大学内外的研究人员,组建卓越的研究团队,发挥研究合力产生政策影响,是中国特色新型高校智库发展的重要一环。

高校智库具有担当人才储备库和蓄水池的功能,要实现储备人才的功能可以通过三个方面来实现。首先,储备全职研究人员。高校智库如何遴选人才?A:"*遴选标准是他们是否有兴趣,应用自己的研究对政策产生影响。他们的知识技能也是与项目需求相关。*"通过正规的招聘程序聘用专职研究人员,从事所在学科领域的专题研究,承担人才培养和部分政策咨询任务。大学教师的政策参与行为主要受政治环境、社会地位和个性特征的影响,除此之外,个人专业能力、掌握的资源及其政治信仰也是重要的影响因素。因此应当创造条件鼓励大学教师积极参与高校智库的资政建言活动。其次,充分发挥大学多学科研究人才集聚的优势,组建高水平研究团队,召集大学内部多个层级、部门和年龄段相关学科领域的研究人员从事政策相关问题的研究,发挥他们的学科优势,更大程度上提升了高校智库的研究水平。第三,吸纳大学之外的其他政府、媒体等其他社会机构人员加入研究团队。高校智库的人员配置和团队建设中,仅仅以学术导向的大学教师作为研究的主体力量不利于提升影响力和发展水平。借助于大学广阔的发展平台引进具有政策研究热情的政府人员、媒体人员及其他社会组织人员参与并加入高校智库的研究队伍,是高校智库保持发展生命力的关键。随着中国社会现代化进程的演进,学者们也普遍认为有类似企业家精神的政策倡导能力的知识分子在公共政策过程中的重要性凸显,他们参与政策制定也成为趋势。[①] 这是研究人员实现其治学理想并服务国家的重要体现。

高校智库的全职研究人员、校园内的多个学科领域的专家学者、校园外部其他政府机构、媒体和社会组织的人员共同构成了高校智库人才团队的储备力量,他们发挥各自的专业及其实践优势,为高校智库思想创新贡献智慧。

二、培养人才

高校智库附属于大学,具有区别于独立智库的显著特征,那就是许多高校智库具有人才培养的职能。高校智库可以发挥大学多层次人才集聚和学科研究基础雄厚的优势,培养学科研究和政策研究人才,在平时课题研究中使其参与一定的政策研究并成为高校智库研究团队的重要组成部分。高校智库的人才培养可以通过两个层面来实现。

一是培养学生。通过制定清晰的人才培养目标,探索联合学位及应用型人才培养策略、吸引政策分析机构参与合作培养等途径来培养未来的政策研究和咨询人才。学生不仅参与团队合作研究,也作为政策研究人才的后备力量,许多可能会发展成为适应时代需求的未来的公共政策研究者和接班人。

二是培养青年教师研究队伍。高校智库多融合人才培养与咨政建言功能于一体,基础理论与政策实践相结合。发挥知名政策研究专家的作用,通过师徒式传帮接代的方式,通过团队合作的形式由知名的资政专家培养和扶植一批参与资政建言的专业化的青年人才队伍。另外,通过改善大学的科研评价机制,将资政研究成果纳入科研评价,使其资政建言成果在研究型大学范围内得到一定的认可和支持,从而提升成就感,调动青年教师的积极性,发挥他们的创造性,鼓励青年教师积极地参与资政活动,培养资政建言的年轻队伍。

三、人才流动

美国智库最具特色的一个现象是其"旋转门"机制,即学者和官员之间的频

---

① Andrew M. "Fragmented Authoritarianism": Political Pluralization in the Chinese Policy Process[J]. The China Quarterly, 2009(200): 995 - 1012.

繁流动。政府部长等高级官员不是来源于议会党团和公务员,而是来自精英集聚的智库。每隔四年,许多卸任的官员会到智库从事政策研究,智库的研究者也会担任政府要职,从研究者变为执政者。[①] 旋转门机制的运行得益于美国特殊的政治文化和政治体制,这显然有别于中国的政治体制,因此,旋转门机制在中国并不具有现实土壤。虽然中国智库和政府之间难以形成真正的"旋转门"机制,但是可以构建中国特色的高校智库人才流动机制。

鼓励学有专长的研究人员去政府机构挂职。中国许多知名的高校智库对政府决策可以产生重要影响,一些知名学者通过与政府开展长期合作可以建立信赖关系,从而成为政府领导重视的智囊。研究人员去政府部门借调和挂职可以更加深入了解政府的思维方式、工作形式和解决问题的方法,从而有的放矢地开展政策问题研究,提高研究成果的适用性。

吸纳卸任的政府官员到高校智库担任研究人员。从政府官员的视角和眼光看待科学研究的问题选择和研究思路,启发和带领以学术为主业的大学教师开展政策问题研究,从而提升政策研究与现实政策问题的适切性,使得政策研究更加具有现实针对性和接地气,提升政策研究水平,做出高水平可以直接应用的研究成果,从而更有利于解决现实政策问题,提升高校智库的政策影响力。

建立访问学者制度。借鉴一流高校智库的成功经验,招聘一批学术前沿课题的关键研究人员担任访问学者,促进人才流动。把有思想活力、有实践经验、有政策研究能力的专业人士吸纳到智库队伍中来。

建立人才信息共享库。依托大学学科研究水平高和科学研究机构数量众多的优势,集聚研究型大学内部多个学科的研究人才和其他学校的相关学科专家,在横向上构建高校智库的研究专家库,采取激励政策鼓励专家参与政策问题辩论,推动信息资源的传播,促进人才在不同的研究机构之间流动。

四、专业水平

高校智库的专业化建设强调其为了实现功能价值,高校智库组织所需要的基本的专业能力和条件。"专业是一个正式的职业;为了从事这一职业,必要的上岗前的训练是以智能为特质,卷入知识和某些扩充的学问,它们不同于纯粹的技能;专业主要供人从事为他人服务而不是从业者单纯的谋生工具,因此,从业

---

① 王莉丽. 美国智库的旋转门机制[J]. 国际问题研究,2010(02):13-18.

者获得经济回报不是衡量职业成功的主要标准。"①因此,专业首先以一定的知识为基础,为他人服务是专业的重要目标。提升高校智库科学研究的专业化建议从三个方面着手。

一是提升专业研究水平。一流高校智库发展经验证明,选择战略性、前瞻性的重大问题进行超前研究,往往能够产生较高的政策影响力。高校智库研究人员以学科为基础,聚焦某些前瞻性的研究领域,更多聚焦于应用性研究,进行长期的专题研究和系统性的深入研究,应当成为某一或几个知识领域和研究领域的专家,能够与国内外学术同行竞争和对话,并为国内外同行认可。

二是给予高校智库研究人员一定的自主权。自主权是专业化的一个重要维度,有充足的自主权才可以独立从事感兴趣的研究,提升研究的专业水平。已有研究发现,具有适度科层背景的专业人士最有可能获得发展的自主权,在高科层背景下的专业人士最没有可能获得发展的自主权。② 在高校智库组织管理层面应该给予研究人员适度的权力,使其能够充分发挥各种优势自主研究和发展。

三是提升知识转化及政策咨询的专业化水平。政策咨询有别于一般的学理性研究,政策咨询以应用为导向,是否了解现实政策的需求,是否真正有益于解决现实问题,是否能够为决策者理解,是政策咨询专家面临的关键问题。智库研究人员在提升自身学科研究专业水平的同时,应当强化对智库研究成果的知识转化机制的习得,学习将研究成果转化为政策制定者或决策者可以轻松理解的,直接应用到复杂的现实问题中去的,简短、可操作、有效解决问题的方案。

第三节　创新高校智库组织运行机制

高校智库多是政府及社会需求的产物,它异于普遍意义上的学术组织,其发挥功能价值、获得政策共同体的认同及产生政策影响力都依赖于外界的资源供给和政策需求。对高校智库管理的体制和机制进行创新,是提升高校智库运行现代化和提升政策影响力的重要途径。

---

① 赵康. 专业,专业属性及判断成熟专业的六条标准[J]. 社会学研究,2000(05):30-39.
② Gloria V E. Professional Autonomy and Bureaucratic Organization [J]. Administrative Science Quarterly, 1970,15(01):12-21.

一、以适宜智库发挥作用为前提创新体制与机制

高校智库在物理空间上依附于大学存在,是大学的次级单位,使用大学的办公地点,接受大学行政管理。高校智库发展水平的高低,很大程度上取决于所附属的研究型大学对智库建设是否认同,以及是否采取了适宜智库发挥作用的实质性的保障措施。如一位大学文科处处长 Q 认为:"大学是有作为国家智库的功能。今天我们更加认识到,大学不只在人才培养方面,在经济社会发展、治理能力提升方面具有更多的贡献。大学的智库建设,过去大学本身的自觉性和积极性不是很高。学者更关注自己感兴趣的,本身学术领域的事情。大学的学术有学术自由精神,追求的是我想做的事情。从社会需求来讲,应该吸引教授更加关注国家战略需求,为国家现实发展献计献策,建设更多智库来引导,使更多学者,往这个方面来努力,不仅仅是个体,应该是团队。通过政策引导和价值引导,使得学校更加重视。"高校智库具有独特的组织特征和发挥作用的方式,这也必然需要引导研究型大学依据智库的组织特征建立相应的组织管理方式。

高校智库从事现实问题导向的研究很大程度上依赖快速召集跨学科和跨部门的研究团队,这决定了智库需要柔性的、灵活的、适应问题需求的管理方式。大学注重预设好的以学科为基础的科层制管理,形式僵硬缺乏效率,缺少回应性的结合具体问题的柔性管理,不能灵活和及时地提供管理方面的支持和帮助。智库要产生预期的功能价值,会吸纳许多政府工作背景的人员参与研究、根据项目需求雇佣兼职和临时性研究人员、聘用较高学术声望和社会影响力的人士担任领导以保持智库的长久发展。这促使大学建立适宜智库发展的人才、项目及财务管理制度。如果大学固守原有的组织管理程序去管理智库,可能将束缚甚至阻碍智库快速回应政策问题需求、思想创新及政策影响力。

加强实体性组织建制为我国高校智库稳定可持续运行提供体制保障。我国高校智库建设处于起步阶段,发展定位及操作举措仍在探索中,当前存在一个普遍性的特征即"小、散、弱",许多机构的规模比较小,运行比较松散,影响力较微弱,甚至有些机构完全是虚体性的"空壳子",常态化的实体组织建制面临巨大需求。实体组织表现为实现一个目标通过分工合作形成不同层级的权责关系,形成科学规范的管理体制和运行机制,亦即以政策问题为导向产生高水平研究成果为目标,依据任务需求设立不同部门并招募不同类型的人员。高校智库的实体化运行,具体表现为必须具备保证组织发展的稳定性和可持续性的基础性支撑,如固定的工作场地、规范的组织管理架构、明确的研究领域和研究特色、稳定

的资金支持、特定的研究项目和固定的专职人员等。借鉴一流高校智库在组织结构方面的发展经验,我国一流大学建设高校中的研究机构应明确资政建言的目标定位,从管理体制和运行机制等方面加强实体性组织建制。具体而言,建立科学管理的组织架构,譬如实行主任制,由专人组织日常的科研和管理活动,依据研究问题的需求设立不同的研究项目组,依据实践需求设立若干管理部门。我国一流大学建设高校中的智库类似半官方组织,是大学的次级单位,这决定了其多数发展资金甚至是所有的发展资金都可能会来源于政府部门。我国也没有类似美国发达的捐赠资金和基金会制度,这在一定程度上也限制了智库资金来源渠道的多元化。因此,破除对政府的资源依赖关系,增强"自我造血"和独立自主寻求可持续发展道路的能力,对我国高校智库建设而言责任艰巨。

二、营造开放与合作的智库思想市场

智库思想市场是公共政策思想的生产者与信息的需求者之间所进行的思想及产品交换。衡量思想产品的价值不是以价格为标准,而主要是看思想产品的影响力大小。[①] 建议一个开放的、多个群体合作和交流互动的思想市场,对高校智库更大程度上发挥政策影响力意义重大。从国家层面对智库及高校智库制定统一的专门性政策,明确高校智库专家咨询制度,消除高校智库组织的行政和政治色彩,保障高校智库研究活动的独立性,对智库思想市场的建设有重要作用。

允许高校智库自由表达。为营造一个公正、自由、宽容的思想市场,营造鼓励创新、自由包容的政治和社会环境,积极倡导"百家争鸣、百花齐放"的学术氛围。鼓励高校智库自由开展学术研究、自由进行学术交流、自由发表创新观点,让智库的观点可以自由表达、充分传播。重点扶植一批具有研究特色的高水平智库率先发展,然后发挥传帮带作用去带动中国智库的整体发展。

推动高校智库向国际化发展。当今世界正在发生深刻复杂变化,全球合作向多层次全方位拓展,高校智库抓住机遇,增强全球意识,提升国际化水平。高校智库的思想产品与国际思想市场接轨,重视课题研究中的全球意识和国际视野,扩大思想产品的国际传播。加强高校智库间的国际交流与合作力度,开展各种长期或短期的国际课题合作,培育一批有国际影响的智库人才。

---

① 王莉丽. 中国智库思想市场的培育与规制[J]. 中国人民大学学报,2014(02):83 - 88.

三、建立高校智库与决策部门的长效沟通机制

借鉴国外现代专业智库的成功做法,充分利用大学的智力资源,发挥高校智库的创新性和独立性强的特点,鼓励开展决策咨询服务。营造适宜高校智库运行的外部制度和市场环境,政府转变观念,引入高校智库专家参与公共政策决策的机制,鼓励高校智库人员的思想自由、研究独立、积极参与公共政策制定,实现政府和高校智库的互动。建立高校智库与决策、行政部门之间的沟通交流机制,将政府部门的政策研究需求传递给高校智库,同时使高校智库的研究更加有的放矢。建立科学的选题机制、科研组织和管理制度,形成适应决策需求的专业能力,避免资源分散、低水平重复研究。建立重大决策问询制度。通过具体的规章制度重新对政府重大决策过程进行规范化设计,使高校智库咨询成为重大决策程序的必备环节,逐步建立公开、透明、开放的公共决策制度。

四、建立智库与学科建设协同发展机制

建设中国特色新型高校智库,不是忽视大学学科建设和人才培养的核心功能盲目地去做政策咨询,而是在人才培养、学科建设、理论创新的基础之上,更加聚焦于问题导向和服务于国家发展需要为中心来推进。通过智库建设,构建高校人才培养、学科建设、理论创新和社会服务系统衔接的价值链,为学科建设获得更好的发展动力,以此提升大学的社会贡献和创新能力。社会科学领域中的应用型学科建设,通常会强调学科的社会服务功能,而高校智库建设,也需要大学内部相关学科的有力支撑。因此,学科建设与智库建设都是大学实现办学功能和总体发展目标的重要载体,二者有互补性。学科侧重对某一学科领域理论知识的培养,但在理论与实践的结合及跨学科知识培养等方面存在薄弱环节。受学科壁垒的限制,单一学科难以与处理政策问题所需要的广泛的知识范畴相契合,智库政策研究整合资源,以问题为导向,以项目为纽带,把不同学科的人员集聚起来协同攻关,有效提升科研创新能力、问题解决能力和社会服务能力。

建立智库与学科建设协同发展和联动机制,两者相互补充,打破高校长期以来形成的封闭的学究型研究范式,为推进新时代高等教育创新发展提供更强有力的体制机制支撑。智库以学科为依托,将学术研究作为知识储备,提升智库内涵建设和理论素养,提升研究成果的公信力和影响力。学科建设以智库建设为辅助和抓手,提升学科的应用价值和社会服务能力,借助于智库的影响力,在人

才培养、科学研究、社会服务等方面发挥不可替代的作用。

五、建立多元融资机制

为保持高校智库研究的独立性,有必要建立多元融资渠道,增强自我融资能力。改变对政府的资源依赖关系,增强"自我造血"和独立自主寻求可持续发展道路的能力。保障研究人员的待遇,增强对高端人才的吸引力。设立高校智库发展基金,对高校智库的研究活动给予大力支持。大学可以提供专项投入,给予智库必要的资金以开展研究,确定发展势头良好的高端智库重点支持。引导和鼓励将社会资金投入到高校智库,出台有关鼓励企业等其他社会组织对高校智库进行公益性投入的优惠政策,以谋求长期的资金支持。

六、完善智库研究成果科研评价机制

高校智库的评价基于政策应用型研究的目标定位,必须围绕思想创新性及其政策影响力。智库倾向以成功解决现实问题为目标。大学的评价制度是围绕人才培养、科学研究和社会服务职能来展开,倾向以学术性指标为依据。在大学与智库的评价体制上,存在一定程度的交互重叠,但也存在不一致的地方。不能仅仅使用学术性评价指标去评价高校智库及其研究人员,也不能够仅仅关注其政策应用性和影响力而忽视了学术逻辑及其思想创新性。在不影响大学知识社区的学术独立精神和学术自由理想的前提下,提升学术研究成果的政策应用性,兼顾知识性与政策应用性的统一。

结　语

作为大学中的一种组织形态,高校智库与院系及其他基层学术组织,既有着显而易见的不同之处,也表现出一些相似之处。高校智库最独特的地方在于它是融合学术研究的知识品性与政策应用性而建构起来的,具有其他社会组织难以具有的组织功能和文化特质。高校智库作为一种制度形态,处于政府、市场和大学共同构成的组织制度环境,这表现出高校智库更多的是社会建构的产物,组织运行和功能发挥体现着知识与权力的互动逻辑。中国特色新型高校智库的发展是国家行动导向与大学自主发展回应国家战略需求提高社会贡献的有力结合,激发大学的思想创新精神和主动做出思想贡献的自觉意识,成为中国特色新型高校智库建设衍生的重要目标。

一、组织特征：高校智库的身份标识

高校智库的组织特征与其他学术组织的组织特征无论在形成方式还是表现形式上都是有显著差异的。本研究以组织建制、组织人员和组织文化为考察分析的点,选取一流高校智库为具体的研究对象,探讨一流高校智库组织在这三个关键组织要素方面具有的特征。

高校智库组织建制的基本逻辑是以大学的知识品性与学科基础为依托、以解决现实问题为导向、以知识转化为手段。在联结由大学教师为主体的知识共同体和由政策制定者为主的政策共同体的过程中,高校智库作为交流平台,成为融合学术与非学术特征的群体的混合空间,不同群体在其中发挥功能,影响高校智库组织的活动方式和功能发挥。在实际活动中,高校智库以"基于项目负责人制的矩阵式科研组织管理"为基本形式开展研究,注重科研项目的任务导向及其执行过程中的多学科团队合作和协同研究。内部领导体制多实行委员会领导下的主任负责制,基于科研任务和机构管理的需要而设立若干管理、咨询和辅助性服务机构,如各种委员会和秘书处等负责具体的管理和辅助性服务,以确保政策研究工作的顺利开展。处于发展初级阶段，建构组织秩序成为关注的重点问题，通过组织建制获得合法性也成为首要目标。结合新制度主义的分析框架，高校智库组织建制的形成机制中，强制性制度逻辑、规范性制度逻辑和模仿性制度逻辑对于解释高校智库组织建制的形成具有合理性。随着组织发展走向成熟化，组织建制形式并不是一个组织的最终诉求，而是为实现功能价值所采取的途径。

高校智库人员具有大学教师的普遍性特征，也具有基于智库组织的独特性特征。具体表现为高校智库组织人员具有教育者、研究者、知识转化者和知识与政策两栖人四种身份特质。后学院科学时代标志着新的科学建制和知识生产方式的兴起，作为一场正在发生的变革，它使得大学教师面临着职业发展的转变：在学术探索方面从精神追求到谋生手段的转变，在科学研究方面从兴趣驱动到任务导向，知识结构方面学科知识到多元化知识，职业发展方面从专业提升到政治参与。现实情况是，极少有人同时具备以上社会角色的特征，因此通过招募不同类型的人员，以丰富人才结构，成为高校智库的普遍做法。一流高校智库的研究人员包括其主要负责人绝大多数获得名校博士学位，他们来自多个学科领域，研究关注国家战略性发展且具有政策指向性的问题。高校智库人员任职经历通常非常多元化，从大学、政府部门、商业组织、媒体和其他非营利性社会组织（非政府组织、智库和其他国际组织等）募集研究人员成为高校智库的普遍性做法。不同高校智库的人员任职经历网络有巨大的差异，不能一概而论，存在明显的特色化发展和分层现象。高校智库研究人员及其任职经历形成的关系网络为发展、积累和运用社会资本提供了前提和基础支撑。

组织文化是高校智库的核心价值观，它突出高校智库的核心和关键职能，是高校智库区别于其他学术组织的基本特征。组织文化是在高校智库的发展过程中形成的对组织行为的基本假设和信念，它规范高校智库人员的行为，引导高校智库人员的价值导向，使得高校智库独具特色。高校智库的组织文化表现为以大学的知识品性和学科依托为基础进行知识生产、开放性和多元文化共存性，实现政策影响力为价值追求是高校智库存在的生命力及其组织文化的根本内涵。高校智库独具特色的组织文化必然使得我们对其在大学的发展进行一定的价值反思，这也不得不考虑高校智库在发展中形成工具理性主导和价值理性式微的情形，以及高校智库的政策应用导向一定程度上促进了大学政策应用型人才培养和学科建设，改变着大学的学术生态。

综上，高校智库在组织建制、组织人员和组织文化三个层面具有自身的独特性，这区别于大学的其他基层学术组织。他们也因此成为高校智库的最基本的身份标识，使得高校智库在现代大学中占有一席之地。

二、为国家决策服务：高校智库的时代使命

组织的发展离不开环境和制度，因此不得不认真思考高校智库组织的形成与发展及其与环境的互动问题。高校智库在一定的社会背景和制度支持下发展起来，高校智库的研究活动也必然可能在某种程度上改变其身处其中的制度环境，这种影响与被影响的关系形成一个复杂的过程。

高校智库的形成与发展并非仅仅限于高校智库组织的自主成长逻辑，而是受制于社会环境中不同的行为主体、制度形态及其动力机制的影响。政府和市场作为高校智库形成与发展过程中的主要的外部行为主体，规制了高校智库的发展形态。譬如，政府在面临政策危机时和政策失灵状态下，为提升公共政策治理能力和治理水平现代化向高校寻求政策支持，以使用智库的专业知识为其政策决策进行合法性注解，因此，高校智库带有强烈的工具主义取向。随着高等教育市场化的发展，大学越来越成为社会变革的重要参与者，积极服务于外部市场发展和政策环境的需要，建立多种类型及研究领域的适应市场需求的研究机构。政府与市场在高校智库的形成与发展中扮演了主导性的角色。

高校智库组织所处的制度环境在一定程度上决定了高校智库的组织特征，高校智库组织是一种独特的社会制度建构的产物。制度环境具有一定的资源约束性，它决定了高校智库组织的基本运行方式、组织特征和发展路径，并为高校智库的组织变迁提供动力。外部制度环境通过政府、高校、市场、社会和个体等不同的行为主体，采用强制性、规范性和认知性的制度逻辑，促进高校智库依据其组织依附性、相对独立性、兼顾知识品性与政策应用性等原则形成独特的组织空间。在复杂的外部制度环境中，政府和市场处于强制性制度逻辑的主导和核心地位，而高校及社会则处于规范性制度逻辑的主导地位，高校智库及行为个体则处于认知性制度逻辑的核心地位。因此，为实现组织发展目标，获得外部制度环境的认可及其合法性，高校智库形成相应的组织特征和制度建制。

高校智库的形成及运作过程中，位于大学内外的众多利益相关者对智库的知识生产和转化感兴趣，集结于高校智库这样一个制度化的组织形态中，进行交流与合作。高校智库兼具学术组织与智库组织的双重属性，其与生俱来的边界组织特征赋予高校智库有别于其他类型学术组织的特殊性，这也是一种融合学术与政策、知识与权力的混合空间。然而，在其组织运行的过程中，知识与权力的信息不对称，地位不平等，官本位意识的张扬，都会导致高校智库的功能弱化或标签化。高校智库类似一个融合学术与非学术特征的众多利益相关者群体的

混合空间,它适应不同群体的需求,同时,不同群体也可以发挥能力以影响高校智库组织的活动、结构和权力关系。因此,高校智库起了一个连接学术与政策的交流平台的作用。它可以是独立性的高水平学术研究机构、大学与政府互动并为政府资政建言的组织载体、政府借助知识为政策进行合法性论证和注解的官方机构,也可以成为政府决策民主化和科学化的试验场。依据不同的战略发展定位和科学研究特色,高校智库可能具有多种发展的可能性。作为一个混合空间,高校智库连接学术与政策,跨越高校与政府,开展政策研究,履行社会职能,为政府决策和国家发展而服务。

附录 A　一流大学建设高校有智库特征的机构(至 2017 年 12 月 31 日)

大学	机构名称	愿 景 陈 述	成立时间	共建单位
中山大学	粤港澳发展研究院	港澳治理与粤港澳合作发展领域的专业化高端智库	2015	中共中央宣传部 首批国家高端智库试点单位
	国家治理研究院	作为学校重点建设与布局的智库机构,围绕国家治理的三个层面——理念、制度和政策。将国家治理研究院建成具有政策影响、学术影响、社会影响和国际影响的国家治理智库	2014	校级高端智库
	南海战略研究院		2015	校级高端智库
	中国转型与开放经济研究所	为政府部门及企事业单位提供咨询报告,为政策制定提供参考	2014	广东省
	中国公共管理研究中心	以重大对策研究打造有影响力的决策智库	2001	教育部人文社科重点研究基地
	马克思主义哲学与中国现代化研究所	强化问题意识,建设专业化政府智库	2000	教育部人文社科重点研究基地
	廉政与治理研究中心	建设成为容科学研究、人才培养、咨询服务、国际交流、信息共享于一体的全省廉政建设重点基地	2009	广东省
	金融工程与风险管理研究中心	承担科研项目,取得高质量成果,为经济金融现实提供决策咨询服务,推动相关学科的建设和发展	2003	广东省
	华南农村研究中心	打造有较强学术创新和社会服务能力的综合科研平台,成为省内一流、在全国具有较大影响的科学研究机构,成为广东省的农村实际工作部门的"思想库"、"人才库"和"信息库"	2008	广东省教育厅

（续　表）

大学	机构名称	愿 景 陈 述	成立时间	共建单位
中山大学	港澳珠三角研究中心	强化问题意识,建设专业化政府智库,为发挥港澳在国家发展策略中的重要作用出谋划策	2000	教育部
	大洋洲研究中心	服务于国家最高发展战略与国际事务人才培养需要,集科研、教学与咨询三种主要功能于一体	2012	教育部
	城市社会研究中心	为国内外有关政府部门、企业机构提供政策咨询	2006	广东省
中国人民大学	中国特色社会主义理论体系研究中心	成为全国知名的思想库和咨询服务基地	2006	教育部重点研究基地
	中国经济改革与发展研究院	在中国经济改革与发展中发挥了积极的"思想库"作用。2009 年被新华社《瞭望》周刊评选为 43 个国内外极具影响力的"智库"之一	1996	教育部人文社会科学重点研究基地
	中国财政金融政策研究中心	不断推动中国财政金融教育、研究和政策咨询的发展,逐步建成具有重要国际影响力的财政金融政策研究基地、学术交流基地和人才培养基地	1999	教育部人文社会科学重点研究基地
	政府统计研究院	研究与政府统计工作相关的重大课题,开展国内外统计学术交流,向全社会普及统计知识,解疑释惑,培养适合政府统计工作需要的高级专门人才,为不断提高政府统计工作水平提供理论支撑与人才保障	2011	国家统计局
	刑事法律科学研究中心	使本中心成为中国刑事法领域的思想库和咨询服务基地	1999	教育部人文社会科学重点研究基地
	新闻与社会发展研究中心	在科学研究、人才培养、学术交流、咨询服务和科研制度建设等方面都取得较大进展	1999	教育部人文社会科学重点研究基地
	人口与发展研究中心	并努力成为政府在有关方面决策与实践的智囊团和思想库	2000	教育部人文社会科学重点研究基地
	欧洲问题研究中心	向我国政府对欧盟国家制定相关的决策提供可靠的理论依据和政策建议	1996	教育部人文社会科学重点研究基地

（续　表）

大学	机构名称	愿景陈述	成立时间	共建单位
中国人民大学	马克思主义研究院	配合中央正在实施的马克思主义理论研究与建设工程、着力推进马克思主义理论创新和人才培养而建立	2006	北京市
	经济学院	充分发挥"思想库"和"智囊团"作用,为党和政府正确决策提供智力支持,为社会发展献计献策。被外媒评为中国八大经济预测权威"智库"之一	1998	
	国家发展与战略研究院	以达到"服务政府决策、引领社会思潮、营造跨学科研究氛围"的目标	2013	发改委、首批国家高端智库建设试点单位
	公共治理研究院	为中国公共治理实践提供战略指导、政策咨询、人才培养等高端服务,努力成为公共治理领域集科研、培训、咨询和国际交流为一体的重要学术平台	2013	
	公共政策研究院	已成为我国公共政策和公共管理科研、培训、咨询和国际交流的重要平台,在研究队伍、研究成果、学术交流和咨政服务等方面都取得了显著成绩	2012	
浙江大学	中国西部发展研究院	成为沟通东中西学术思想的桥梁,各级政府决策的智囊,具有国内外重要影响的研究机构	2006	国家发改委
	质量管理研究中心	成为政府和企业在质量发展方面的思想智囊库和决策咨询中心	2014	
	人才发展研究院	打造国内知名的一流人才理论研究基地,为浙江省委、省政府实施人才强省战略提供决策参考	2010	浙江省委组织部
	欧洲研究中心	为中欧内外政策制定提供建设性的咨询建议	2003	
	农业现代化与农村发展研究中心	研究解决我国农业与农村现代化发展进程中所面临的重大理论和实际问题,为政府制定农业和农村发展战略、相关政策提供决策参考,为企业科学决策与管理提供咨询服务,为社会培养高质量的农业与农村经济管理人才	2000	教育部人文社科重点研究基地

（续　表）

大学	机构名称	愿　景　陈　述	成立时间	共建单位
浙江大学	民营经济研究中心	中国第一流的民营经济研究和咨询机构	2002	教育部人文社会科学重点研究基地
	中国科教战略研究院	立足浙大，面向全球，打造国内外知名的大学发展研究平台，成为科教创新与发展的一流智库	2013	教育部
	金融研究院	全力打造具有浙江特色的中国第一流金融研究平台和政策智库	2010	省校共建
	欧洲研究中心	为中欧内外政策制定提供建设性的咨询建议	2003	
	公共政策研究院	努力把研究机构打造成为公共政策研究的一流智库、创新基地、人才摇篮	2012	浙江省
	非传统安全与和平发展研究中心	努力成为国内非传统安全最主要的数据库、思想库、人才库，成为国际一流的非传统安全研究基地	2006	
	创新管理与持续竞争力研究中心	建设成为具有世界一流水平的综合性、开放式、国际化的智库和高层次人才培养基地，并致力于成为开放型的国际一流学术研究平台、政府和企业权威性的思想库和决策咨询中心、创新管理领域信息资料汇集和权威分析发布中心		国家哲学社会科学创新基地
西安交通大学	中国西部发展研究中心	为政府部门制定政策提供理论依据，为企业等实际工作部门提供咨询和策划	1998	
	中国管理问题研究中心	管理咨询，架设管理理论和实践的联系桥梁	2002	教育部首批四个战略研究基地之一
武汉大学	环境法研究所	在智库建设方面取得了重要进展，在服务立法、司法、国际谈判和法制宣传方面成绩突出	1998	中国普通高等学校人文社会科学重点研究基地（全国首批共 15 个基地）
	中国产学研合作问题研究中心	努力成为中国产学研合作研究的"思想库"、"技术库"和"人才库"		科技部湖北省
	质量发展战略研究院	强有力地发挥智库服务功能，研究成果持续地被中央和地方政府所采纳	2007	国家质量监督检验检疫总局

(续　表)

大学	机构名称	愿 景 陈 述	成立时间	共建单位
武汉大学	信息资源研究中心	以信息资源组织、管理、开发和利用为核心,始终瞄准社会经济信息化中的重大理论问题和实际问题开展研究、咨询、培训工作	1994	教育部国家普通高等学校人文社会科学重点研究基地
	社会保障研究中心	开展咨询服务,提高了综合研究能力和参与政府决策的能力,成为全国知名的社会保障思想库和咨询服务基地	2000	普通高等学校人文社会科学重点研究基地
	媒体发展研究中心	科研整体水平在全国领先并解决传媒领域重大现实问题的研究与咨询机构	2002	教育部重点人文社科研究基地
	经济发展研究中心	集聚校内外发展经济学领域优秀学者而构建的集理论研究、政策分析和教学于一体的学术机构和智库	1990	教育部人文社会科学重点基地
	中国科学评价研究中心	集科学研究、人才培养和评价咨询服务为一体的多功能的中介性实体机构	2002	湖北省重点基地
	国际法研究所	成为中国国际法的思想库和咨询服务基地	1980	国家高端智库
	发展研究院	积极为政府、企业及社会提供决策研究、咨询服务、战略规划及人才培训等	2008	湖北省
	国家文化发展研究院	提供政策咨询与信息服务,为国家和各级政府部门决策提供智库支持	2009	全国高校首家"国家文化创新工程"研究基地
同济大学	新农村发展研究院	国家"三农"和城镇化问题宏观决策的重要智库	2013	科技部和教育部
	联合国环境规划署-同济大学环境与可持续发展学院(IESD)	建设成为全球环境与可持续发展大学联盟的智库型机构	2002	联合国环境规划署(UNEP)
	可持续发展与新型城镇化智库	智库是发表和产出可持续发展与新型城镇化成果的开放式平台,以服务政府决策、引领公共讨论、推动学术研究、讲述中国故事为目标	2014	联合国环境署
	国际与公共事务研究院	提供国际政治事务决策咨询的智库	2009	同济大学

（续　表）

大学	机构名称	愿 景 陈 述	成立时间	共建单位
上海交通大学	新媒体与社会研究中心			国家社科基金决策咨询点
	中美全球外包联合研究中心	聚焦国际学术前沿,注重案例研究和实证研究,成为国家有关外包政策和产业发展的智库	2013	美国杜克大学富库商学院和安泰学院联合
	中东和平研究中心	中国唯一一个在中东地区设立常驻代表处(迪拜)的学术科研和智库机构		
	新农村发展研究院	都市新农村建设和农村扶贫开发的政府决策智库、综合服务主体、资源整合平台、政产学研用对接平台和人才培养培训基地	2006	教育部科技部两部共建
	现代金融研究中心	成为集金融人才培养、理论研究和政策咨询于一身的"智库"	2000	
	上海高级金融学院	汇聚国际一流师资、培养高端金融人才、构筑开放平台、形成顶级智库	2009	上海市人民政府
	科学史与科学文化研究院	开展以中国科学与社会为核心的前沿学术研究,争取成为中国科技政策智库	2012	
	竞争法律与政策研究中心	成为全国工商行政管理系统竞争执法领域的重点研究基地,并进一步发展成为在国内外竞争法领域有重要影响的智库	2014	全国工商行政管理系统竞争执法领域重点研究基地
	国家海洋战略与权益研究基地	力求建设成为国内一流,具有国际影响力的专业型"品牌"智库	2013	上海教委、上海高校智库
	第三部门研究中心	致力于第三部门的理论和实证研究,为政府相关部门提供政策倡导	2006	
	国家文化产业创新研究基地/两岸文化产业创新研究基地	为政府文化政策决策提供咨询和理论支持,培养高层次、高学历、高素质的文化产业战略管理和科学研究人才	1999	文化部
	高校学科发展与评估中心	努力成为以评价为特色的具有广泛影响力的学科研究智库	2013	上海评估院上海教委
	高等教育研究院	努力建成小规模、高水平、国际化的世界知名社会科学研究基地和政府智库	2007	教育部战略研究中心
	中国城市治理研究院	建成国际知名、具有中国特色的新型智库、优秀人才汇聚培养基地和高端国际交流合作平台	2016	上海市

(续　表)

大学	机构名称	愿 景 陈 述	成立时间	共建单位
厦门大学	中国能源经济研究中心	为政府及相关单位提供政策咨询与培训,力图将本中心建设成为国内一流、具有国际先进水平的能源经济学教学、科研、咨询及培训机构	2005	教育部
	台湾研究院	海内外首屈一指的台湾研究思想库、人才库和信息库,国际首选的台湾研究学术交流平台之一	2004	教育部、国家高端智库培育单位
	欧洲研究中心	既是研究机构,又是咨询和培训机构,积极为地方经济、社会服务,解决福建与欧洲贸易、投资等相关问题;与欧盟各国相关大学合作培训高级人才	2005	教育部
	教育研究院	正在建设成为高等教育决策的国家级智库	2004	教育部人文社科重点研究基地
	会计发展研究中心	全国知名的思想库和咨询服务基地	2000	国家财政部会计司
	宏观经济研究中心	落实体制改革、科学研究、人才培养、学术交流、信息资料和咨询服务等任务,提高整体科研水平和参与国家重大决策的能力,成为中国宏观经济理论与政策研究的研究重镇	2001	普通高等学校人文社会科学重点研究基地
	东南亚研究中心	服务国家战略需求	2000	普通高等学校人文社会科学重点研究基地
清华大学	中国企业成长与经济安全研究中心	在国家经济安全和企业成长理论及分析方法构建方面,成为国内一流且具有重要国际影响力的研究机构	2010	清华大学
	中国农村研究院	致力于建设成为服务国家"三农"决策的一流智库	2011	国务院
	中国科技政策研究中心	目标是逐步发展成为在科技发展战略和相关政策领域有影响的一流智库	2003	国家科学技术部与清华大学联合成立
	中国与世界经济研究中心	中心的发展目标是不懈努力,成为国际化、制度化、高标准的一流学术和政策研究机构	2004	清华大学
	中国经济社会数据中心	为党和政府提供长期性的决策支持	2011	国家统计局和清华大学合作共建

（续　表）

大学	机构名称	愿 景 陈 述	成立时间	共建单位
清华大学	中国工程科技发展战略研究院	研究院将力争建成中国工程科技一流思想库	2011	中国工程院和清华大学合作共建
	中国发展规划研究中心	坚持高层次、开放式、前瞻性的发展导向,围绕国民经济和社会发展中的全局性、综合性、战略性课题开展理论和应用研究,政策咨询、规划前期研究、人员培训等活动,逐步发展成为经济社会发展战略、发展规划和政策领域的重要研究基地和思想库	2011	国家发展和改革委员会和清华大学共同领导
	中国财政税收研究所	力争将本所打造为中国财政税收领域最具影响力与公信力的智库	2008	财政部
	政府研究所	以问题解决为导向,采取多学科、系统化、开放式模式,汇集有志于政府研究的学者、实践者和专业人士共同完成富有时代感的学术研究与实践探索		
	伊斯雷尔·爱泼斯坦研究中心	多学科交叉研究,充分发挥新闻与传播学院和校图书馆在新闻传播、文献和典籍整理等学科的优势,邀请国家外宣部门领导,对外传播研究机构专家学者,爱泼斯坦的生前友好、学校和学院的有关领导和学者共同组成学术委员会、研究团队和项目管理团队	2008	清华大学新闻学院
	野村综合研究所中国研究中心	对中日关系和区域合作等课题开展政策建议性研究,以期为两国高层提供决策依据	2007	野村综合研究所
	现代管理研究中心	为政府部门和企业提供咨询服务传播先进的管理理念和方法	2000	教育部普通高等学校人文社会科学重点研究基地
	文化产业研究中心	国家思想库、智囊团、信息中心和人才基地	2004	文化部
	台湾研究院	建设成为具有重要学术影响力、政策影响力、社会影响力和国际影响力的中国特色新型智库	2014	清华大学公共管理学院

（续　表）

大学	机构名称	愿 景 陈 述	成立时间	共建单位
清华大学	气候变化国际政策研究中心	中心是以气候变化为专业领域的、专门从事政策评估、为国家发改委气候司提供直接政策支持的校级研究机构	2010	国际气候政策中心与清华大学联合成立
	民生经济研究院	民生经济领域具有理论和政策双重影响力的高校新型智库	2014	清华大学与中国民生银行合作设立
	两岸发展研究院	成为促进两岸发展、推动和平统一的一流智库	2014	
	科学与社会协同发展研究中心	有助于中科院学部持续开展系统性学术与咨询研究，为学部开展相关战略研究、建设国家科学思想库提供支撑	2012	清华大学与中国科学院学部联合建立
	科教政策研究中心	科技政策、教育政策等领域开展基础性、战略性、前瞻性研究，加强学科建设，提高人才培养水平，并为国家制定相关政策提供科学依据与政策建议	2006	教育部软科学基地
	科技-教育发展战略研究中心	围绕科教兴国战略和人才强国战略，服务国家和学校的管理决策，办成全校合作研究的平台和高水平的思想库	2010	教育部战略研究基地
	教育战略决策与国家规划研究中心	成为国家教育发展战略领域的重要咨询机构、国家和教育部的决策思想库和智囊团	2011	教育部与清华大学联合成立
	技术创新研究中心	发挥技术创新领域"思想库"、"信息库"和"人才库"的作用	2000	教育部人文社科基地
	华商研究中心	建设特色的一流案例库，从华商实践与案例中提炼学术创新思想，形成国际影响学术成果和国家战略研究报告	2010	国务院侨务办公室
	国情研究院	党中央和国务院决策的"大学外脑""学术智库"，成为中国一流决策思想库和世界一流的当代中国研究基地	2012	清华大学和中国科学院联合设立
	国家治理研究院	产生高质量、高水平的研究成果，培养一流的国家治理人才，成为具有国际影响的国家级一流智库	2014	
	国家形象传播研究中心	打造具有国际影响、中国一流的国家形象传播研究智库	2014	

（续　表）

大学	机构名称	愿　景　陈　述	成立时间	共建单位
清华大学	国家金融研究院	打造一流金融智库	2014	中国人民银行研究局、中国银监会研究局、中国证监会研究中心、中国保监会政策研究室等支持清华大学成立
	公共政策研究所	有针对性地向政府急需和社会关注的其他重大公共政策领域拓展，并以科研为基础、教学为动力，以广泛的国际合作为平台，力争近期内成为国内外知名的一流公共政策研究、教育与咨询机构	2000	公共管理学院
	国际关系研究院	理论研究与政策相结合，与政府职能部门保持工作联系	2015	
	创新与社会责任研究中心	开展创新与社会责任领域多视角、多形式的高端研究，成为引领中国创新与社会责任基础理论、实践应用与政策研究的核心智库	2010	公共管理学院
	21世纪发展研究院	努力形成高水平的一流成果，积极影响各级决策	1996	
	清华-布鲁金斯公共政策研究中心	致力于在中国经济社会变革及维系良好的中美关系等重要领域提供独立、高质量及有影响力的政策研究	2006	清华大学和美国布鲁金斯学会联合创办，位于清华公共管理学院
	中国应急管理研究基地	力争尽快建设成为国际一流和开放式的应急管理研究和教育平台，积极推动首都北京、中国及国际的应急管理能力建设	2004	北京市哲学社会科学规划办首批资助的重点研究基地
南开大学	周恩来政府管理学院	成为助力政府决策和社会机构运行的智囊团	2004	
	中国公司治理研究院	提高解决重大实践问题的综合研究能力和参与重大决策的能力，建设成为全国知名的思想库和咨询服务基地	1997	国家审计署教育部
	政治经济学研究中心	建设有中国特色社会主义实践中提出的重大理论问题进行研究和探索，力求有所创新、有所突破	2000	教育部人文社会科学重点研究基地

(续　表)

大学	机构名称	愿 景 陈 述	成立时间	共建单位
南开大学	日本研究院	负责有关对日教育交流等方面的咨询工作	2003	
	人权研究中心	以严谨的学风、高质量的研究和咨询成果	2005	天津市普通高等学校人文社会科学重点研究基地
	国家经济战略研究院	目标是建成一个世界一流的经济智库、一个中国经济发展的思想库	2013	
	APEC 研究中心	已经成为具有较高国际知名度的智库机构	1995	外交部、商务部、教育部
南京大学	中国南海研究协同创新中心	打造集学术创新体、高端智库、人才培养基地、国际交流对话四大功能与目标于一身的中国特色新型智库	2012	外交部、海南省、国家海洋局三个政府部门支持
	长江三角洲经济社会发展研究中心	成为全国知名的思想库和咨询服务基地	2001	教育部人文社会科学重点研究基地
	社会风险与公共危机管理研究中心	成为社会风险与公共危机管理领域有国际影响、国内一流的学术研究中心、政府智囊中心、人才培训中心、信息资料中心和对外交往中心	2005	江苏省首批哲学社会科学重点研究基地
	人文社会科学高级研究院	面向各级政府及社会开展咨询,提高解决重大实践问题的综合研究能力和参与重大决策的能力,成为全国知名的思想库、信息库和人才库	2005	
	非洲研究所	开展有针对性的学术研究、政策咨询和投资环境分析,服务于江苏和国家对非战略大局	1992	江苏省教育厅
	江苏紫金传媒智库	南京大学所属的社会学院、新闻传播学院、信息管理学院、政府管理学院、法学院等社会科学院系与江苏广电集团、新华报业传媒集团、凤凰出版集团、江苏有线电视集团等省内四大媒体集团共同商议,成立了"江苏紫金传媒智库",2015 年 8 月完成民非(民办非企业单位)注册,并于 10 月同时在南大挂牌"南京大学紫金传媒智库",至此对外统称"紫金传媒智库"	2015	江苏省重点高端智库

（续　表）

大学	机构名称	愿 景 陈 述	成立时间	共建单位
南京大学	中国智库研究与评价中心	专门从事智库数据收集保存、智库机构评估、智库研究和研究生培养的单位	2015	江苏省重点高端智库、江苏省委宣传部和南京大学共建
	长江产业经济研究院	建设成为国内一流、国际有影响力的专业型智库	2015	国家高端智库建设培育单位、江苏省首批重点高端智库
兰州大学	西北少数民族研究中心∕民族学研究院	努力成为集科研、人才培养、服务国家建设与社会发展的思想库和智囊团	2000	教育部人文社会科学重点研究基地
华中科技大学	公共管理学院	以成为领导者的摇篮和政府的思想库为发展目标	2000	
	创新发展研究中心	致力于本领域的科学研究、人才培养、学术交流和经济政策和咨询服务，争取成为国内外学术界和相关领域产生较高学术声誉的研究平台，国内外具有较大学术影响的智库	2010	湖北省高等学校人文社会科学重点研究基地
华东师范大学	中国现代思想文化研究所	推动中国现代思想文化的研究、促进中西思想文化的高层次对话、为当代中国文化的建设服务	1999	教育部人文社会科学重点研究基地
	中国现代城市研究中心	我国及上海的城市发展献计献策，为繁荣我国的城市科学做出了重要贡献	2003	教育部人文社会科学重点研究基地、中国智库索引（CTTI）来源智库
	上海终身教育研究院	为国家终身教育战略决策提供前沿理论、策略、思想的"智库"	2012	上海高校智库
	课程与教学研究所	成为课程改革领域的思想库和人才库	1999	教育部人文社会科学重点研究基地、国家高校高端智库联盟首批成员
	基础教育改革与发展研究所	理论研究、实践研究、政策咨询三方面均衡发展的特色	2000	教育部人文社会科学重点研究基地

(续　表)

大学	机构名称	愿 景 陈 述	成立时间	共建单位
华东师范大学	国家教育宏观政策研究院	担当智库	2014	由教育部和上海市人民政府共建,依托华东师范大学和上海市教育科学研究院联合建立
	俄罗斯研究中心	努力发挥国家文科基地的思想库作用	1999	教育部人文社会科学重点研究基地
	创新战略研究中心	面向国家重大战略需求,进行全局性、基础性、前瞻性研究,随时承接相关领域的国家应急课题,为中央和国家科学决策服务,为解决重大现实问题提供理论支撑	2009	教育部战略研究基地、软科学研究基地
	城市发展研究院	成为中国城市化进程中最具影响力的重要智库	2013	
复旦大学	中国社会主义市场经济研究中心	致力于当代中国经济、转型与发展经济学等领域的理论和实证研究,在国内外顶尖的学术期刊上发表了大量的有影响的论文,与海内外很多知名的大学和研究机构建立了广泛和深入的联系	2000	教育部高校人文社会科学优秀重点研究基地
	中国经济研究中心	立足基础研究和"咨政启民"的思想库	2013	上海高校智库
	亚太区域合作与治理研究中心	成为依托上海、聚焦亚太、辐射全球的一流高校智库	2013	上海高校智库
	中国研究院	在研究、咨政、传播和培训四个领域内都有相当建树,是一个在国内外均有一定影响力的新型智库	2015	首批国家高端智库建设试点单位
	新闻传播与媒介化社会研究	是一个跨学科、跨部门、国际性的研究实体,也是一个与相关学术机构资源共享、与相关政府部门良性互动的开放性研究平台	2006	国家哲学社会科学创新基地
	物流研究院	为政府发展规划和大企业管理决策提供高端的咨询和培训服务	2006	上海市政府和复旦大学共建

大学	机构名称	愿 景 陈 述	成立时间	共建单位
复旦大学	世界经济研究所	中国智库之一。注重对现实问题的思考及政策建议的提供，研究方向与中国改革开放的现实需要息息相关，通过各种渠道和方式对政府决策产生影响	1964	教育部人文社会科学重点研究基地
	社会科学高等研究院	学术型思想库和政策研究型智库兼容的社会科学综合性科研机构	2008	
	美国研究中心	发挥中心成员研究美国问题的专长，在政府和其他部门的决策过程中就有关美国的问题向它们提供咨询	1985	教育部人文社会科学重点研究基地
	金砖国家研究中心	开展跨学科综合性金砖国家研究和人才培养的平台，推进中国同金砖国家在全球治理中合作提供战略咨询的智库	2012	
	金融研究中心	打造金融高端智库、成立中国金融家俱乐部、创造品牌金融工作室和扶持金融博士后流动站为特色	2012	
	沪港发展联合研究所	联合研究所的智库定位和多学科联合攻关机制，为香港和上海持续繁荣发展和社会和谐进步提供智力支持	2001	香港中文大学和复旦大学合作
	国际问题研究院	成为中国国际关系与国际问题研究的新高地和有国际影响的世界一流智库	2000	
	复旦发展研究院	立足于一流智库的建设，为国家和上海的建设和发展贡献复旦的思想与智慧，成为国家的思想库和智囊团	1993	
	东方管理研究院	既是众多学者合作交流的高端平台，也围绕社会管理实践，为政府、企业等各种组织提供咨询和培训服务	1999	
	城市发展研究院	成为立足上海、聚焦长三角、面向全国、放眼世界"一流的智库"、"一流的人才培养基地"和"一流的国际国内学术、政策实践平台"	2014	

（续　表）

大学	机构名称	愿景陈述	成立时间	共建单位
北京师范大学	中国社会管理研究院	推进智库建设与学科建设协同发展,建设国家社会治理高端智库和社会学学术重镇	2010	
	中国教育政策研究院	成为国内领先、国际知名的教育政策研究中心和国家教育政策的高级"智库"	2010	中国民主促进会中央委员会和北京师范大学合作成立
	新兴市场研究院	努力方向为"世界一流智库"	2011	美国新兴市场论坛和北京师范大学合作成立
	首都教育经济研究院	集人才培养、学术研究、咨询服务为一体的教学研究机构	2003	北京哲学社会科学重点研究基地、中国智库索引(CTTI)首批智库
	教育学部	教育决策思想库,为国家的重大教育决策提供极具价值的"智库"支持	2009	
	教师教育研究所	成为教师教育政策咨询的思想库	2004	教育部人文社会科学重点研究基地
	中国基础教育质量监测协同创新中心	国家基础教育质量决策支撑平台	2012	我国教育学和心理学领域唯一的国家级协同创新中心,北师大、华师大等 8 家单位合作建立
	国家职业教育研究院	成为国家职业教育改革发展决策的"智库"和"创新源"	2011	
	国家手语和盲文研究中心	成为国家手语和盲文工作政策研究和咨询的智库	2010	中国残联、教育部、国家语委
	国际与比较教育研究院	成为全国知名的国际教育思想库和咨询服务基地	1961	教育部人文社会科学重大研究基地
北京大学	中国战略研究中心	以中国大战略、发展战略、对外战略、经济战略、教育战略、国际战略等为主要内容的学术研究、培训、交流的机构	2004	
	中国社会科学调查中心	是北京大学开展中国社会问题实证研究的跨学科平台,分析社会民生方面的问题,为政策制定提供依据	2006	

（续　表）

大学	机构名称	愿　景　陈　述	成立时间	共建单位
北京大学	中国民营企业研究所	为学术研究和国家政策制定提供重要参考,为中国民营企业提供战略规划与顾问咨询服务	2002	
	中国教育财政科学研究所	努力建设成为中国教育财政领域最重要的思想库	2005	财政部、教育部
	中国国情研究中心	中立的、非营利性的学术研究机构,奉行科学性第一的宗旨	1988	
	中国保险与社会保障研究中心	为中国保险与社会保障领域的思想交流、信息共享、人才培养、国际合作提供平台,建立政、产、学、研相结合的基地	2003	
	政治发展与政府管理研究所	在政治学理论的研究方面和深入发展所需的资源条件方面,都已经奠定了相当雄厚的基础,这为建设国家科研基地创造了良好的条件	1999	教育部人文社会科学重点研究基地
	信息产业战略研究中心	目标是成为国家信息产业战略研究思想库	2010	
	文化产业研究院	推动知识创新,担当国家智库,服务国家战略	1999	文化部
	首都发展研究院	发挥智囊团和思想库的作用,为北京市委、市政府和中央有关首都发展的决策提供咨询服务	1999	北京大学和北京市政府联合成立
	石油与天然气研究中心	立足北大优势,加强校企联合,瞄准国家目标,促进学科交叉,培养复合人才	1989	
	社会调查研究中心	承接各类委托和合作调研项目,信息收集、整理、分析、存储与服务,是社会调查与信息分析方法与技术的研究中心与培训基地	2006	
	日本研究中心	协调日本研究的重要课题研究,举办学术会议和学术讲座等学术活动,推进学术交流与合作	1988	
	人力资源开发与管理研究中心	专门从事人力资源开发与管理的科研与咨询服务机构	2003	

（续　表）

大学	机构名称	愿 景 陈 述	成立时间	共建单位
北京大学	贫困地区发展研究院	政策研究,对贫困地区可持续发展与减贫问题进行全面研究,希望为中国的反贫困事业做出贡献	2005	
	欧洲研究中心	组织与协调各学科对欧洲问题的教学与研究,加强教学与科研,培养欧洲研究的人才	1996	
	美国研究中心	对美国进行多方位、跨学科、前沿性的研究		教育部
	北京大学-林肯研究院城市发展与土地政策研究中心	以跨学科研究课题为载体,汇集国内外相关领域知名学者,开展全面的、基于数据的实证分析与政策研究	2007	北京大学与林肯土地政策研究院联合成立
	加拿大研究中心	加拿大研究的学术带头集体	1990	
	华侨华人研究中心	跨系所、从事华侨华人问题综合研究和咨询的学术机构	1999	
	韩国研究中心	组织协调有关韩国问题的学术研究,与相关学术机构和专家学者建立联系,进行学术交流,增进中韩文化交流合作	1993	
	国家发展研究院	目标是成为中国集结高水平综合性知识的一个学界思想库	2002	
	国际战略研究院	世界政治、国际安全、国家战略等领域的学术研究和政策研究	2013	
	非洲研究中心	协调和组织非洲研究,举办报告会、讨论会和讲座,培养硕博士生,接受校内外咨询和人才培训任务,组织和推进学术交流	1998	
	东南亚学研究中心	跨院系从事东南亚问题综合研究和咨询的学术研究机构	2002	
	电子政务研究院	成为中国电子政务理论研究、咨询规划和教育培训的重要基地	2001	
	德国研究中心	为中德有关方面提供关于中德政治经济与文化方面的咨询服务	2002	

（续　表）

大学	机构名称	愿 景 陈 述	成立时间	共建单位
北京大学	澳大利亚中心	联合校内外,特别是澳大利亚高等院校及有关学术机构的专家和学者,促进北京大学及中国澳大利亚问题的研究	1996	
	亚太研究院	加强和促进北京大学的亚太研究;推进中国亚太研究的发展以及与各国学者及研究机构的交流;增强相互间的理解与友谊;促进人类社会的繁荣与进步	2002	
重庆大学	城市建设与发展研究院	研究院旨在充分发挥学校建筑学科群优势,打造服务国家和地方建筑产业发展和新型城镇化建设的专业化高端核心智库	2016	
	文化创意产业研究院	以服务国家与社会发展为战略主导,积聚高层次人才与研究成果,争取在近年内建设成为文化部推进文化创意产业的国家级智库	2016	
	中国公共服务与评测中心	2015 年 5 月被批准为重庆大学智库	2015	
	国家网络空间安全与大数据法治战略研究院	集科研、咨询、策划、网络安全保障与网络舆情监控等于一体的高水平综合网络空间安全与大数据挖掘平台,是全国首个网络空间安全与信息法国家战略研究基地	2015	
	区域经济与科教战略研究中心	主动应对复杂多变的国际国内形式,适应国家战略研究的需要,更好地对政府宏观决策和区域经济发展提供咨询研究服务,成为教育部战略决策咨询的思想库	2010	教育部
	协同创新知识产权研究中心	依托重庆大学成立的集科研、咨询、策划、代理与诉讼等于一体的高水平综合知识产权平台和基地,是全国首个高校协同创新知识产权研究中心	2014	重庆市
	经略研究院	以重庆大学人文社科高等研究院为交流平台,会聚海内外高校青年学者的跨学科、跨地域的智库项目	2015	重庆市

(续 表)

大学	机构名称	愿 景 陈 述	成立时间	共建单位
重庆大学	公共经济与公共政策研究中心	重点围绕重庆市及西部地区的经济发展战略及公共政策问题展开研究,建设突出西部内陆特色、国际视野的决策思想库	2016	重庆市
	工商管理与经济发展研究中心	围绕国家发展战略,针对学科前沿和重庆社会经济发展中的重大理论与实践问题,组织了高水平研究	2003	重庆市
	西部环境资源法制建设研究中心	为国家环境资源法制建设不断做出基础性、战略性和前瞻性的重大创新性贡献	2001	重庆市
	建设经济与管理中心	积极服务地方建设与行业发展,与建设、规划、国土、发改等政府部门长期保持紧密合作关系,通过课题研究、决策咨询、人员培训等多种方式服务地方经济社会发展,成为推动行业和地方工程管理水平提升的重要支撑力量	2013	重庆市
中央民族大学	中国民族理论与民族政策研究院	学校重点建设的科研创新平台,为国家民族事务提供决策咨询的智库	2015	
	民族学与社会学学院	学院一直致力于充当党和国家解决民族、宗教问题的重要智库和决策咨询机构	2000	
	少数民族事业发展协同创新中心	成为推动国家民族团结进步、社会长治久安的"思想库"和"智囊团"	2011	
	哲学与宗教学学院	成为党和国家重要部门的智库成员	2008	
中南大学	中国村落文化研究中心	推出大量既具有学术全面创新价值、又颇具影响力的国家智库新成果	2014	
	地方治理研究院	主要面向湖南省,致力于服务于地方治理现代化的实际要求和面临的重大问题,产生高质量、高水平的研究成果和咨询报告,培养一流的公共管理人才,为提升中国地方治理现代化水平,实现国家治理体系和治理能力的现代化提供有力的决策参考和理论支撑	2015	
	知识产权研究院	成为湖南省知识产权领域重要的智库	2011	湖南省

（续　表）

大学	机构名称	愿景陈述	成立时间	共建单位
中南大学	中国文化法研究中心	以中国文化法理论研究为主导,努力成长为具有国际影响力的中国文化法研究的基地,成为中国中央政府与地方政府文化法制度建设方面的一流智库	2016	
	社会稳定风险研究评估中心	力争成为服务湖南省重大决策风险评估的思想库	2013	
	统一战线参政议政工作室	在全国高校首创"统一战线参政议政工作室",积极推动各级代表委员参政议政,认真打造统战工作高端智库	2015	
	应用伦理学研究中心	湖南省高等学校哲学社会科学重点研究基地	2003	湖南省
	金属战略研究院	致力于成为国家金属资源战略研究的思想高地、金属资源产业政策决策的国家智库	2012	
云南大学	发展研究院	成为西部高校重要的科学研究、人才培养和决策咨询服务的科研型机构	1998	
	非洲研究中心	强化服务能力,积极为国家和企业提供非洲事务政策咨询、信息服务	2006	
新疆大学	西北少数民族文化研究中心	努力争取成为国内外知名度较高的新疆问题及中亚问题的研究基地、党政部门的思想库和咨询服务基地、学术交流和资料信息基地、高水平人才培养基地	2000	教育部
	创新管理研究中心	成为政府管理和企事业发展研究与咨询服务的思想库与智库、研究咨询基地和高级管理专门人才培养高地	2011	新疆维吾尔自治区
	中亚地缘政治研究中心	以建设多学科、高水平、开放式的研究基地为目标,努力打造疆内研究中亚地缘政治问题的一流学术研究机构,为新疆维吾尔自治区相关决策部门建言献策	2012	新疆维吾尔自治区
	民族文献研究基地	新疆维吾尔自治区普通高校人文社科重点研究基地	2011	新疆维吾尔自治区

(续　表)

大学	机构名称	愿 景 陈 述	成立时间	共建单位
四川大学	道教与宗教文化研究所	立足学术前沿,因应国家战略急需,与国际高水平研究机构建立了广泛学术联系,成为国家宗教人才的重要培训基地和国家宗教政策咨询的智囊库	1980	教育部人文社会科学重点研究基地
	南亚研究所	坚持"以研究政治经济现状为主,兼及历史文化"的方针,加强对南亚国家政治经济现状的研究,并结合我国社会经济发展的实际,使研究工作我国社会经济发展服务	1978	教育部人文社会科学重点研究基地
	中国俗文化研究所	继承和发扬了乾嘉朴学及近代"蜀学"的优良传统,提倡科学严谨的学风,又积极吸收新的跨学科的研究方法,思想活跃,气氛民主,在多个学科领域均居于前沿地位	2000	教育部人文社会科学重点研究基地
	中国藏学研究所	为国家解决当前藏区实际问题和制定藏区政策提供理论指导和决策依据	1999	教育部人文社会科学重点研究基地
	欧洲研究中心	组织、协调各学科中与欧洲问题研究相关的研究,对欧洲问题进行咨询	1997	教育部国别与区域研究培育基地
	美国研究中心	有针对性地及时提出相关研究报告和政策、对策建议,以扎实有力的研究成果服务于党和政府的决策	1985	教育部国别与区域研究培育基地
	社会发展与社会风险控制研究中心	以经济社会发展进程中的社会风险、社会稳定、公共安全等问题为研究议题的学术研究和决策咨询机构	2011	四川省哲学社会科学研究基地
	系统科学与企业发展研究中心	研究我国企业发展中面临的决策、创新和资源优化等重大基础理论和实践问题,形成了一大批具有交叉研究特色和重大社会影响及学术价值的创新性研究成果	2011	四川省哲学社会科学研究基地
	纠纷解决与司法改革研究中心	整合了四川大学社会矛盾解决研究中心、中国司法改革研究中心、西部发展研究院、人口研究所、反贫困研究中心、政策咨询中心的资源与力量	2013	四川省哲学社会科学研究基地

（续　表）

大学	机构名称	愿景陈述	成立时间	共建单位
四川大学	中国西部边疆安全与发展协同创新中心	以科学研究、决策咨询、人才培养、学科建设机制体制改革为保障，汇聚西部边疆研究力量，培养西部边疆急需人才，研究西部边疆治理战略，探索西部边疆安全与发展新路，为兴边富民、强国睦邻和国家长治久安提供智力支持	2012	四川省哲学社会科学研究基地
山东大学	亚太研究所	被吸纳为中联部"一带一路"智库联盟理事单位。研究所将建设发展成为开放型、国际化的研究平台	1992	
	山东发展研究院	紧紧围绕山东经济社会发展的实践，当好"思想库"	2010	
	县域发展研究院	山东省高校"十三五"重点建设的新型智库，秉承"扎根县域、科学研究、精准服务"的理念，深入研究、攻克和解决全国县域发展过程中具有普遍性和重要性的问题和难题，争创全国一流智库	2014	
	区域金融改革与发展研究中心	山东省委宣传部批准，挂靠山东大学进行建设的山东省重点新型智库	2017	山东省委宣传部
	卫生管理与政策研究中心	以卫生经济和政策为主要研究领域，从卫生政策、卫生经济、社会医学、医院管理等研究领域为国家和地方的卫生事业发展提供政策建议与决策依据	2007	
吉林大学	创新创业研究院			省级首批吉林特色新型高校智库
	社会公正与政府治理研究中心			省级首批吉林特色新型高校智库
	中国人口老龄化与经济社会发展研究中心			省级首批吉林特色新型高校智库
	犯罪治理研究中心			省级首批吉林特色新型高校智库
	中国与俄罗斯及周边国家合作智库			省级首批吉林特色新型高校智库

大学	机构名称	愿 景 陈 述	成立时间	共建单位
吉林大学	廉政研究与教育中心			省级首批吉林特色新型高校智库
	农村发展研究中心			省级首批吉林特色新型高校智库
	残疾人事业发展研究中心			省级首批吉林特色新型高校智库
	东北区域现代农业发展研究中心			省级首批吉林特色新型高校智库
	高句丽渤海研究中心			省级首批吉林特色新型高校智库
东南大学	人民法院司法大数据研究基地	最高人民法院批准成立的重点智库	2016	最高人民法院
	中国特色社会主义发展研究院(简称"中特发展智库")	首批江苏省重点高端智库	2015	江苏省委宣传部
	道德发展智库	首批江苏省重点高端智库	2015	江苏省委宣传部

附录 B　全球高校智库排名
（2011—2017 年）

年份	名次	智 库 名 称	隶 属 大 学	所在国家
2011 年	1	贝尔弗科学与国际关系研究中心	哈佛大学	美国
2011 年	2	胡佛研究所	斯坦福大学	美国
2011 年	3	国际发展研究中心	哈佛大学	美国
2011 年	4	公共政策研究中心	伦敦政治经济学院	英国
2011 年	5	地球研究所	哥伦比亚大学	美国
2011 年	6	跨大西洋关系研究中心高等国际研究学院	约翰·霍普金斯大学	美国
2011 年	7	国际安全与合作中心	斯坦福大学	美国
2011 年	8	莫卡斯特中心	乔治梅森大学	美国
2011 年	9	发展研究中心	苏塞克斯大学	英国
2011 年	10	国际问题研究中心	巴黎政治大学	法国
2011 年	11	拉丁美洲社会科学学院	拉丁美洲社会科学学院	哥斯达黎加
2011 年	12	韦瑟国际事务研究中心	哈佛大学	美国
2011 年	13	国防研究中心	伦敦国王学院	英国
2011 年	14	清华-布鲁金斯公共政策研究中心	清华大学	中国
2011 年	15	发展研究中心	波恩大学	德国
2011 年	16	政策研究中心	中欧大学	匈牙利
2011 年	17	詹姆斯·贝克公共政策研究所	莱斯大学	美国
2011 年	18	莫斯科国立国际关系研究院	莫斯科国际关系学院	俄罗斯

（续 表）

年份	名次	智 库 名 称	隶 属 大 学	所在国家
2011 年	19	全球化研究中心	耶鲁大学	美国
2011 年	20	金砖四国政策中心	里约热内卢天主教大学	巴西
2011 年	21	全球问题研究所	英属哥伦比亚大学	加拿大
2011 年	22	国防和战略研究所	南洋理工大学	新加坡
2011 年	23	经济政策研究中心	马凯雷雷大学	乌干达
2011 年	24	弗里曼·斯伯格里国际问题研究所	斯坦福大学	美国
2011 年	25	国际关系研究院	北京大学	中国
2011 年	26	人类安全报告项目	西蒙·弗雷泽大学	加拿大
2011 年	27	国防战略研究中心	澳大利亚国立大学	澳大利亚
2011 年	28	战略研究中心	惠灵顿维多利亚大学	加拿大
2011 年	29	东南亚研究所	新加坡国立大学	新加坡
2011 年	30	安全、经济与技术研究中心	圣加伦大学	瑞士
2012 年	1	胡佛研究所	斯坦福大学	美国
2012 年	2	贝尔弗科学与国际关系研究中心	哈佛大学	美国
2012 年	3	发展研究中心	苏塞克斯大学	英国
2012 年	4	国际发展研究中心	哈佛大学	美国
2012 年	5	国际问题研究中心	巴黎政治大学	法国
2012 年	6	地球研究所	哥伦比亚大学	美国
2012 年	7	公共政策研究中心	伦敦政治经济学院	英国
2012 年	8	跨大西洋关系研究中心高等国际研究学院	约翰·霍普金斯大学	美国
2012 年	9	国际安全与合作中心	斯坦福大学	美国
2012 年	10	国防研究中心	伦敦国王学院	英国
2012 年	11	全球化研究中心	耶鲁大学	美国
2012 年	12	清华-布鲁金斯公共政策研究中心	清华大学	中国
2012 年	13	詹姆斯·贝克公共政策研究所	莱斯大学	美国

（续　表）

年份	名次	智　库　名　称	隶　属　大　学	所在国家
2012 年	14	韦瑟国际事务研究中心	哈佛大学	美国
2012 年	15	非洲经济研究中心	牛津大学	英国
2012 年	16	发展研究中心	波恩大学	德国
2012 年	17	安全研究中心	瑞士联邦工学院	瑞士
2012 年	18	东南亚研究院	新加坡国立大学	新加坡
2012 年	19	弗里曼·斯伯格里国际问题研究所	斯坦福大学	美国
2012 年	20	金砖四国政策中心	里约热内卢天主教大学	巴西
2012 年	21	莫卡斯特中心	乔治梅森大学	美国
2012 年	22	人类安全报告项目	西蒙·弗雷泽大学	加拿大
2012 年	23	政策研究中心	中欧大学	匈牙利
2012 年	24	莫斯科国立国际关系研究院	莫斯科国际关系学院	俄罗斯
2012 年	25	国际关系研究院	北京大学	中国
2012 年	26	国防战略研究中心	澳大利亚国立大学	澳大利亚
2012 年	27	国防和战略研究所	南洋理工大学	新加坡
2012 年	28	经济政策研究中心	马凯雷雷大学	乌干达
2012 年	29	拉丁美洲社会科学学院	拉丁美洲社会科学学院	哥斯达黎加
2012 年	30	战略研究中心	惠灵顿维多利亚大学	加拿大
2012 年	31	政治分析中心	马凯雷雷大学	乌干达
2012 年	32	全球问题研究所	英属哥伦比亚大学	加拿大
2012 年	33	埃德温·赖肖尔东亚研究中心	约翰·霍普金斯大学	美国
2012 年	34	国际安全研究中心	悉尼大学	澳大利亚
2012 年	35	全球化与发展研究中心	邦德大学	澳大利亚
2012 年	36	韦瑟东亚研究所	英属哥伦比亚大学	加拿大
2012 年	37	安全、经济与技术研究中心	圣加伦大学	瑞士
2012 年	38	外交关系与防御委员会	国立研究大学	俄罗斯
2012 年	39	经济研究和研究生教育中心	经济学研究所	捷克共和国

(续 表)

年份	名次	智 库 名 称	隶 属 大 学	所在国家
2012 年	40	社会变迁研究中心	巴黎政治大学	法国
2013 年	1	贝尔弗科学与国际关系研究中心	哈佛大学	美国
2013 年	2	公共政策研究中心	伦敦政治经济学院	英国
2013 年	3	国际问题研究中心	巴黎政治大学	法国
2013 年	4	胡佛研究所	斯坦福大学	美国
2013 年	5	地球研究所	哥伦比亚大学	美国
2013 年	6	国防研究中心	伦敦国王学院	英国
2013 年	7	清华-布鲁金斯公共政策研究中心	清华大学	中国
2013 年	8	国际安全与合作中心	斯坦福大学	美国
2013 年	9	金砖四国政策中心	里约热内卢天主教大学	巴西
2013 年	10	莫斯科国立国际关系研究院	莫斯科国际关系学院	俄罗斯
2013 年	11	詹姆斯·贝克公共政策研究所	莱斯大学	美国
2013 年	12	发展研究中心	苏塞克斯大学	英国
2013 年	13	国际关系研究院	北京大学	中国
2013 年	14	国际发展研究中心	哈佛大学	美国
2013 年	15	韦瑟国际事务研究中心	哈佛大学	美国
2013 年	16	莫卡斯特中心	乔治梅森大学	美国
2013 年	17	发展研究中心	波恩大学	德国
2013 年	18	弗里曼·斯伯格里国际问题研究所	斯坦福大学	美国
2013 年	19	政策研究中心	中欧大学	匈牙利
2013 年	20	非洲经济研究中心	牛津大学	英国
2013 年	21	拉丁美洲社会科学学院	拉丁美洲社会科学学院	哥斯达黎加
2013 年	22	安全研究中心	瑞士联邦工学院	瑞士
2013 年	23	国防战略研究中心	澳大利亚国立大学	澳大利亚
2013 年	24	东南亚研究所	新加坡国立大学	新加坡
2013 年	25	外交关系与防御委员会	国立研究大学	俄罗斯

年份	名次	智 库 名 称	隶属大学	所在国家
2013 年	26	国际安全研究中心	悉尼大学	澳大利亚
2013 年	27	国防与战略研究所	南洋理工大学	新加坡
2013 年	28	韦瑟东亚研究中心	哥伦比亚大学	美国
2013 年	29	财政治理中心	赫尔特治理学院	德国
2013 年	30	埃德温·赖肖尔东亚研究中心	约翰·霍普金斯大学	美国
2013 年	31	战略研究中心	惠灵顿维多利亚大学	新西兰
2013 年	32	经济研究和研究生教育中心	经济学研究所	捷克共和国
2013 年	33	人类安全报告项目	西蒙·弗雷泽大学	加拿大
2013 年	34	欧洲移民和种族关系研究中心	乌得勒支大学	荷兰
2013 年	35	安全、经济与技术研究中心	圣加伦大学	瑞士
2013 年	36	经济政策研究中心	马凯雷雷大学	乌干达
2013 年	37	政策分析中心	马凯雷雷大学	乌干达
2013 年	38	全球化与发展研究中心	邦德大学	澳大利亚
2013 年	39	全球问题研究所	英属哥伦比亚大学	加拿大
2013 年	40	阿拉伯国际事务研究中心	穆斯坦西里耶大学	伊拉克
2014 年	1	贝尔弗科学与国际关系研究中心	哈佛大学	美国
2014 年	2	公共政策研究中心	伦敦政治经济学院	英国
2014 年	3	国际发展研究中心	哈佛大学	美国
2014 年	4	胡佛研究所	斯坦福大学	美国
2014 年	5	地球研究所	哥伦比亚大学	美国
2014 年	6	国际安全与合作中心	斯坦福大学	美国
2014 年	7	国防研究中心	伦敦国王学院	英国
2014 年	8	金砖四国政策中心	里约热内卢天主教大学	巴西
2014 年	9	詹姆斯·贝克公共政策研究所	莱斯大学	美国
2014 年	10	国际关系研究院	北京大学	中国
2014 年	11	发展研究中心	苏塞克斯大学	英国
2014 年	12	莫斯科国立国际关系研究院	莫斯科国际关系学院	俄罗斯

(续　表)

年份	名次	智　库　名　称	隶　属　大　学	所在国家
2014 年	13	卡内基-清华全球政策中心	清华大学	中国
2014 年	14	国际关系学院	国际关系学院	中国
2014 年	15	国际问题研究中心	巴黎政治大学	法国
2014 年	16	清华-布鲁金斯公共政策研究中心	清华大学	中国
2014 年	17	跨大西洋关系研究中心高等国际研究学院	约翰·霍普金斯大学	美国
2014 年	18	韦瑟国际事务研究中心	哈佛大学	美国
2014 年	19	莫卡斯特中心	乔治梅森大学	美国
2014 年	20	发展研究中心	波恩大学	德国
2014 年	21	东亚研究所	新加坡国立大学	新加坡
2014 年	22	弗里曼·斯伯格里国际问题研究所	斯坦福大学	美国
2014 年	23	政策研究中心	中欧大学	匈牙利
2014 年	24	非洲经济研究中心	牛津大学	英国
2014 年	25	拉丁美洲社会科学学院	拉丁美洲社会科学学院	哥斯达黎加
2014 年	26	国防战略研究中心	澳大利亚国立大学	澳大利亚
2014 年	27	东南亚研究所	新加坡国立大学	新加坡
2014 年	28	安全研究中心	瑞士联邦工学院	瑞士
2014 年	29	外交关系与防御委员会	国立研究大学	俄罗斯
2014 年	30	国际安全研究中心	悉尼大学	澳大利亚
2014 年	31	国防与战略研究所	南洋理工大学	新加坡
2014 年	32	韦瑟东亚研究中心	哥伦比亚大学	美国
2014 年	33	财政治理中心	赫尔特治理学院	德国
2014 年	34	埃德温·赖肖尔东亚研究中心	约翰·霍普金斯大学	美国
2014 年	35	战略研究中心	惠灵顿维多利亚大学	新西兰
2014 年	36	经济研究和研究生教育中心	经济学研究所	捷克共和国
2014 年	37	人类安全报告项目	西蒙·弗雷泽大学	加拿大

（续　表）

年份	名次	智　库　名　称	隶　属　大　学	所在国家
2014 年	38	欧洲移民与民族关系研究中心	乌得勒支大学	荷兰
2014 年	39	安全、经济与技术研究中心	圣加伦大学	瑞士
2014 年	40	经济政策研究中心	马凯雷雷大学	乌干达
2014 年	41	政治分析中心	马凯雷雷大学	乌干达
2014 年	42	全球化与发展研究中心	邦德大学	澳大利亚
2014 年	43	重阳金融研究所	中国人民大学	中国
2014 年	44	全球问题研究所	英属哥伦比亚大学	加拿大
2014 年	45	阿拉伯国际事务研究中心	穆斯坦西里耶大学	伊拉克
2015 年	1	贝尔弗科学与国际关系研究中心	哈佛大学	美国
2015 年	2	国际发展研究中心	哈佛大学	美国
2015 年	3	公共政策研究中心	伦敦政治经济学院	英国
2015 年	4	詹姆斯·贝克公共政策研究所	莱斯大学	美国
2015 年	5	发展研究中心	苏塞克斯大学	英国
2015 年	6	国防研究中心	伦敦国王学院	英国
2015 年	7	胡佛研究所	斯坦福大学	美国
2015 年	8	国际安全与合作中心	斯坦福大学	美国
2015 年	9	金砖四国政策中心	里约热内卢天主教大学	巴西
2015 年	10	埃德温·赖肖尔东亚研究中心	约翰·霍普金斯大学	美国
2015 年	11	国际关系研究院	北京大学	中国
2015 年	12	莫斯科国立国际关系研究院	莫斯科国际关系学院	俄罗斯
2015 年	13	李光耀公共政策学院国家竞争力研究所	新加坡国立大学	新加坡
2015 年	14	卡内基-清华全球政策中心	清华大学	中国
2015 年	15	国际问题研究中心	巴黎政治大学	法国
2015 年	16	清华-布鲁金斯公共政策研究中心	清华大学	中国
2015 年	17	莫卡斯特中心	乔治梅森大学	美国
2015 年	18	国际合作中心	纽约大学	美国

(续　表)

年份	名次	智　库　名　称	隶　属　大　学	所在国家
2015 年	19	弗里曼·斯伯格里国际问题研究所	斯坦福大学	美国
2015 年	20	韦瑟国际事务研究中心	哈佛大学	美国
2015 年	21	发展研究中心	波恩大学	德国
2015 年	22	东亚研究所	新加坡国立大学	新加坡
2015 年	23	跨大西洋关系研究中心高等国际研究学院	约翰·霍普金斯大学	美国
2015 年	24	政策研究中心	中欧大学	匈牙利
2015 年	25	非洲经济研究中心	牛津大学	英国
2015 年	26	拉丁美洲社会科学学院	拉丁美洲社会科学学院	哥斯达黎加
2015 年	27	国防战略研究中心	澳大利亚国立大学	澳大利亚
2015 年	28	李光耀公共政策学院亚洲及全球化中心	新加坡国立大学	新加坡
2015 年	29	重阳金融研究所	中国人民大学	中国
2015 年	30	东南亚研究所	新加坡国立大学	新加坡
2015 年	31	艾什民主治理中心	哈佛大学	美国
2015 年	32	安全研究中心	瑞士联邦工学院	瑞士
2015 年	33	外交关系与防御委员会	国立研究大学	俄罗斯
2015 年	34	国际安全研究中心	悉尼大学	澳大利亚
2015 年	35	国防和战略研究所	南洋理工大学	新加坡
2015 年	36	东亚研究所	哥伦比亚大学	美国
2015 年	37	财政治理中心	赫尔特治理学院	德国
2015 年	38	战略研究中心	惠灵顿维多利亚大学	加拿大
2015 年	39	全球化研究中心	耶鲁大学	美国
2015 年	40	经济研究和研究生教育中心	经济学研究所	捷克共和国
2015 年	41	人类安全报告项目	西蒙·弗雷泽大学	加拿大
2015 年	42	欧洲移民和种族关系研究中心	乌得勒支大学	荷兰
2015 年	43	安全、经济与技术研究中心	圣加伦大学	瑞士

（续　表）

年份	名次	智 库 名 称	隶 属 大 学	所在国家
2015 年	44	经济政策研究中心	马凯雷雷大学	乌干达
2015 年	45	政治研究中心	马凯雷雷大学	乌干达
2015 年	46	全球化与发展研究中心	邦德大学	澳大利亚
2015 年	47	国际与安全研究中心	马里兰大学	美国
2015 年	48	全球问题研究所	英属哥伦比亚大学	加拿大
2015 年	49	阿拉伯国际事务研究中心	穆斯坦西里耶大学	伊拉克
2015 年	50	国情研究中心	清华大学	中国
2015 年	51	亚太研究所	早稻田大学	日本
2015 年	52	彭博中心	约翰·霍普金斯大学	美国
2015 年	53	国际安全与合作中心	斯坦福大学	美国
2015 年	54	发展研究所	内罗毕大学	肯尼亚
2015 年	55	全球能源政策中心	哥伦比亚大学	美国
2015 年	56	应用法律研究中心	威特沃特斯兰德大学	南非
2015 年	57	国际发展中心大学	纳瓦拉大学	西班牙
2015 年	58	国家经济研究中心	危地马拉山谷大学	危地马拉
2015 年	59	孔子学院	墨西哥大学	墨西哥
2015 年	60	和平对话思维与后续中心	国立大学	哥伦比亚
2015 年	61	人文社会科学半岛中心	国立自治大学	墨西哥
2015 年	62	戴维斯俄罗斯和欧亚研究中心	哈佛大学	美国
2015 年	63	经济和社会研究中心	巴西利希尔大学	土耳其
2015 年	64	伦纳德·戴维斯研究所	宾夕法尼亚大学	美国
2015 年	65	政策研究中心	南方科技大学	巴基斯坦
2015 年	66	印度高等研究中心	宾夕法尼亚大学	美国
2015 年	67	科学政策研究中心	贾瓦哈拉尔·尼赫鲁大学	印度
2015 年	68	环境政策研究中心	柏林自由大学	德国
2015 年	69	经济政策分析组织		科特迪瓦
2015 年	70	能源、石油和矿产、法律和政策中心	邓迪大学	英国

(续　表)

年份	名次	智　库　名　称	隶　属　大　学	所在国家
2015 年	71	全球政治趋势中心	文化大学	土耳其
2015 年	72	民主和经济分析研究所	捷克科学院	捷克共和国
2015 年	73	欧洲研究所	布鲁塞尔弗里耶大学	比利时
2015 年	74	欧洲、俄罗斯和欧亚研究所	乔治·华盛顿大学	美国
2015 年	75	人口社会研究所	国立大学	哥斯达黎加
2015 年	76	社会调查研究所	哥斯达黎加大学	哥斯达黎加
2015 年	77	亚洲研究所	首尔大学	韩国
2015 年	78	澳大利亚-中国关系研究院	悉尼科技大学	澳大利亚
2015 年	79	蒙特雷国际研究所詹姆斯·马丁不扩散研究中心	明德学院	美国
2015 年	80	能源与环境政策研究中心	麻省理工学院	美国
2015 年	81	国家发展研究院	北京大学	中国
2015 年	82	李光耀公共政策学院政策研究所	新加坡国立大学	新加坡
2015 年	83	国家安全学院	澳大利亚国立大学	澳大利亚
2015 年	84	尼古拉斯学院	杜克大学	美国
2015 年	85	能源研究所	牛津大学	英国
2015 年	86	科学与全球安全计划	普林斯顿大学	美国
2015 年	87	科学政策研究室	苏塞克斯大学	英国
2015 年	88	社会和经济研究所	威特沃特斯兰德大学	南非
2016 年	1	贝尔弗科学与国际关系研究中心	哈佛大学	美国
2016 年	2	国际发展研究中心	哈佛大学	美国
2016 年	3	公共政策研究中心	伦敦政治经济学院	英国
2016 年	4	詹姆斯·贝克公共政策研究所	莱斯大学	美国
2016 年	5	发展研究中心	苏塞克斯大学	英国
2016 年	6	国防研究中心	伦敦国王学院	英国
2016 年	7	胡佛研究所	斯坦福大学	美国
2016 年	8	国际安全与合作中心	斯坦福大学	美国

（续　表）

年份	名次	智　库　名　称	隶　属　大　学	所在国家
2016 年	9	金砖四国政策中心	里约热内卢天主教大学	巴西
2016 年	10	埃德温·赖肖尔东亚研究中心	约翰·霍普金斯大学	美国
2016 年	11	国际关系研究院	北京大学	中国
2016 年	12	莫斯科国立国际关系研究院	莫斯科国际关系学院	俄罗斯
2016 年	13	李光耀公共政策学院国家竞争力研究所	新加坡国立大学	新加坡
2016 年	14	卡内基-清华全球政策中心	清华大学	中国
2016 年	15	国际问题研究中心	巴黎政治大学	法国
2016 年	16	清华-布鲁金斯公共政策研究中心	清华大学	中国
2016 年	17	莫卡斯特中心	乔治梅森大学	美国
2016 年	18	国际合作中心	纽约大学	美国
2016 年	19	弗里曼·斯伯格里国际问题研究所	斯坦福大学	美国
2016 年	20	地球研究所	哥伦比亚大学	美国
2016 年	21	韦瑟国际事务研究中心	哈佛大学	美国
2016 年	22	发展研究中心	波恩大学	德国
2016 年	23	东亚研究所	新加坡国立大学	新加坡
2016 年	24	跨大西洋关系研究中心高等国际研究学院	约翰·霍普金斯大学	美国
2016 年	25	政策研究中心	中欧大学	匈牙利
2016 年	26	非洲经济研究中心	牛津大学	英国
2016 年	27	拉丁美洲社会科学学院	拉丁美洲社会科学学院	哥斯达黎加
2016 年	28	国防战略研究中心	澳大利亚国立大学	澳大利亚
2016 年	29	李光耀公共政策学院亚洲及全球化中心	新加坡国立大学	新加坡
2016 年	30	重阳金融研究所	中国人民大学	中国
2016 年	31	东南亚研究所	新加坡国立大学	新加坡
2016 年	32	艾什民主治理中心	哈佛大学	美国

年份	名次	智 库 名 称	隶 属 大 学	所在国家
2016 年	33	安全研究中心	瑞士联邦工学院	瑞士
2016 年	34	外交关系与防御委员会	国立研究大学	俄罗斯
2016 年	35	国际安全研究中心	悉尼大学	澳大利亚
2016 年	36	国防和战略研究所	南洋理工大学	新加坡
2016 年	37	东亚研究所	哥伦比亚大学	美国
2016 年	38	财政治理中心	赫尔特治理学院	德国
2016 年	39	战略研究中心	惠灵顿维多利亚大学	加拿大
2016 年	40	全球化研究中心	耶鲁大学	美国
2016 年	41	经济研究和研究生教育中心	经济学研究所	捷克共和国
2016 年	42	人类安全报告项目	西蒙·弗雷泽大学	加拿大
2016 年	43	欧洲移民和种族关系研究中心	乌得勒支大学	荷兰
2016 年	44	安全、经济与技术研究中心	圣加伦大学	瑞士
2016 年	45	经济政策研究中心	马凯雷雷大学	乌干达
2016 年	46	政治研究中心	马凯雷雷大学	乌干达
2016 年	47	全球化与发展研究中心	邦德大学	澳大利亚
2016 年	48	国际与安全研究中心	马里兰大学	美国
2016 年	49	全球问题研究所	英属哥伦比亚大学	加拿大
2016 年	50	阿拉伯国际事务研究中心	穆斯坦西里耶大学	伊拉克
2016 年	51	国情研究中心	清华大学	中国
2016 年	52	亚太研究所	早稻田大学	日本
2016 年	53	彭博中心	约翰·霍普金斯大学	美国
2016 年	54	国际安全与合作中心	斯坦福大学	美国
2016 年	55	发展研究所	内罗毕大学	肯尼亚
2016 年	56	全球能源政策中心	哥伦比亚大学	美国
2016 年	57	应用法律研究中心	威特沃特斯兰德大学	南非
2016 年	58	国际发展中心大学	纳瓦拉大学	西班牙
2016 年	59	国家经济研究中心	危地马拉山谷大学	危地马拉

（续　表）

年份	名次	智 库 名 称	隶 属 大 学	所在国家
2016 年	60	孔子学院	墨西哥大学	墨西哥
2016 年	61	和平对话思维与后续中心	国立大学	哥伦比亚
2016 年	62	人文社会科学半岛中心	国立自治大学	墨西哥
2016 年	63	戴维斯俄罗斯和欧亚研究中心	哈佛大学	美国
2016 年	64	经济和社会研究中心	巴西利希尔大学	土耳其
2016 年	65	伦纳德·戴维斯研究所	宾夕法尼亚大学	美国
2016 年	66	政策研究中心	南方科技大学	巴基斯坦
2016 年	67	科学政策研究中心	贾瓦哈拉尔·尼赫鲁大学	印度
2016 年	68	环境政策研究中心	柏林自由大学	德国
2016 年	69	经济政策分析组织		科特迪瓦
2016 年	70	能源、石油和矿产、法律和政策中心	邓迪大学	英国
2016 年	71	全球政治趋势中心	文化大学	土耳其
2016 年	72	印度高等研究中心	宾夕法尼亚大学	美国
2016 年	73	民主和经济分析研究所	捷克科学院	捷克共和国
2016 年	74	欧洲研究所	布鲁塞尔弗里耶大学	比利时
2016 年	75	欧洲、俄罗斯和欧亚研究所	乔治·华盛顿大学	美国
2016 年	76	人口社会研究所	国立大学	哥斯达黎加
2016 年	77	社会调查研究所	哥斯达黎加大学	哥斯达黎加
2016 年	78	亚洲研究所	首尔大学	韩国
2016 年	79	澳大利亚-中国关系研究院	悉尼科技大学	澳大利亚
2016 年	80	蒙特雷国际研究所詹姆斯·马丁不扩散研究中心	明德学院	美国
2016 年	81	能源与环境政策研究中心	麻省理工学院	美国
2016 年	82	国家发展研究院	北京大学	中国
2016 年	83	李光耀公共政策学院政策研究所	新加坡国立大学	新加坡
2016 年	84	国家安全学院	澳大利亚国立大学	澳大利亚
2016 年	85	尼古拉斯学院	杜克大学	美国

(续　表)

年份	名次	智　库　名　称	隶　属　大　学	所在国家
2016 年	86	国际安全研究中心	马里兰大学	美国
2016 年	87	能源研究所	牛津大学	英国
2016 年	88	科学与全球安全计划	普林斯顿大学	美国
2016 年	89	社会政策研究所	苏克赛斯大学	英国
2016 年	90	社会和经济研究所	威特沃特斯兰德大学	南非
2017 年	1	贝尔弗科学与国际关系研究中心	哈佛大学	美国
2017 年	2	公共政策研究中心	伦敦政治经济学院	英国
2017 年	3	詹姆斯·贝克公共政策研究所	莱斯大学	美国
2017 年	4	发展研究中心	苏塞克斯大学	英国
2017 年	5	国防研究中心	伦敦国王学院	英国
2017 年	6	国际发展研究中心	哈佛大学	美国
2017 年	7	国际问题研究中心	巴黎政治大学	法国
2017 年	8	胡佛研究所	斯坦福大学	美国
2017 年	9	金砖四国政策中心	里约热内卢天主教大学	巴西
2017 年	10	埃德温·赖肖尔东亚研究中心	约翰·霍普金斯大学	美国
2017 年	11	国际安全与合作中心	斯坦福大学	美国
2017 年	12	国际战略研究院	北京大学	中国
2017 年	13	莫斯科国立国际关系研究院	莫斯科国际关系学院	俄罗斯
2017 年	14	李光耀公共政策学院国家竞争力研究所	新加坡国立大学	新加坡
2017 年	15	卡内基-清华全球政策中心	清华大学	中国
2017 年	16	国际合作中心	纽约大学	美国
2017 年	17	清华-布鲁金斯公共政策研究中心	清华大学	中国
2017 年	18	莫卡斯特中心	乔治梅森大学	美国
2017 年	19	发展研究中心	波恩大学	德国
2017 年	20	弗里曼·斯伯格里国际问题研究所	斯坦福大学	美国

(续　表)

年份	名次	智 库 名 称	隶 属 大 学	所在国家
2017 年	21	地球研究所	哥伦比亚大学	美国
2017 年	22	韦瑟国际事务研究中心	哈佛大学	美国
2017 年	23	东亚研究所	新加坡国立大学	新加坡
2017 年	24	跨大西洋关系研究中心高等国际研究学院	约翰·霍普金斯大学	美国
2017 年	25	政策研究中心	中欧大学	匈牙利
2017 年	26	非洲经济研究中心	牛津大学	英国
2017 年	27	拉丁美洲社会科学学院	拉丁美洲社会科学学院	哥斯达黎加
2017 年	28	国防战略研究中心	澳大利亚国立大学	澳大利亚
2017 年	29	李光耀公共政策学院亚洲及全球化中心	新加坡国立大学	新加坡
2017 年	30	东南亚研究所	新加坡国立大学	新加坡
2017 年	31	艾什民主治理中心	哈佛大学	美国
2017 年	32	安全研究中心	瑞士联邦工学院	瑞士
2017 年	33	外交关系与防御委员会	国立研究大学	俄罗斯
2017 年	34	国际安全研究中心	悉尼大学	澳大利亚
2017 年	35	国防和战略研究所	南洋理工大学	新加坡
2017 年	36	东亚研究所	哥伦比亚大学	美国
2017 年	37	重阳金融研究所	中国人民大学	中国
2017 年	38	财政治理中心	赫尔特治理学院	德国
2017 年	39	战略研究中心	惠灵顿维多利亚大学	加拿大
2017 年	40	全球化研究中心	耶鲁大学	美国
2017 年	41	经济研究和研究生教育中心	经济学研究所	捷克共和国
2017 年	42	人类安全报告项目	西蒙·弗雷泽大学	加拿大
2017 年	43	欧洲移民和种族关系研究中心	乌得勒支大学	荷兰
2017 年	44	安全、经济与技术研究中心	圣加伦大学	瑞士
2017 年	45	经济政策研究中心	马凯雷雷大学	乌干达
2017 年	46	政治研究中心	马凯雷雷大学	乌干达

（续　表）

年份	名次	智 库 名 称	隶 属 大 学	所在国家
2017 年	47	全球化与发展研究中心	邦德大学	澳大利亚
2017 年	48	国际与安全研究中心	马里兰大学	美国
2017 年	49	全球问题研究所	英属哥伦比亚大学	加拿大
2017 年	50	阿拉伯国际事务研究中心	穆斯坦西里耶大学	伊拉克
2017 年	51	国情研究中心	清华大学	中国
2017 年	52	亚太研究所	早稻田大学	日本
2017 年	53	彭博中心	约翰·霍普金斯大学	美国
2017 年	54	国际安全与合作中心	斯坦福大学	美国
2017 年	55	发展研究所	内罗毕大学	肯尼亚
2017 年	56	全球能源政策中心	哥伦比亚大学	美国
2017 年	57	应用法律研究中心	威特沃特斯兰德大学	南非
2017 年	58	国际发展中心大学	纳瓦拉大学	西班牙
2017 年	59	国家经济研究中心	危地马拉山谷大学	危地马拉
2017 年	60	孔子学院	墨西哥大学	墨西哥
2017 年	61	和平对话思维与后续中心	国立大学	哥伦比亚
2017 年	62	人文社会科学半岛中心	国立自治大学	墨西哥
2017 年	63	戴维斯俄罗斯和欧亚研究中心	哈佛大学	美国
2017 年	64	经济和社会研究中心	巴西利希尔大学	土耳其
2017 年	65	李光耀公共政策学院政策研究所	新加坡国立大学	新加坡
2017 年	66	伦纳德·戴维斯研究所	宾夕法尼亚大学	美国
2017 年	67	政策研究中心	南方科技大学	巴基斯坦
2017 年	68	科学政策研究中心	贾瓦哈拉尔·尼赫鲁大学	印度
2017 年	69	环境政策研究中心	柏林自由大学	德国
2017 年	70	经济政策分析组织		科特迪瓦
2017 年	71	能源、石油和矿产、法律和政策中心	邓迪大学	英国
2017 年	72	社会政策研究所	苏克赛斯大学	英国

（续　表）

年份	名次	智　库　名　称	隶　属　大　学	所在国家
2017 年	73	全球政治趋势中心	文化大学	土耳其
2017 年	74	印度高等研究中心	宾夕法尼亚大学	美国
2017 年	75	民主和经济分析研究所	捷克科学院	捷克共和国
2017 年	76	欧洲研究所	布鲁塞尔弗里耶大学	比利时
2017 年	77	人口社会研究所	国立大学	哥斯达黎加
2017 年	78	社会调查研究所	哥斯达黎加大学	哥斯达黎加
2017 年	79	亚洲研究所	首尔大学	韩国
2017 年	80	澳大利亚-中国关系研究院	悉尼科技大学	澳大利亚
2017 年	81	蒙特雷国际研究所詹姆斯·马丁不扩散研究中心	明德学院	美国
2017 年	82	能源与环境政策研究中心	麻省理工学院	美国
2017 年	83	国家发展研究院	北京大学	中国
2017 年	84	国家安全学院	澳大利亚国立大学	澳大利亚
2017 年	85	未来情报研究中心	剑桥大学	英国
2017 年	86	国际安全研究中心	马里兰大学	美国
2017 年	87	能源研究所	牛津大学	英国
2017 年	88	托马斯·J·沃森研究所	布朗大学	美国
2017 年	89	科学与全球安全计划	普林斯顿大学	美国
2017 年	90	社会和经济研究所	威特沃特斯兰德大学	南非

附录 C　调 查 问 卷

尊敬的老师:

您好!

本次调查旨在通过问卷以明确高校智库的评判基准。基于您在本领域的实践工作和深厚造诣,特希望了解您对这个问题的看法。本次调查所收集的数据仅用于学术研究,我们会对您的回答保密。衷心感谢您的帮助!

一、问卷介绍

社会转型期,高校智库建设受到各方高度重视,但什么是高校智库? 学术界尚没有明确的研究界定,实践中也存在一哄而上的混乱局面。本研究在充分研读国内外智库及高校智库研究文献的基础上,制定高校智库的评判基准。希望通过此研究为中国特色新型高校智库建设及其评价体系的研究奠定一定的基础。

二、高校智库基准的测量指标

初步拟定 20 个指标,请您为每个指标打分,在相应的数字上用颜色突出(如您认为此项指标非常不重要,则标示为 1)。1—5 表示层级的递进,分值越高表示这项指标对于测量高校智库的基准的重要程度越高。1 表示非常不重要,2 表示不太重要,3 表示一般,4 表示比较重要,5 表示非常重要。

若您认为已列出的指标不完整,请在空格中补充并用同样的方法评分。

序号	指　　标	非常不重要	不太重要	一般	比较重要	非常重要
1	政策报告和专家建议的数量	1	2	3	4	5
2	政策报告和专家建议被采纳的数量	1	2	3	4	5

（续　表）

序号	指　　标	非常 不重要	不太 重要	一般	比较 重要	非常 重要
3	学术论文、会议论文和专著的数量	1	2	3	4	5
4	学术论文、会议论文和专著的引用率	1	2	3	4	5
5	召开高端论坛及国际会议的次数	1	2	3	4	5
6	有专业的学术刊物	1	2	3	4	5
7	中英文网站	1	2	3	4	5
8	与国外高水平智库有合作关系	1	2	3	4	5
9	有明确的智库定位和发展目标	1	2	3	4	5
10	实体性的研究机构	1	2	3	4	5
11	机构的观点被媒体引用的次数	1	2	3	4	5
12	与政府部门有良好的交流平台	1	2	3	4	5
13	有一批高水平的专职研究人员和团队	1	2	3	4	5
14	有政府部门工作经历的人员数量	1	2	3	4	5
15	知名兼职人员(学者或政府人员)的数量	1	2	3	4	5
16	政府部门邀请讨论政策问题的次数	1	2	3	4	5
17	学科的研究水平	1	2	3	4	5
18	有政府部门共建的学科研究基地	1	2	3	4	5
19	以现实政策问题为研究导向	1	2	3	4	5
20	重视定量研究	1	2	3	4	5

三、您的建议和意见(选答)

1. 请列出您认为反映高校智库评判基准的最根本的三个核心指标

 (1) _____

 (2) _____

    (3) _____

2. 请列出您心目中的三个中国高校智库

    (1) _____

    (2) _____

    (3) _____

3. 请列出您心目中的三个国外高校智库

    (1) _____

    (2) _____

    (3) _____

4. 您对本研究的建议和意见

    (1) _____

    (2) _____

诚挚地感谢您对本研究的支持！

附录D 访谈清单

编号	性别	日 期	访谈时间	地 点	受访者基本信息
A	男	2014 - 03 - 14	9:30—10:30	办公室	戴维斯加州大学教授
B	男	2014 - 03 - 20	10:20—11:30	电话	兰德公司总裁办公室教授
C	男	2014 - 04 - 07	11:00—13:00	办公室	胡佛研究所研究员
D	男	2014 - 05 - 23	12:00—13:40	办公室	胡佛研究所研究员
E	男	2014 - 04		邮件	贝尔福科学与国际事务中心教授
F	女	2014 - 05 - 05	4:00—5:00	办公室	戴维斯加州大学教育学院教授
G	男	2014 - 05 - 05	2:00—3:00	办公室	戴维斯加州大学教授
H	男	2014 - 06 - 24	12:00—13:00	办公室	洛杉矶加州大学教授
I	男	2014 - 04		邮件	伦敦政治经济学院教授
J	女	2014 - 06 - 30	1:30—2:20	办公室	戴维斯加州大学教授
K	男	2014 - 06 - 10	10:00—11:45	办公室	伯克利加州大学教授
L	男	2014 - 07 - 07	10:30—11:30	办公室	伯克利加州大学教授
M	男	2014 - 07 - 01	1:00—3:00	办公室	伯克利加州大学教授
N	男	2014 - 07 - 11	2:00—3:00	电话	密西根大学教授
O	男	2014 - 07 - 17	11:00—12:30	办公室	戴维斯加州大学教授
P	男	2014 - 10 - 09	8:30—11:00	办公室	上海交通大学研究员
Q	男	2014 - 10 - 13	10:00—11:30	办公室	上海交通大学教授
R	男	2014 - 10 - 21	3:00—4:00	办公室	上海交通大学教授

（续 表）

编号	性别	日 期	访谈时间	地 点	受访者基本信息
S	男	2014 - 10 - 17	14:00—15:20	办公室	上海交通大学教授
T	男	2014 - 10 - 15	2:30—4:45	会议室	上海工程技术大学教授
U	女	2014 - 10 - 22	9:00—10:00	办公室	上海市教委副教授
V	女	2014 - 10 - 28	9:30—12:00	会议室	上海理工大学教授
W	男	2014 - 11 - 11	9:50—11:00	会议室	华东师范大学教授
X	男	2014 - 11 - 13	2:30—3:40	办公室	复旦大学教授
Y	女	2014 - 11 - 25	14:00—15:00	会议室	复旦大学行政管理人员
Z	男	2013 - 04 - 08	2:00—4:00	办公室	华东师范大学副教授
A1	女	2014 - 11 - 25	10:00—11:00	会议室	复旦大学行政管理人员
B1	男	2014 - 11 - 20	10:30—11:15	会议室	台湾国立师范大学教授
C1	女	2014 - 11 - 26	9:30—11:30	会议室	华东师范大学行政管理人员
D1	女	2014 - 11 - 26	14:00—16:00	会议室	上海交通大学行政管理人员

注：由于本研究不涉及人文伦理类研究，根据戴维斯加州大学 IRB 相关规定，开展本项研究不需要进行 IRB 相关审查，详细内容参见 http://research.ucdavis.edu/。

附录 E 访谈提纲

一、高校社科处、文科处及规划处负责人

1. 您怎样看待当前的"智库热"现象？

2. 您认为"智库"的评价标准是什么？在贵校，具有哪些基本条件才可以称为"智库"？

3. 您认为研究型大学建设智库可以有何作为？与政府智库、社科院及民间智库相比较，高校智库有哪些优势和劣势？

4. 智库建设在贵校的发展规划中处于什么位置？您认为智库与院系等基层学术组织是什么关系？

5. 您认为贵校最有成效的"智库"有哪些？这些智库有哪些标志性成果？

6. 贵校如何处理人才培养、学科建设、科学研究，与智库建设的关系？您认为，参与智库建设会不会影响知识的独立性？

7. 为推进高水平智库建设，贵校有什么政策或操作性举措？在管理制度、人才聘用、资金来源及科研评价方面有无特殊政策？

8. 在推进高水平智库建设过程中，贵校遇到什么困难？有何优秀经验可供借鉴？

二、高校知名智库及以智库为目标定位的机构负责人

1. 您怎样看待当前的"智库热"现象？

2. 您认为"智库"的评价标准是什么？具有哪些特征的机构才可以称为智库？

3. 您认为智库与研究型大学有什么关联？建设智库过程中，研究型大学可以有何作为？与政府智库、社科院及民间智库相比较，有哪些优势和劣势？

4. 智库在研究型大学的发展规划中处于什么位置？与院系等基层学术组织相比较,您所在机构有哪些优势和劣势？

5. 您所在机构从何时开始将"智库"作为发展目标？为何将"智库"作为发展目标？

6. 您所在机构如何处理人才培养、学科建设、科学研究,与智库建设的关系？您认为,参与智库建设,会不会消损知识的独立性？

7. 为建设成为高水平智库,所在大学提供了哪些政策、制度及资源上的支持？

8. 为建设成为高水平智库,您所在机构有什么政策或操作性举措？在管理制度、人才聘用、资金来源及科研评价方面有无特殊政策？

9. 在推进高水平智库建设过程中,您所在机构遇到什么困难？有何优秀的经验可供借鉴？

三、高校知名智库及以智库为目标定位的机构负责人

1. Compare with other kind of academic unit in this university, what's the characteristic of your institute?

2. Think Tanks provide policy service for the government, and what are the differences between your institute and think tank? Could call your institute be university affiliated think tank?

3. What's your opinion on institute's function of government service? At the beginning, why do you choose government service as a mission orientation?

4. What do you think the relationship between academic research and policy service? Which one is more important for university institute?

5. When academic opinion is different from decision-makers, will you change it to adapt to the decision-makers? How can you make sure that your research analysis is objective and high quality?

6. Do you have some administrative measures to provide support for institute's operation?

7. How do you leverage world class expertise to participant in your research? Do you have some evaluation criteria to choose expertise?

8. Do you have students in your institute? Are they enrolled in your

institute or just participate in the research program?

9. What's your institute's culture?

10. Could you tell three or four most important aspects that make your institute influential in policy decision makers?

参 考 文 献

Abelson D E, Christine M C. Following Suit or Falling Behind? A Comparative Analysis of Think Tanks in Canada and the United States [J]. Canadian Journal of Political Science, 1998, 31(03): 525 – 555.

Abelson D E, Christine M C. Policy Experts in Presidential Campaigns: A Mode of Think Tank Recruitment [J]. Presidential Studies Quarterly, 1997: 679 – 697.

Abelson D E. Do Think Tanks Matter? Assessing the Impact of Public Policy Institutes [M]. Montreal, McGill-Queen's University Press, 2002: 23 – 35.

Abelson D E. Do Think Tanks Matter? Opportunities, Constraints and Incentives for Think Tanks in Canada and the United States[J]. Global Society, 2000, 14(02): 213 – 236.

Abelson D E. From Policy Research to Political Advocacy: The Changing Role of Think Tanks in American Politics[J]. Canadian Review of American Studies, 1995(25): 1.

Alan J, Alexander K. Public Sector Think Tanks in Inter-Agency Policy-Making: Designing Enhanced Government Capacity[J]. Canadian Public Administration,1994(36): 499 – 529.

Andrew D M. Bridging the Gap with Market-driven Knowledge: The Launching of Asia Policy[J]. Asia Policy, 2006(01): 2 – 6.

Andrew M. Fragmented Authoritarianism: Political Pluralization in the Chinese Policy Process[J]. The China Quarterly, 2009(200): 995 – 1012.

Andrew R. Think Tanks, Public Policy and the Politics of Expertise[M]. New York: Cambridge University Press, 2004: 219.

Baldridge J V. Power and Conflict in the University: Research in the Sociology of Complex Organizations[M]. New York: John Wiley, 1971: 238.

Benoit G. The Knowledge-Based Economy: Conceptual Framework or Buzzword[J]. Journal of Technology Transfer, 2006(31): 17 - 30.

Bourdieu P. The Forms of Capital[A]. In Handbook of Theory and Research for the Sociology of Education [M]. New York: Greenwood Press, 1986: 248.

Bruce L S. and Joseph K. The State of Academic Science[M]. New York, Change Magazine Press, 1977: 4.

Carol H W. Helping Government Think Functions and Consequences of Policy Analysis Organization. In Organization for Policy Analysis-helping Government Think[M]. London: Sage Publication, 1990: 1 - 20.

Chafuen A. The Rise of University-Based Free Market Think Tanks Will Greatly Enhance the Liberty Discussion[N]. Forbes, 2013(03).

Charles H. Higher Education Management: The Key Elements[M]. SRHE and Open university Press, 1996: 25.

Cheng L. Foreign-Educated Returnees in the People's Republic of China: Increasing Political Influence with Limited Official Power[J]. JIMI/RIMI, 2006, 7(06): 493 - 516.

Christine L. The Role of Think Tanks Internationally Background Paper[R]. Civic Exchange, Hong Kong. 2004: 1 - 4.

Clark M. Hybrid Management: Boundary Organizations, Science Policy, and Environmental Governance in the Climate Regime [J]. Sci. Technol. Hum. Values 2001, 26 (04): 478 - 500.

Creso M Sá. University-Based Research Centers: Characteristics, Organization, and Administrative Implications [J]. The Journal of Research Administration. 2008, XXXIX(01): 32 - 40.

David C H, Stanton W. Social Science in the Making: Essays on the Russell Sage Foundation, 1907 - 1972 [M]. New York: Russell Sage Foundation, 1994: 12.

David J F, John W M. University Expansion and the Knowledge Society[J]. Theory Social, 2007(36): 287 - 311.

Davies H T, Nutley S M. Developing Learning Organizations in the New NHS [J]. British Medical Journal, 2000, 320(7240): 998 - 1001.

Deserai A C. Local Media and Experts: Sources of Environmental Policy Initiation? [J]. The Policy Studies Journal, 2010, 38(01): 143 – 164.

DiMaggio P J, Powell W W. The Iron Cage Revisited: Institutional Isomorphism and Collective Rationality in Organizational Fields [J]. American Sociological Review 1983, 48(02): 147 – 160.

Donald T C, Robert S. Brookings: The Man, the Vision and the Institution [J]. The Review of Politics, 1984, 46(04): 561 – 581.

Donaldson M S, Mohr J J. Exploring Innovation and Quality Improvement in Health Care Micro-Systems: A Cross-Case Analysis [M]. Washington DC: National Academy Press, 2000: 125.

Dutton J E, Dukerich J M. Keeping an Eye on the Mirror: Image and Identity in Organizational Adaptation[J]. Academy of Management Journal, 1991 (34): 517 – 554.

Dye T R. Understanding Public Policy [M]. New Jersey: Englewood. 1987: 35.

Schein E H. Organizational Cultural and Leadership [M]. San Francisco: Jossey-Bass, 1985: 9.

Elizabeth K T. Think Tanks and Public Policy Research Institutes [J]. Behavioral & Social Sciences Librarian, 2007, 26(02): 11 – 27.

Eugene L. Public Entrepreneurship: Toward a Theory of Bureaucratic Political Power[M]. Bloomington: Indiana University Press, 1980: 9.

Everette E D, David L S. Requiem for a Think Tank: The Life and Death of the Gannett Center at Columbia, 1984 – 1996[J]. Press/Politics, 2003, 8 (02): 11 – 35.

Fiol C M, Huff A S. Maps for Managers: Where are We? Where Do We Go from Here? [J]. Journal of Management Studies, 1992, 29 (03): 267 – 285.

Kochetkov G B, Supyan V B. Think Tanks in the USA: Science as an Instrument of Public Policy [J]. Studies on Russian Economic Development, 2010, 21(05): 493 – 501.

Geiger R L. Organized Research Units—Their Role in the Development of University Research[J]. Journal of Higher Education, 1990(61): 1 – 19.

Gerald J S. Centers and Institutes in the Research University: Issues,

Problems, and Prospects[J]. The Journal of Higher Education, 1994, 65 (05): 540 – 554.

Giddens A. The Constitution of Society: Introduction of the Theory of Structuration [M]. Berkeley, CA: University of California Press. 1984: 25.

Gloria V E. Professional Autonomy and Bureaucratic Organization [J]. Administrative Science Quarterly, 1970, 15(01): 12 – 21.

Goodman J C. National Centre for Policy Analysis. What Is a Think Tank? [EB/OL]. http://www.ncpa.org/pub/what – is – a – think – tank, 2005 – 12 – 20/2012 – 06 – 21.

Graham A. Emergence of Schools of Public Policy: Reflections by a Founding Dean. Public Policy [M]. Oxford: Oxford University Press, 2006: 58 – 80.

Gregory M C. Characteristics of Learning Organizations and Multidimensional Organizational Performance Indicators: A Survey of Large, Publicly-owned Companies[D]. The Pennsylvania State University, 2007.

Guston D H. Stabilizing the Boundary Between US Politics and Science: The Role of the Office of Technology Transfer as a Boundary Organization[J]. Social Studies of Science. 1999. 29(01): 87 – 112.

Hartwig P. New Labour in Government: Think Tanks and Social Policy Reform, 1997 – 2001[J]. British Politics, 2011, 06(02): 187 – 209.

Hartwig P. The Role of Think Tanks in the Modernization of the SPD[J]. German Politics, 2010, 19(02): 183 – 199.

Henry M. Structuring of Organization[M]. New Jersey: Prentice Hall Inc, 1979: 2.

Higgott R, Diane S. The Limits of Influence: Foreign Policy Think Tanks in Britain and the USA[J]. Review of International Studies, 1994, 20(01): 15 – 34.

Hosftede G, Neuijen B, Ohayv D D, Snade G. Measuring Organizational Culture: A Qualitative and Quantitative Study across Twenty Cases[J]. Administrative Science Quarterly, 1990(35): 286 – 316.

Howard J W. The New Powerhouses: Think Tanks and Foreign Policy[J]. American Foreign Policy Interests, 2008(30): 96 – 117.

Ira S G. Creating a Multi-Use Building for a Research Center: A Management and Operations Case Study and Critique [J]. Journal of Research Administration, 2006, 37(02): 122 - 129.

Noha J B, Leeb K C, Kimc J K. A Case-based Reasoning Approach to Cognitive Map-driven Tacit Knowledge Management [J]. Expert Systems with Applications, 2000, 19(04): 249 - 259.

James S. Review of Capturing the Political Imagination: Think Tanks and the Policy Process[J]. Public Administration, 1998(02): 409 - 410.

Jane D. The New York Bureau of Municipal Research: Pioneer in Government Administration[M]. New York: New York University Press, 1966: 16.

Jenkins S, Hank C. Explaining Change in Policy Subsystems: Analysis of Coalition Stability and Defection over Time [J]. American Journal of Political Science, 1991, 35(04): 851 - 880.

John J H. The Constructive Role of Think Tanks in the Twenty First Century [J]. Asia-Pacific Review, 2008, 15(02): 2 - 5.

John M B. Organizing Pathways to Peace: An Exploratory Study of Intermediary Nongovernmental Organizations Promoting Peace and Reconciliation in Northern Ireland [D]. University of Massachusetts Amherst, 2003.

John N P, Beatrice I C. All Things to All People: Boundary Organizations and the Contemporary Research University[J]. First Corinthians, 2012(09): 19 - 23.

John W M, Brian R. Institutionalized Organizations: Formal Structure as Myth and Ceremony[J]. American Journal of Sociology, 1977, 83(02): 340 - 363.

Joseph S N. Bridging the Gap between Theory and Policy [J]. Political Psychology, 2008, 29(04): 593 - 603.

Julia O P, Elena C M. Knowledge Transfer in Humanities and Social Science Research Groups: The Relevance of Organizational Factors[J]. INGENIO (CSIC-UPV) Working Papers, 2010(15): 1 - 24.

Julianne M. Association Influences of Organizational Culture on Learning in Public Agencies [J]. Journal of Public Administration Research and Theory: J-PART, 1997, 7(04): 519 - 540.

Kalev A, Frank D, Erin K. "Best Practices or Best Guesses? Assessing the Efficacy of Corporate Affirmative Action and Diversity Policies."[J]. America Sociological Review, 2006(71): 589-617.

Katarzyna Z F. Personality, Organizational, and Individual Characteristics: Key Predictors of Bumout among Teachers [D]. Northcentral University, 2008.

Kathleen C. A Qualitative Analysis of the Relationship Between Organizational Identity and Collective Memory in a Federal Agency[D]. The George Washington University, 2005.

Keving W. Free-Market Think Tanks and the Marketing of Education Policy [J]. Dissent Spring, 2011, 3(01): 39-43.

Khleif R B. Power Brokers: An Examination of the Heritage Foundation[D]. University of Colorado at Boulder, 2007.

Landry R, Amara N, Lamari M. Utilization of Social Science Research Knowledge in Canada[J]. Research Policy, 2001(02): 333-349.

Linwood D. Do Think Tanks Matter to Libraries? [J]. The Serials Librarian, 2007(51): 3-4, 157-164.

McGann J G. The Global Go To Think Tanks Report and Policy Advice[M]. United Nations University Edition, 2012: 14-60.

McGann J G. Academics to Ideologues: A Brief History of the Public Policy Research Industry[J]. Political Science and Politics. 1992, 25 (04): 733-740.

McGann J G. Academics, Advisors and Advocates: Think Tanks and Policy Advice in the US[M]. London: Routledge, 2007: 10.

McGann J G Forging a Partnership between GCC and US Think Tanks[R]. The Emirates Center for Strategic Studies and Research. 2010: 1-64.

McGann J G. The Competition for Dollars, Scholars, and Influence in the Public Policy Research Industry[M]. Lanham, MD: University Press of America, 1995: 9.

McGann J G. Comparative Think Tanks, Politics and Public Policy[M]. U. K.: Edward Elgar, 2006: 288.

Mahmood A. The Foreign Policy Think Tanks in China: Input, Access, and Opportunity[J]. Asian Affairs: An American Review, 2011, 38(03):

143 – 155.

Mahmood A. US Think Tanks and the Politics of Expertise: Role, Value and Impact[J]. The Political Quarterly, 2008, 79(04): 529 – 555.

Marcus S, Peter M. Conservative Think Tanks and Public Politics [J]. Australian Journal of Political Science, 2008, 43(04): 699 – 717.

Margaret S F. Regulating Intellectual Life in China: The Case of the Chinese Academy of Social Sciences [J]. The China Quarterly, 2007 (189): 83 – 99.

Martin W T. The Development and Significance of Think Tanks in Germany [J]. German Policy Studies, 2006, 3(02): 185 – 221.

Matthew T. Think Tanks, Public Policy and Academia[J]. Public Money and Management, 2011, 31(01): 10 – 11.

Medvetz T. Think Tanks in America[M]. Chicago & London: The University of Chicago Press, 2012: 23.

Medvetz T. Public Policy is Like Having a Vaudeville Act: Languages of Duty and Difference among Think Tank-Affiliated Policy Experts [J]. Qualitative Sociology, 2010(33): 549 – 562.

Melnick R. University Policy Centers and Institutes: The Think Tank as Public Service Functions[J]. Metropolitan Universities, 1999, 10(01): 9 – 19.

Michael B T. Analysis for Public Policy at the State and Regional Levels: The Role of Think Tanks[J]. International Regional Science Review. 2009 (32): 480.

Mills C W. The Power Elite[M]. New York: Oxford University Press. 1959: 16.

Murray W. Measuring the Influence of Think Tanks[J]. Social Science and Public Policy, 2010(47): 134 – 137.

Nicolas R. Who's Hot and Who's Not-An Assessment of Think Tanks' Influence on US Economic Policy Making [J]. The International Economy, 2000(09).

Norton W. Invited Influence: American Private Associations in the Modernization of China, 1985 – 2005[D]. University of Kansas, 2007.

Patrick K. Think Tanks: Their Development, Global Diversity and Roles in

International Affairs[J]. GIGA Focus International Edition, 2011(06):
1 - 7.

Peter M. Haas. Introduction: Epistemic Communities and International Policy
Coordination[J]. International Organization, Knowledge, Power, and
International Policy Coordination. 1992, 46(01): 1 - 35.

Pautz H. A New Era for Think Tanks in Public Policy? International Trends,
Australian Realities[J]. The Australian Journal of Public Administration,
2008, 67(02): 135 - 148.

Peter M B. The Organization of Academic Work[M]. New Brunswick:
Transaction Publishers,1994: 20.

Peter T L, Matt E R, Claudia R W. "Think Tanks"[J]. Journal of
Comparative Economics, 2012(40): 62 - 77.

Weaver R K. The Changing World of Think Tanks[J]. Political Science and
Politics, 1989, 22(03): 563 - 578.

Scruton R. A Dictionary of Political Thought[M]. London: The Macmillan
Press, 1982: 224.

Raymond J S. Management of Transnational Think Tank Networks [J].
International Journal of Politics, Culture and Society, 2002(15): 4.

Rebecca B B. A Center of Learning: A Case Study of an Interdisciplinary
Research Center[D]. University of Virginia, 2003.

Rich A. Think Tanks, Public Policy and the Politics of Expertise [M].
Cambridge: Cambridge University Press, 2001: 11.

Richard B K. Beltway Power Brokers: An Examination of The Heritage
Foundation[D]. University of Colorado, 2007.

Robert O N. Think Tanks and Their Impact[J]. Asia-Pacific Review, 2008,
15(02): 9 - 12.

Ronald L B. The Duality of Persons and Groups[J]. Social Forces, 1974, 53
(02): 181 - 190.

Rorie L S, Michael J L, Leonard J R. Taking on Tobacco: Policy
Entrepreneurship and the Tobacco Litigation [J]. Political Research
Quarterly, 2001(03), 605 - 622.

Sanderson I. Making Sense of What Works: Evidence Based Policy Making as
Instrumental Rationality? [J]. Public Policy and Administration, 2002

(03)：07.

Sandy T H. Behind the Bushes：Foreign Policy Makers Revealed［D］. University of Central Missouri, 2010.

Schein E. Organizational Culture and Leadership［M］. San Francisco：Jossey-Bass. 1992：10.

Sewell W H. A Theory of Structure：Duality, Agency, and Transformation ［J］. American Journal of Sociology, 1992, 98(01), 1 - 29.

Sheila S, Gary R. From "Endless Frontier" to "Basic Science for Use"：Social Contracts between Science and Society［J］. Science, Technology, and Human Values, 2005, 30(04)：536 - 572.

Star S L, Griesemer J R. Institutional Ecology, Translations, and Boundary Objects：Amateurs and Professionals in Berkeley's Museum of Vertebrate Zoology,1907 - 1939［J］. Social Studies of Science, 1989：7 - 42.

Steelman A. Do Think Tanks Matter? Assessing the Impact of Public Policy Institutes［J］. Cato Journal, 2003, 23(01)：163 - 165.

Stephen P R. Organization Theory, Structure, Design and Application［M］. New Jersey：Prentice Hall Inc. , Englewood Cliffs, 1987：4.

Steven F J. Lessons From a Neighbor：China's Japan-Watching Community in China and Japan：History, Trends, and Prospects［M］. Oxford：Oxford University Press, 1996：155 - 176.

Stone D, Andrew D. Think Tank Traditions：Policy Research and the Politics of Ideas［M］. Manchester：Manchester University Press, 2004：53 - 60.

Stone D. Capturing the Political Imagination：Think Tanks and the Policy Process［M］. London：Frank Cass, 1966：127.

Stone D. Introduction to the Symposium：The Changing Think Tank Landscape［J］. Global Society, 2000, 14(02)：149 - 152.

Stone D. Introduction：Think Tanks, Policy Advice and Governance in Think Tank Traditions［R］. Manchester and New York：Manchester University Press, 2004：1 - 18.

Stone D. Recycling Bins, Garbage Cans or Think Tanks? Three Myths Regarding Policy Analysis Institutes［J］. Public Administration, 2007, 85 (02)：259 - 278.

Stone D. Think Tank Trans-nationalization and Non-profit Analysis, Advice and Advocacy[J]. Global Society, 2000, 14(02): 153 - 172.

Stone D. Think Tanks Across Nations: The New Networks of Knowledge[J]. NIRA Review, 2000: 34 - 39.

Stone D. Think Tanks and Policy Advice in Countries in Transition[R]. Public Policy Research and Training in Vietnam, Tokyo: Asia Development Institute, 2005: 38 - 109.

Su C C, Hae C C. The Effect of Organizational Attributes on the Adoption of Data Mining Techniques in the Financial Service Industry: An Empirical Study in Taiwan[J]. International Journal of Management, 2003, 20 (04): 497.

Sven J. Introduction: Think Tanks in Austria, Switzerland and Germany—A Recalibration of Corporatist Policy Making? [J]. German Policy Studies, 2006, 3(02): 139 - 152.

Tevi T. Devaluing the Think Tank[J]. National Affairs, 2012: 75 - 90.

Trice H, Beyer J. The Culture of Work Organizations[M]. New Jersey: Prentice Hall Inc. , Englewood Cliffs, 1993: 2.

Tschannen M M. Collaboration and the Need for Trust[J]. Journal of Educational Administration, 2001(39): 308 - 331.

Turban D B. Organizational Attractiveness as an Employer on College Campuses: An Examination of the Applicant Population[J]. Journal of Vocational Behavior, 2001(58): 293 - 312.

Tuunainen J. Contesting a Hybrid Firm at a Traditional University[J]. Social Studies of Science, 2005, 35(02): 173 - 210.

Van M J, Barley S. "Cultural Organization: Fragments of a Theory. " In Peter Frost, Larry Moore, Meryl L, Craig L, Joanne M. Organizational Culture[M]. California: Beverly Hills, 1985: 33.

Weaver K R. The Changing World of Think Tanks[J]. The Science of Public Policy, 1999: 267 - 287.

Weaver K R. Think Tanks and Civil Societies in a Time of Change[M]. New Brunswick: Transaction Publishers, 2000: 1 - 35.

White J, Dozier D M. Public Relations and Management Decision Making[M]. New Jersey: Lawrence Erlbaum Associates, 1992: 31 - 64.

William D C, Anthony P. International Policy Environments and Policy

Network Analysis[J]. Coleman and Perl, 1999：691－709.

Winnubst J. Organizational Structure, Social Support, and Burnout [C]. Professional Burnout：Recent Developments in Theory and Research. Philadelphia：Taylor & Francis, 1993：151－162.

Yin C C. Organizations' Characteristics Influence on Teamwork and Organizational Commitment in Taiwan [D]. The Pennsylvania State University, 2009.

[德]卡尔·雅斯贝尔斯. 什么是教育[M]. 邹进, 译. 上海：三联书店, 1991：152.

[德]于尔根·哈贝马斯. 重建历史唯物主义[M]. 郭官义, 译. 北京：社会科学文献出版社, 2000：262.

[法]埃哈尔·费埃德伯格. 权力与规则：组织行动的动力[M]. 张月, 译. 上海：上海人民出版社, 2005：3.

[法]埃米尔·涂尔干. 社会分工论[M]. 渠东, 译. 上海：三联书店, 2008：240.

[法]爱弥尔·涂尔干. 教育思想的演进[M]. 李康, 译. 上海：上海人民出版社, 2006：16.

[法]皮埃尔·布迪厄. 论符号权力[A]. 吴飞, 译. 贺照田. 学术思想评论(第五辑)[C]. 沈阳：辽宁大学出版社, 1999：167.

[美]W·理查得·斯格特. 组织理论[M]. 黄洋, 译. 北京：华夏出版社, 2002：23.

[美]保罗·J·迪马吉奥. 关于铁笼的再思考：组织场域中的制度性同形与集体理性[M]. 姚伟, 译. 上海：上海人民出版社, 2008：72.

[美]伯顿·克拉克. 高等教育系统[M]. 王承绪, 译. 杭州：浙江大学出版社, 1994：16.

[美]弗莱蒙特·E·卡斯特. 组织与管理——系统方法与权变方法[M]. 李柱流, 译. 北京：中国社会科学出版社, 2000：65.

[美]刘易斯·科塞著. 理念人[M]. 郭方, 译. 北京：中央编译出版社, 2001：314.

[美]莫顿·凯勒, 菲利斯·凯勒. 哈佛走向现代：美国大学的崛起[M]. 史静寰, 钟周, 赵琳, 译. 北京：清华大学出版社, 2007：503.

[美]帕森斯. 现代社会的结构[M]. 梁向阳, 译. 北京：光明日报出版社, 1988：48－52.

[美] 斯蒂芬·P·罗宾斯. 组织行为学[M]. 李原,译. 北京：中国人民大学出版社,2008：470.

[美] 沃尔特·W·鲍威尔. 组织分析的新制度主义[M]. 姚伟,译. 上海：上海人民出版社,2008：386.

[美] 约瑟夫·熊彼特. 经济发展理论[M]. 邹建平,译. 北京：商务印书馆,1991.

[美] 德里克·博克. 超越象牙塔：现代大学的社会责任[M]. 徐小洲,译. 杭州：浙江大学出版社,1982：18.

[美] 杜威. 人的问题[M]. 傅统先,译. 上海：上海人民出版社,1986：6.

[美] 杜威. 哲学的改造[M]. 许崇清,译. 北京：商务印书馆,1958：78.

[美] 卡尔·博克斯. 知识分子与现代性的危机[M]. 李俊,译. 南京：江苏人民出版社,2002：111.

[美] 克拉克·科尔. 大学的功用[M]. 陈学飞,译. 南昌：江西教育出版社,1993：12.

[美] 拉塞尔·雅各比. 最后的知识分子[M]. 洪洁,译. 南京：江苏人民出版社,2006：5.

[美] 刘易斯·科塞. 理念人[M]. 郭方,译. 北京：中央编译出版社,2000：308.

[美] 斯科特. 制度与组织：思想观念与物质利益[M]. 姚伟,译. 北京：中国人民大学出版社,2010：59.

[美] 唐纳德·E·埃布尔森. 智库能发挥作用吗? 公共政策研究机构影响力之评估[M]. 扈喜林,译. 上海：上海社会科学院出版社,2010.

[英] 迈克·菲尔德. 项目管理[M]. 严勇,译. 大连：东北财经大学出版社,2000：3.

边燕杰. 城市居民社会资本的来源及作用：网络观点与调查发现[J]. 中国社会科学,2004(03)：136－146.

曹兴. 基于项目负责人制的科研项目管理研究[J]. 科学学与科学技术管理,2006(10)：17－22.

曾昊. 组织文化研究脉络梳理与未来展望[J]. 外国经济与管理,2009,07(03)：33－42.

陈劲. 后学院时代高校知识生产模式研究[J]. 西安电子科技大学学报(社会科学版),2012(03)：85－90.

陈英霞. 美国一流高校智库人员配置与管理模式研究[J]. 比较教育研究,2014

(02)：66-71.

陈兆钢. 组织论——组织科学与组织管理[M]. 银川：宁夏人民出版社，
　1987：35.

迟景明. 大学组织特征及其对学术组织创新的价值导向[J]. 现代教育管理，
　2012(06)：1-5.

戴俊. 知识转化的机理研究[J]. 科研管理，2004(06)：85-91.

顾海兵. 中国国立研究机构：问题与出路[J]. 学术界(双月刊)，2004(03)：
　50-65.

侯定凯. 人文社会科学的知识转化机制探析[J]. 复旦教育论坛，2011(05)：
　33-38.

胡鞍钢. 建设中国特色新型智库[J]. 清华大学教育研究，2013,10(05)：1-4.

胡亚莉. 培育大学智库不可缺人文因素[J]. 人才资源开发，2012(03)：50-51.

黄忠敬. 发挥大学智库的决策影响力[N]. 中国社会科学报，2012(02).

季诚钧. 大学组织属性与结构研究[D]. 华东师范大学，2004.

姜文闵. 哈佛大学[M]. 长沙：湖南教育出版社，1998：12-13.

焦慧. 项目管理模式在科研课题管理中的应用探索[J]. 科研管理，2004,25
　(05)：30.

金芳. 西方学者论思想库[M]. 上海：上海社会科学出版社，2010：1-2.

金耀基. 中国现代化与知识分子[M]. 台北：时报文化出版企业有限公司，
　1988：63.

李安方. 中国智库竞争力建设方略[M]. 上海：上海社会科学出版社，2010：37.

李成彦. 组织文化对组织效能影响的实证研究[D]. 华东师范大学，2005.

李凌. 影响力——智库的生命线[J]. 群众·决策资讯，2014(03).

李志锋. 后学院科学时代大学科学研究的政策选择[J]. 中国高教研究，2014
　(08)：61-66.

林杰. 组织理论与中国大学组织研究的实证之维读大学组织与治理[J]. 北京大
　学教育评论，2006(04)，176-187.

林南. 社会资本：争鸣的范式和实证的检验[J]. 香港社会学学报，2001(02)：
　1-35.

刘昌乾. 世界一流智库如何保证研究的独立性[J]. 中国高教研究，2014(09)：
　66-70.

刘大为. 中国思想库政策参与：问题与对策[D]. 广西师范大学，2011.

刘恩东. 美国智库发展新趋势[N]. 科学时报，2014(05).

刘军. 整体网分析讲义[M]. 上海：上海人民出版社,2009：249.

刘庆昌. 论教育者的个性[J]. 教育理论与实践,2000(11)：7-10.

刘亚敏. 知识分子与大学精神[J]. 高等教育研究,2005(09)：7-11.

陆国平,江莹,李松. 研究型大学与思想库[J]. 高等教育研究,2011(11)：49-52.

路甬祥. 建设面向知识经济时代的国家创新体系[N]. 光明日报,1998(02).

美国项目管理协会. 项目管理知识体系指南[M]. 北京：电子工业出版社,2005：10-15.

孟维晓. 高校智库建设的体制和运行机制研究[J]. 中共银川市委党校学报,2012(05)：83-85.

帕瑞克·科勒纳,韩万渠译. 智库概念界定和评价排名：亟待探求的命题[J]. 中国行政管理,2014(05)：25-33.

石中英. 知识转型与教育改革[M]. 北京：教育科学出版社,2002：143-160.

孙志茹,张志强. 智库影响力测度方法综述[J]. 图书情报工作,2010(06)：78-81.

王洪才. 论高校实体化运行的法制建设[J]. 教育发展研究,1993(02)：38-42.

王继承. 不要被麦甘全球智库排名报告误导[N]. 中国经济时报,2014(01).

王锟. 工具理性和价值理性[J]. 甘肃社会科学,2005(01)：120.

王莉丽. 大学智库建设：提升国家软实力的基础[N]. 中国教育报,2012(05).

王莉丽. 美国智库的旋转门机制[J]. 国际问题研究,2010(02)：13-18.

王莉丽. 美国智库影响力形成机制及面临挑战[N]. 学习时报,2013(01).

王莉丽. 中国智库思想市场的培育与规制[J]. 中国人民大学学报,2014(02)：83-88.

王全林. 知识分子视角下的大学教师研究[D]. 南京师范大学,2005.

王诗宗. 独立抑或自主：中国社会组织特征问题重思[J]. 中国社会科学,2013(05)：50-66.

王锡锌,章永乐. 专家、大众与知识的运用——行政规则制定过程中的一个分析框架[J]. 中国社会科学,2003(03)：113-127.

卫武. 不同主体层次中组织知识转化的影响因素研究[J]. 管理工程学报,2012：20-26.

吴康宁. 新型教育政策智库的基本特征[N]. 中国教育报,2013(08).

吴松. 教育者与受教育者[J]. 高等教育研究,2000(02)：11-14.

熊华军. 后学院科学时代的大学学术职业[J]. 高等教育研究,2012(09)：

36 - 41.

阎风桥. 大学组织与治理[M]. 北京：北京同心出版社,2006：77.

阎光才. 识读大学——组织文化的视角[M]. 北京：教育科学出版社,2002：85.

阎光才. 韦伯之后的学术与政治[J]. 读书,2010(10)：34 - 41.

余闻婧. 教师作为知识的转化者[J]. 教育发展研究,2010(24)：13 - 15.

俞可平. "智库"的影响力从何而来[N]. 北京日报,2009(10).

张斌贤. 社会转型与教育改革——美国进步主义运动研究[M]. 长沙：湖南教育出版社,1998：23.

张文宏. 社会资本：理论争辩与经验研究[J]. 社会学研究,2003(04)：23 - 35.

张志强. 美国智库：美利坚智慧的源泉[J]. 产业与科技论坛,2013,12(07)：94 - 96.

赵康. 专业,专业属性及判断成熟专业的六条标准[J]. 社会学研究,2000(05)：30 - 39.

周璇. 哈佛大学的特色发展战略[D]. 武汉理工大学,2008.

朱光磊. 论转型期中国的"两栖人"现象[J]. 经济社会体制比较,2006(05)：66 - 74.

朱瑞博. 智库影响力的国际经验与我国智库运行机制[J]. 重庆社会科学,2012(03)：111 - 116.

朱旭峰,苏钰. 西方思想库对公共政策的影响力——基于社会结构的影响力分析框架构建[J]. 世界经济与政治,2004(12)：21 - 26.

朱旭峰. 从中外统计数据看中国智库发展路径[N]. 科学时报,2014(06).

朱旭峰. 中国智库：政策过程中的影响力研究[M]. 北京：清华大学出版社,2009(06)：37 - 53.

邹晓东. 创业型大学：概念内涵、组织特征与实践路径[J]. 高等工程教育研究,2011(03)：54 - 59.

邹晓东. 研究型大学学科组织创新研究[M]. 杭州：浙江大学出版社,2004：11.

缩 略 语 一 览

B

| BLDS | British Library Development Studies | 英国发展研究图书馆 |
| BRAC | Bangladesh Rural Advancement Committee | 孟加拉农村发展委员会 |

C

CERI	Center for International Studies	国际问题研究中心
CGD	Center for Global Development	全球发展中心
CISAC	Center for International Security and Cooperation	国际安全与合作中心
CTTI	Chinese Think Tank Index	中国智库索引

D

| DFID | Department For International Development | 英国国际发展部 |

E

| EADI | European of Development Research and Training Institutes | 欧洲发展研究与培训机构 |
| EMBA | Executive Master of Business Administration | 高级工商管理硕士 |

G

| GOKH | Global Open Knowledge Hub | 全球开放知识中心 |

H

HEFC　　Higher Education Funding Council　　高等教育资助委员会

I

IAC　　International Advisory Committee　　国际咨询委员会

IASEC　　Institute for Advanced Study in European Culture　　欧洲文化高等研究院

IDS　　Institute of Development Studies　　发展研究中心

M

MBA　　Master of Business Administration　　工商管理硕士

N

NIRA　　National Institute for Research Advancement　　综合开发研究机构

P

PMI　　Project Management Institute　　美国项目管理学会

PPG　　Public Policy Group　　公共政策研究中心

Q

QS　　Quacquarelli Symonds　　QS 全球大学排名

R

REF　　Research Excellence Framework　　研究卓越框架

S

SLG　　Strategy Leadership Group　　战略领导小组

T

TTBI　　Think Tank Big-Data Index　　智库大数据指数

TTCSP　　Think Tanks and Civil Societies Program　　智库和公民社会研究项目

索　引